“十二五”职业教育国家规划立项教材
实践应用型学前教育专业规划教材

学前教育思想史

蔡　怡　李士江　编著

中国人民大学出版社
·北京·

前 言

“学前教育思想史”课程在我国师范院校的学前教育专业已开设多年。长期以来，这一课程主要按照两元式的体系来构建，即以事件和人物为两条主线。前者着重介绍教育制度的变迁，后者着重介绍人物，绝大多数教材也按照这样的结构来编排。然而，在以职业教育为取向的学前师范教育教学实践中，许多授课教师感到此类教材编排方式有些不足：一是教授方式史论结合、抽象概括，而内容又有交叉重复，学生学起来觉得枯燥深奥，没有新意。二是现有的教材不能免于用阶级的立场来分析、评论人和事，对有些教育家的评述有失公正。鉴于此，我们一直想尝试编写一部能适用于应用型高校的、体现国家最新幼儿园教师专业标准要求的学前教育思想史教材。

近年来，我们在教育教学实践中进行了一些课程改革，如采用现代信息技术和教育技术手段为学生提供多媒体课程资源、多种教学支持服务和多种形式的教学组织活动等。实践证明：“以人为中心”的入门式教学能更快提升学生对专业的兴趣。由于学生对高度概括和理性深奥的内容有点排斥，因此我们在“学前教育思想史”这门课程的讲授过程中，越来越明显地感受到有必要使课程“故事化”、“演讲化”，让学生穿越时空与古人对话。经过几轮探索，学生被推动着走上讲台，呈现专题，讲评某个教育家的情况。事实上，在欧美国家学前教育的师资培训中，专题演讲等教学模式并不鲜见。

在教育科学的海洋里漫游，一位位教育家的丰功伟绩令我们惊叹，他们有关儿童发展的论述是那样精辟，而今人对他们思想的解读却支离破碎。正因为如此，我们着眼于对古往今来最值得铭记的学前教育名家进行介绍与评析。本教材的主要优势体现在以下几方面：

第一，简单而有效。教材的主要适用对象是应用型本科和高职高专院校的学生，因此教材以应用价值的重要程度为标准来选材、评述。

第二，体现教育部颁布的《幼儿园教师专业标准（试行）》（〔2012〕1号文件）的要求。注重专业理念的培养，激发学生对名家的追随，促进学生建立职业信仰。

第三，体现学生为主体的思想。教材在编排上改变传统的教师宣讲模式，设计了让学生参与的“读一读”、“想一想”、“议一议”等小栏目，拓展学生的思维宽度，最大限度地发挥学生潜能。

本教材根据应用型本科和高职高专学生培养目标的要求，重视实践教学体系的构建。有关史料先行在职业大学师范学院的教学中使用过，在教学目标、教学方法、教学质量保障等方面也进行了研究与探索。需要指出的是，尽管我们对自己所积累的史料有一定的研究，但由于时间跨度较大，我们的能力有限，书中难免会有缺漏。本书在编写过程中借鉴良多，融汇了我国教育界前辈、学者的大量智慧，也参考了部分网络资料，在此谨向他们及本书编写组的成员致以衷心的感谢！

本书的出版也得到了中国人民大学出版社教育分社罗海林社长、黄李晓编辑、李丽虹编辑的鼎力支持，得到了江苏成人教育协会吴凤英会长、苏州市职业大学马丁良院长、扬州市职业大学谈永祥院长的悉心关怀，在此一并深表谢忱！

本书由蔡怡教授和李士江副教授拟定编写体例并负责统稿。具体的编写分工为：苏州市职业大学祝瑛副教授：第一章，第二章第一节；苏州大学研究生陆静：第二章第二、三节，第六章部分，第十五章；苏州大学附属第二医院危少华副教授：第二章第四节，第十六章，第十九章；苏州市职业大学任珂瑶老师：第二章第五节，第十一章；周卫萍老师：第三章；李士江副教授：第四章，第五章，第七章部分，第十章；陈玫序老师：第六、七章部分；周俪老师：第八章，第十八章；蔡怡教授：第九章，第十七章，第二十章；苏州经贸职业技术学院王珍珍老师：第十二章，第十三章，第十四章。

由于水平有限，我们殷切期待专家和读者的批评指正。

编　者

目 录

第一编

中国学前教育思想

第一章　中国古代学前教育思想

【本章学习目标】

- 了解古代学前教育活动实施的基本状况，把握学前教育思想发展的基本线索。
- 理解古代学前教育思想的基本脉络，提高分析、思考能力。
- 掌握贾谊、颜之推、王守仁关于学前教育的主要思想观点。

【教师专业标准】

- 注重保教结合，培育幼儿良好的意志品质，帮助幼儿形成良好的行为习惯。
- 重视自身日常态度言行对幼儿发展的重要影响与作用。
- 充分利用各种教育契机，对幼儿进行随机教育。

【本章内容引言】

教育是一种古老的社会实践活动，它的历史可追溯到人类社会发展的源头。在这漫长的过程中，有许许多多的故事和精妙绝伦的思想，展示了中华民族丰厚而灿烂的文化历史传统，对今天的我们仍然具有重要的启迪意义。本章将带你进入这个历史的长河，开始幼儿教育的探微之旅。

第一节 中国古代儿童教育活动的实施

教育是人类社会特有的现象，是传递社会生活经验并培养人的社会活动。在人类社会形成之初，教育便出现了。由于生产劳动和社会生活经验不可能通过遗传或个体的生长而自然获得，只有自幼进行有意识的学习，才能获得生存及适应社会生活的本领，因此最早的教育活动也包含幼儿教育，学前教育是教育的有机组成部分。

一、原始社会儿童的公育

在一百七八十万年前，我们的祖先进入原始社会时期。当时，所有的成员以血缘关系为纽带结合成一定的集团，生产资料公有，没有阶级，没有家庭，在平等、互助的基础上进行集体生产与生活。对儿童的教育也是由整个原始人群或氏族部落共同承担的，这就是原始社会儿童教育的基本形式——公育。《礼记·礼运》篇中说："大道之行也，天下为公……故人不独亲其亲，不独子其子……"这正反映了当时社会与儿童教育的形态。

原始社会对儿童实施公育，其教育内容与儿童今后将要参加的集团内共同的生产与生活密切相关，主要有生活教育和劳动教育。对我国少数民族鄂温克人的调查报告显示，鄂温克人在新中国成立前还处于父系氏族社会，游猎于额尔古纳河畔，所有的儿童到了五六岁就要在成人的指导下开始猎手的训练，他们用小弓箭练习射箭、打靶，做打猎的游戏。另一项调查也可以说明这种儿童公育的情况，在新中国成立前尚处于原始社会农村公社阶段的基诺族，儿童到了四五岁也必须跟随父母兄长学习做一些轻微的家庭辅助性劳动，如到山里背水、找野菜等。

除生活教育和劳动教育外，原始社会对儿童的公育内容还有思想教育，包括道德教育和宗教教育。道德教育是让儿童自幼学会遵守集团内及成员间交往的规范，养成照顾、赡养老人的观念和敬重、服从家族族长的思想。宗教教育是通过让儿童参加宗教祭祀活动，从中学习一些生产知识、历史传说和自然常识。如让儿童参加祭日活动，无形中便把太阳与万物生长的关系及靠太阳定时间、定方向等知识传递给他们。

原始社会的人类已经开始形成审美意识，如他们把原始歌舞视为宗教祭祀活动的重要组成部分。在对儿童实施的教育中，美育（尤其是歌舞类的音乐教育）成为一项不可缺少的内容。到了氏族公社后期，甚至设立了专门负责这方面事务的官职。通过美育既可陶冶情操，又可让儿童从中学到某些生产劳动方面的基本常识，感受长辈们渴望丰收的美好心愿，进而逐步树立起改造自然的理想。由于原始社会的舞蹈分为文舞、武舞，儿童在参加氏族执"干戚羽旄"舞歌的活动中，也可以受到形象化的军事体育训练，培养尚武精神并使身心得到健康发展。

二、奴隶社会儿童的学前教育

自夏代（公元前21世纪—公元前16世纪）开始，我国进入奴隶社会，直至春秋时期（公元前770年—公元前476年）奴隶制走向崩溃。在社会发展的这一历史阶段，由于生产力的发展、国家机构的建立及文字的出现，学校开始产生。随着学校的产生，与此相对应的学前教育也开始出现。

公元前11世纪的西周时期，是奴隶社会发展的鼎盛时期，也是奴隶社会学前教育实施比较成熟的时期。当时的人们甚至已经能够按照婴幼儿的年龄大小来制定循序渐进、有条不紊的学前教育计划。

《礼记·内则》记载："子能食食，教以右手。能言，男唯女俞。男鞶革，女鞶丝。六年，教之数与方名。七年，男女不同席，不共食。八年，出入门户及即席饮食，必后长者，始教之让。九年，教之数日。十年，出就外傅……"意思是说，当儿童能自己吃饭时，就教他用右手进食。当儿童能说话时，就教他在应答大人的召唤时做到男女有别，男孩应答要阳刚，女孩应答要柔婉。在穿戴方面，男女儿童也要有所不同，男孩穿戴革衣，女孩穿戴丝衣。儿童长到6岁时，便教他数数，认识东西南北的方位名称。7岁时，男女儿童不可同席而坐，也不可在一起进餐。8岁时，开始教导儿童在出入门户及到席前吃饭时必须礼让长者的礼貌知识。9岁时，教会儿童推算日期。10岁时，儿童开始进入学校求学，学前教育结束。

由此可见，西周时期的儿童教育主要是在家庭中进行的，教育内容涵盖很广，有生活技能和生活习惯的教育，也有初步的礼仪教育；有文化知识的传授，也有男女有别的教育。

《礼记·内则》中的记载是我国教育史上最早的关于学前教育的记录，它不但是当时学前教育发展的一个标志，而且对之后的学前教育实施产生了一定的影响。如宋代著名史学家、政治家司马光，就曾以此计划为蓝本，制定过自己家庭的学前教育计划。

我国奴隶社会实行的是家天下的宗法独裁统治与贵族专政。天子拥有至高无上的权威，天下的命运皆操于天子一人之手，因此，加强对未来王权继承人太子的早期教育，使其德性趋向完善，是至关重要的大事。于是，在奴隶社会时期就建立了保傅教育制度和乳保教育制度。

所谓保傅教育制度，是指朝廷内设有专门的师、保、傅官以对君主、太子进行教育的制度。据史料记载，早在殷商时期就建立了保傅教育制度，西周继承了殷商的传统，也建立了保傅教育制度。由于这个制度能在太子周围形成良好的教育环境，使太子自幼熏习善良，对培养未来的君主十分有利，因而被后来的封建统治者所效仿和继承，成为君主教育的有效制度。

所谓乳保教育制度，是指在后宫挑选女子担任乳母、保母等，以承担保育、教导太子、世子事务的制度。西周时期流行于宫廷内的乳保之教，也影响到当时一般士大夫的家庭教育。《礼记·内则》中说："大夫之有食母。"食母，即乳母。此后的封建社会时期，一些富贵人家也大都为幼儿雇用乳母。

三、封建社会儿童的学前教育

战国初年（公元前475年），我国开始进入封建社会。由于奴隶制度的崩溃，新兴的地主阶级登上政治舞台；又由于士大夫阶层的壮大和私学的兴起，扩大了教育对象，使原来被贵族所垄断的文化与道德方面的知识为更多的人所掌握，这就为更多的家庭实施学前教育提供了可能性。因此，儿童的学前教育也得到了进一步的发展。

在封建社会，家庭是社会的基本细胞，也是我国古代儿童接受学前家庭教育的主要场所。在中国古代社会的政治制度中，家与国是密不可分的，"家之不安，国难得安"。因此，作为学校教育基础的学前家庭教育也被视为封建教育的重要组成部分和培养官僚后备军的人才教育的开始。

《礼记·大学》中说："古之欲明明德于天下者，先治其国；欲治其国者，先齐其家；欲齐其家者，先修其身……心正而后身修，身修而后家齐，家齐而后国治，国治而后天下平。""其家不可教而能教人者，无之。"可见古人对家庭教育的重视，将其视为今后出仕和治国安邦的基础。"天下之事，莫不有其初。家之立教，在子生之初。"（丘濬：《大学衍义补》卷首）家庭对儿童的学前教育是家庭教育的基本内容与起点。

如果说齐家治国是政治家为古代学前家庭教育制定的终极目标，那么普通家庭实施学前教育最切近实际的目标则是光耀门楣。将个体的荣誉与家庭的荣耀联系起来，这是中国社会的特点。所谓"一人当灾，全家遭殃"，"一人得道，鸡犬升天"，正是由于个体与家庭间的这种休戚相关、荣辱与共的关系，使得学前家庭教育在封建社会显得格外重要。家中长辈都视子女为私有财产，希望通过家庭教育早日让子孙"成龙"，达到振兴家业、光宗耀祖的目的；同时，子孙们亦以身许家，以光耀门楣作为自己的奋斗目标和报答父母养育之恩的最好方式。这种影响直到现代仍然存在。

两千多年封建社会的学前家庭教育，其内容涵盖面甚广，德、智、体等方面皆有涉及。

以品德为先是封建社会教育的主旨，也是学前家庭教育的"纲领"。汉时王修曾教育自己的儿子："未必读书，并学作人。"（《诫子书》）南宋教育家朱熹亦说："自小便教之以德，教之以尚德不尚力之事。"[1]在家庭中进行思想品德教育，主要是使儿童形成初步的道德观念，养成良好的行为习惯。具体有以下几方面内容：孝悌，即从小要

①黎靖德编：《朱子语类》（卷7），123页，北京，中华书局，1986。

孝顺父母，友爱兄弟；崇俭，即养成崇尚俭朴的习惯；诚信，即诚实无欺；为善，即为善积德，积小德成大德。这些内容虽然含有封建糟粕，但大多是很可取的。除此以外，还有礼仪常规的训练，就是要让儿童的言行举止符合“礼”的规范，对儿童的坐、立、行、跪、拜、饮食、起居等各方面作严格的规定，要求极多，被概括为“幼仪”或“童子礼”，其目的是为封建礼教服务，总的原则是谦卑、恭谨、稳重。

由于中国封建社会的文官选拔是与文化考试密切联系的，所以当时的人们特别重视文化知识（主要是儒家经典）的学习。在学前家庭教育中进行文化知识教育也就成为一项重要内容。识字、学书、听解《四书》，以及学习一些名诗、名赋、格言等是文化知识教育的具体内容。值得一提的是，在当时的学前家庭教育中，除了重视对儿童进行文化知识的传授外，还着意于使儿童养成乐学、勤学的学风。为此，常鼓励儿童从小立志，以此作为勤学苦读的目标和动力，也常用许多古人珍惜光阴、勤勉学习的例子激励儿童勤学、苦学，以使儿童从小养成踏实、勤奋的求学作风。

游戏是学前儿童喜爱的活动，也是古代家庭教育加强儿童身体锻炼的一种重要方法。早在战国时期《韩非子·外储说左上》中就有小孩玩“过家家”游戏的记载：“夫婴儿相与戏也，以尘（土）为饭，以涂（泥）为羹，以木为胾（肉块）。”那时能起到锻炼身体作用的儿童游戏有“牵钩”（拔河）、“脚觝”（以头相触，仿斗牛状）、“击壤”（用土块掷准）、跳百索（跳绳）、放风筝、踢毽子、踢球（琢石为球，以足蹴之，前后交击为胜）等，许多游戏至今仍为儿童所喜爱。

封建社会学前家庭教育的内容非常丰富，它与学校教育和社会教育的内容在本质上保持一致，体现了教育的连贯性，但也有局限性：它过于突出德育与智育，而且内容繁杂，成人化、教条化严重，使儿童难以接受，很大程度上违背了儿童的天性。

我国古代学前教育在漫长的实施过程中，产生了许多教育家和思想家，他们从不同的角度论述学前教育的目的、意义、内容和方法，他们关于学前教育的见解与主张大多是教育经验的结晶，对当时的学前教育实践起着重要的指导作用。即使到了今天，这些见解与主张，对于我们的实践仍然有启迪意义。由于我国古代教育家、思想家人数众多，这里只能择其主要代表，对他们的思想与理论作简要介绍，希望由此能略见古代学前教育思想之一斑。

第二节　贾谊的早期教育思想

一、生平活动

贾谊（公元前200年—公元前168年），洛阳（今河南洛阳）人，是西汉初年著名的大儒，也是杰出的政治评论家、文学家和教育家。

贾谊的童年和少年时代，基本上生活在一个和平、稳定的环境之中，他的生活也

贾谊

以读书习文为主。他很早就表现出过人的才华，18岁以能诵诗书、擅写文章而闻名于郡中，受到河南郡守吴公的赏识，被召为门客。汉文帝元年（公元前179年），吴公因政绩卓著被朝廷征为廷尉，贾谊也在吴公的推荐下，被征召入朝，立为博士，掌管文献典籍。在博士中，贾谊以年少才高著称。不到一年，他又被破格晋升为太中大夫，朝中许多法令、规范的制定都由他主持进行。至此，贾谊踏上仕途，成为西汉政治集团中的一员。

汉文帝很器重贾谊，在破格提升他为太中大夫之后，又与诸大臣商议，想升他为公卿，但遭到了群臣的反对，他们以“洛阳之人，年少初学，专欲擅权，纷乱诸事”的流言动摇了汉文帝对贾谊的信任，致使汉文帝对他由器重转为疏远，最终将他调离长安去当长沙王的太傅。汉文帝七年（公元前173年），因汉文帝思念，贾谊又被召回长安。当汉文帝听完贾谊关于政事的一番宏论后，十分感慨地说：“吾久不见贾生，自以为过之，今不及也。”不久，汉文帝“拜谊为梁怀王太傅”（《汉书·贾谊传》）。贾谊在任梁怀王太傅期间，仍对政事十分关注，而且敢于发表自己的见解，写下了如《治安策》、《论积贮疏》等名篇。汉文帝十一年（公元前169年），梁怀王入朝，不幸坠马而死。贾谊认为自己作为梁怀王的太傅没有尽到责任，为此内疚不已，经常悲泣自责。一年后，他由于伤感过度忧郁而终，年仅33岁。

贾谊的一生虽然短暂，但两度8年的太傅生活，积累了丰富的君主教育的实践经验，并在此基础上形成了他的君主早期教育理论。贾谊的著作颇丰，今人辑为《贾谊集》，包括《新书》10卷。他关于早期教育的论述，主要见之于《新书》的《傅职》、《保傅》、《劝学》、《胎教》诸篇中。

二、教育思想

贾谊的教育思想主要是从加强中央集权的政治观点出发，针对君主的教育而言的。其主要观点如下：

（一）论胎教

贾谊在总结前人教育经验和教育思想的基础上，主张教育应从胎教开始。他认为胎儿是生命的起点，胎儿的素质将决定他未来的发展前途，因此要特别重视。他的胎教思想包括两方面的内容：其一，婚配对象的选择。贾谊认为，先辈的遗传和品德可以对子女产生直接影响。“凤凰生而有仁义之意，虎狼生而有贪戾之心，两者不等，各以其母。”（《新书·胎教》）所以子女的婚娶对象应选择“孝悌世世有行义者”（《新书·胎教》）。贾谊已直观地从经验中看到了先辈的心理特征和个性品格对后代的影响。其二，要给胎儿提供一个良好的发育环境。所谓胎儿的发育环境，一方面指母体本身的环境，另一方面指母体周围的外界环境。贾谊要求怀孕的妇女“立而不跛，坐而不差，笑而不喧，独处不倨，虽怒不骂”（《新书·胎教》），旨在提示孕妇努力保持心灵的静谧和身体的自然姿势。另外，母体周围的环境也对胎儿的发育产生影响。因此，他主张给孕妇提供特殊的居室，与外界嘈杂的生活隔绝，“古者胎教之道，王后有身，七月而就蒌室”（《新书·胎教》）。王后怀胎七个月就要迁往安静清幽的侧室居住，使其不听怪诞的音乐，不吃过于刺激的食品，一切言行举止皆合正礼，以养成良好心性，保证充足的营养，这样生出的婴儿才会中正不邪，才可能在今后担当大任。当然，这一切不仅要靠孕妇的主观自觉，也要靠他人的积极配合。贾谊的胎教思想虽没有太多的新意，只是对前人观点的重述，但他却是汉代最早提出胎教的教育家，对后世的胎教实施产生过较大影响。

（二）论早期教育

贾谊对早期教育的关注，主要是从加强中央集权的政治观点出发的。他认为，君主教育意义重大，因为它关系到国家的兴衰存亡。“太子正而天下定矣。”（《新书·保傅》）太子必须接受良好的教育，使其品行端正，太子行得正了，天下就安定了。“治乱之机，其要在是矣。”（《新书·保傅》）意思是说，国家治与乱的关键，就在于此。而“太子之善，在于早谕教与选左右”（《新书·保傅》）。对君主继承人的教育必须尽早进行，未出生前就要实施胎教，通过母体对胎儿施加良好的影响；出生后，直接的教育就应当开始了。贾谊认为古代凡作出突出贡献的君主都是“自为赤子，而教固已行矣”（《新书·保傅》）。赤子即刚生下来的婴儿。也就是说，古代凡有突出贡献的君主都是刚生下来教育就开始了。尽早施教之所以重要，是因为幼年形成的道德品行和人的天性融为一体，是根深蒂固、难以磨灭的。在这一方面，贾谊继承了孔子“少成若天性，习惯成自然”的思想。但是，他更强调将儿童心智发展的水平和教育紧密结合起来，根据儿童的接受能力来施行相应的教育，这就是所谓的“习与智长，故切而不愧；化与心成，故中道若性”（《新书·保傅》）。早期教育的重要性还在于这时的婴幼儿尚未受到外界的不良影响，心地单纯，就像一张白纸，既容易形成良好的品德，也容易沾染不良的习气，若及时地施加正确、良好的教育，便能收到事半功倍的效果，所谓“心未滥而先谕教，则化易成也”（《新书·保傅》）。如果恶习已经养成再去矫正，不仅失去了最佳的教育时机，其效果也必然是事倍功半。

读一读

> 心未滥而先谕教，则化易成也。 ——贾谊

贾谊认为，要使“太子正”，除了“早谕教”外，还必须“选左右”，就是为太子选择教师。他说：“昔者，周成王幼，在襁褓之中，召公为太保，周公为太傅，太公为太师。”（《新书·保傅》）周公“诚立而敢断，辅善而相义”（《新书·保傅》），即忠诚而敢于决断，以德辅政；太公“洁廉而切直，匡过而谏邪”（《新书·保傅》），即清正廉洁，敢于直言极谏；召公“博闻强记，捷给而善对”（《新书·保傅》），即博学敏捷，善于应对，正是因为这三位古代贤士自身德才兼备，加上善于引导，才使得成王从小受到熏陶感染，即位后能“虑无失计而举无过事”（《新书·保傅》），考虑问题十分周密，处理事情正确无误，成为一代明君。贾谊指出：“人性非甚相远也。”（《新书·保傅》）意思是说，人生下来天性都差不多。可是为什么周成王圣明，而秦二世暴戾？是他们的本性不同吗？不是，是他们的教师不同。周成王的教师都是贤者，所以在周成王的“左右前后，皆正人也。习与正人居之，不能无正也”（《新书·保傅》）。而秦二世胡亥因以宦官赵高为傅，在他的影响下，胡亥是非颠倒、草菅人命、昏庸暴戾，秦很快灭亡了。所以，贾谊认为慎重择师是对君主早期教育的根本保证。

贾谊还认为，早期教育的成功与否，与教育者是否能根据儿童不同的年龄特征恰当转换教育方法有关。儿童身体羸弱，必须养护结合，不仅要“傅之德义”、“道之教训”，更要“保其身体”。儿童小时候，在学业和品德上不能有丝毫的迁就，要随时严格检查他的学业和品行状况，对学业不工和品行不端者，应不惜“罚其不则而匡其不及”。但“既冠成人”之后，身心已经长大成熟，左右和克制自己行为的能力已经具备，这时严格的管教已失去作用，应当免去“保傅之严”，代之以善意的劝勉，有时只要作适当的提示即可。这种根据儿童身心发展的程度来确定教育要求和采用相应教育方法的观点无疑是合理的。

（三）论教育内容和方法

贾谊为太子的教师“三公”规定的职责是：“保，保其身体；傅，傅之德义；师，道之教训”（《新书·保傅》）。这反映了他体、德、智三育并举的思想。

婴幼儿正处在长身体的阶段，将“保其身体”放在首位，符合儿童生长发育的特点。在保证太子健康发育的前提下，要特别关注道德教育，“傅之德义”显然属于德育。“道之教训”虽然属于智育，但教训的内容仍属于道德的范畴。如教之《春秋》以“耸善而抑恶”，教之《礼》“使知上下之则”，教之《诗》“而广道显德”等，这些都是儒家重德思想的延伸。贾谊认为必须理解和把握道德观念，知道善、恶的标准，这样才能使人向善而避恶，即明确“品善之体”，否则行动就会无所适从。人的道德品质形成总是由小到大的，所以“善不可谓小而无益，不善不可谓小而无伤”，“当夫轻始而傲微，则其流必至于大乱也”（《新书·审微》）。意思是说，对于品德中极细微的闪光点要及时引导并发扬光大，对于行为中的小瑕疵则要及时克服制止，对于品格中的不良现象，如果初露端倪的时候不予过问，必然要发展到以后无力制止的地步。所以，教育中无论对善端还是恶端，都要在萌芽状态时及时加以正确引导，才能使儿童存善去恶，成为品行端正之人。总之，三育并举，德育为本，是贾谊早期教育思想的核心。

贾谊关于教学方法有一段很精辟的论述："人主太浅则知暗，太傅则业厌；二者异失同败，其伤必至。故师傅之道：既美其施，又慎其齐；适疾徐，任多少；造而勿趣，稍而勿苦，省其所省，而堪其所堪，故力不劳而身大盛，此圣人之化也。"（《新书·容经》）意思是说教育要适合学生的接受能力和发展水平，教学内容过少、过浅不能最大限度地发展学生的智力，过多、过深学生又无法接受，还会造成厌学情绪。因此，一个好的教师，既要主动地对学生进行道德和知识教育，又要身体力行、为人师表；教学进度的快慢要适合学生的发展水平，内容的多少要根据学生的接受能力而定，既要引导学生前进，又不能强制；对学生既要有严格的要求、适时的检查，又不能让他感到压力过重。贾谊并不主张消极迁就学生的接受水平，而要"省其所省"，教给他能理解的知识，更重要的是"堪其所堪"，即学生尽了最大努力能够承担得了的就要教给他。这是对孔子"因材施教"和孟子"循序渐进"思想的继承和发展，是最大限度发挥学生智力潜能的教学原则。

贾谊作为西汉初期的政治家，他关于早期教育的论述和思想虽然只是针对太子的教育而提出的，有其局限性，但他毕竟是古代社会第一位比较全面、系统地论述早期教育问题的教育家，他的教育思想中也有不少合乎科学的因素，给后人以重要启示，为我国古代学前教育理论的发展奠定了基础。

第三节　颜之推的家庭教育思想

一、生平活动

颜之推（531 年—约 595 年），字介，祖籍琅琊临沂（今山东临沂）。南北朝时期著名的教育家、文学家。

颜之推

颜之推出生于士族家庭，父亲颜勰，官至咨议参军。颜氏有家学传统，世代相传《周官》、《左氏春秋》等儒家专著。颜之推从小接受家传儒学教育，这奠定了他作为一位儒家学者的学术思想基础，使他在本质上始终是一位儒家思想的代表。但由于他生活的年代战祸连连，儒学也失去了往日独尊的地位，代之而起的玄学和佛学却大为兴盛，世人多以博学广闻为能事，而以专守章句为鄙陋，这对颜之推的思想发展也有重要影响。年少时，颜之推曾倾慕有才学而不拘礼法的名士风度；稍长，又博览群书，学识渊博，而且非常善于作词、写文章；晚年开始相信佛教，宣扬因果报应，主张儒佛调和，认为佛学为主体，儒学为附庸。所以，颜之推又不是一位纯粹的儒者。他 20 岁步入仕途，凭借自己的学问和才干，先后在南梁、北齐、北周及隋朝为官。由于他身处乱世，目睹了多个王朝的频繁更迭，许多士大夫家破人亡，为此，他深感社会的险恶和士族统治的危机。他从士族地主的立场出发，为保持自己家族的传统与地位，根据自己几十年为官、求学、处世的经历和体验，写出了我国封建社会第一部系统、完整的家庭教科书——《颜氏家训》，用以训诫其子孙。后来《颜氏家训》广泛流传，其训诫的意义也远远超出了颜氏一门，成为封建社会家庭教育的典范，被世人看做是家训的鼻祖。

《颜氏家训》共 20 篇，其中序致、教子、兄弟、治家、慕贤、勉学、涉务诸篇是我们研究颜之推家庭教育、学前教育思想的主要依据。

二、教育思想

颜之推的儿童教育思想，主要围绕着他的家庭教育思想而展开。

（一）论家庭教育的重要性

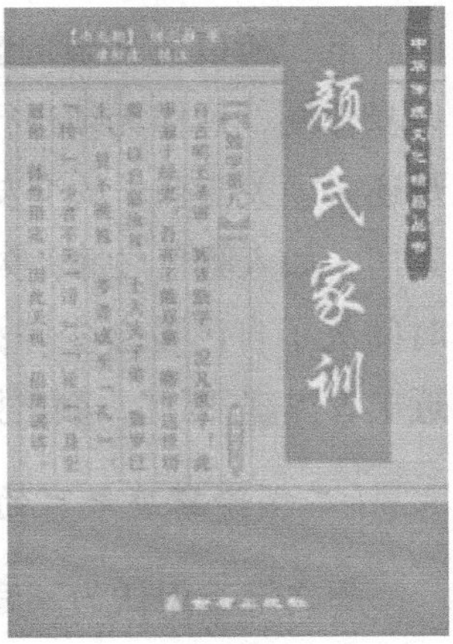
《颜氏家训》

颜之推从自己的经历中深刻体会到学习文化知识，提高自己才能的重要性。他说："自荒乱以来，诸见俘虏。虽百世小人，知读《论语》、《孝经》者，尚为人师；虽千载官冕，不晓书记者，莫不耕田养马。"（《颜氏家训·勉学》）他认为，有知识、有才能的人，不管是什么出身，都可能成为劳心的君子，居于社会的上层；而没有知识、缺乏才能的人，即使出身显贵、世代为官，也必将成为劳力的小人，居于社会的下层。知识和才能是一种资本，可以作为谋生的手段。因此，学习极为重要。由于当时社会战乱不断，官学衰废，为了维护自己家族乃至整个士族的利益，颜之推特别关注家庭教育。

颜之推认为家庭教育的优劣，直接影响一个人的道德才能高低。他以自己为例说明家庭教育的重要性，他说自己之所以能有出息，就是因为从小父母要求严格，养成了良好的习惯，但后来在不良社会风气的影响下渐渐变得"肆欲轻言、不修边幅"（《颜氏家训·序致》），就是因为父母去世，家教放松所致。虽成年之后开始觉醒，无奈"习若自然，卒难洗荡"（《颜氏家训·勉学》），坏习惯一旦形成，是很难一下子改过来的。他又举了大量事实，证明凡是在儿童时期接受过良好家庭教育的，一般都能"守道崇德"，建功立业；相反，如果早年没有受到严格的家庭教育，往往"终为败德"，甚至招来杀身之祸。因此，家庭教育关系到个人的成败和家族的兴衰，要使子女将来有所作为，必须十分重视家庭教育。

议一议

“积财千万，无过读书。”你认同这一观点吗？

颜之推不仅重视家庭教育，而且对家庭教育的实施提出了具体的要求。他认为儿童正处在生长发展阶段，极易受周围环境的影响。他说：“人在年少，神情未定，所与款狎，熏渍陶染，言笑举动，无心于学，潜移暗化，自然似之。”（《颜氏家训·慕贤》）意思是说，儿童的发展还未定型，他们虽然不是有心要学，但是却时时受到周围环境的各种熏陶，久而久之便形成了自己的品格。因此，父母对儿童的家庭教育首先应当为他们创造一个良好的家庭环境，以家长的模范行为为孩子树立榜样，他把这种示范作用称为“风化”。“夫风化者，自上而行于下者也，自先而施于后者也。是以父不慈则子不孝，兄不友则弟不恭。”（《颜氏家训·治家》）换句话说，就是只有父慈才有子孝，只有兄友才有弟恭。长辈品德作风好，晚辈在这样的家庭环境中就会随风而化，这是一种自然的仿效，无须任何强制。父母是儿童最亲近的人，也是他们心目中的权威，所以对儿童的影响也要远远超过其他人，做父母的必须加强自我道德修养，以身作则，这样无须进行长篇说教就能引导孩子去恶从善。其次，在家庭教育中，父母还必须关心孩子的交友情况。他说：“与善人居，如入芝兰之室，久而自芳也；与恶人居，如入鲍鱼之肆，久而自臭也。”（《颜氏家训·慕贤》）意思是说，和好人交朋友，时间久了自己也会变好；和坏人交朋友，时间久了自己也会变坏。所谓“近朱者赤，近墨者黑。”因此，颜之推要求父母要引导孩子“慎择友”、“交益友”。

（二）论家庭教育的时机

颜之推不但认为家庭教育重要，而且指出家庭教育必须及早进行。因为一个人的发展，幼年是奠基的重要阶段。长辈要利用这个最好的教育时机，尽早对儿童进行教育，有条件的帝王将相之家可以从胎教开始，一般的家庭即使不能达到这个要求，亦当从婴幼儿时期就开始施行教育。他说：“当及婴稚，识人颜色，知人喜怒，便加教诲。”（《颜氏家训·教子》）意思是说，当儿童开始能够认识外界的人和事物时，就要及时进行教育。只有这样，才能取得最佳效果。理由是：第一，“人在年少，神情未定。”（《颜氏家训·慕贤》）儿童年幼时期心灵纯净，各种思想观念还没有形成，可塑性很大。这个时期儿童受到好的教育与环境影响，或者坏的教育与环境影响，都会在他们的心灵上打上很深的烙印，长大以后很难改变。第二，“人生小幼，精神专利；长成已后，思虑散逸，固须早教，勿失机也。”（《颜氏家训·勉学》）年幼时期受外界干扰少，精神专注，记忆力也处于旺盛时期，能把学习材料牢固地记住，到年长时都不会忘记，而年长以后思想不易集中，记忆力逐渐衰退，学习效果就差。他以自己的经验为例来说明："吾七岁时，诵《灵光殿赋》，至于今日，十年一理，犹不遗忘；二十之外所诵经书，一月废置，便至荒芜矣。"（《颜氏家训·勉学》）所以，家庭教育宜早不宜迟，每个家长都不应错失良机。当然，颜之推并不认为如果失去了早期教育，成年后便可自暴自弃。他强调，虽然晚学不如早学效果好，但总比不学好。

（三）论家庭教育的目的和内容

颜之推认为家庭教育的目的是培养对国家有实际效用的各方面统治人才，而统治人才必须"德艺周厚"，因此家庭教育的内容也应包括德和艺两个方面。

德，就是对儿童进行道德理想和道德情操的教育。所谓"生子咳提，师保固明孝仁礼义，导习之矣。"（《颜氏家训·教子》）父母要教育子女从小立志，树立高尚理想，确立正确道德观念，分清是非善恶，这是家庭教育最主要的内容。要使子女记住，凡是符合仁义的事情，即使会损害个人利益，甚至牺牲自己，"丧身以全家"、"泯躯而济国"（《颜氏家训·养生》）也要在所不惜；凡是不仁不义之事，就算能为个人捞取好处、获得名声，也绝不去做。他反对为了个人的目的而不择手段，厌恶那些依附权贵、屈节求官的人。他说，在北齐时，有人为使自己的孩子往上爬，就教他学鲜卑语、弹琵琶，以此来博得达官贵人的宠爱，做父亲的不以为耻，反以为荣，还常向别人炫耀自己教子有方。颜之推认为，像这样不顾人格和气节、志趣低下的教育孩子之人，实在可鄙，严诫子孙不可仿效。

艺，就是对儿童进行广泛的"艺"教。颜之推主张以广博的知识为教育内容，以读书为主要教育途径。他强调读书的作用，认为读书可以了解社会的一切知识，世人要见识广博，若不肯读书，就好比"求饱而懒营馔，欲暖而惰裁衣也"（《颜氏家训·归心》）。颜之推本质上是一位儒家思想家，因此认为《五经》是必读之典籍、广博之起点。学习《五经》可以从中学到立身处世的大道理，还可以奠定写文章的基础。当然，他认为读书也不能仅限于《五经》，百家群书亦要研习，还要学习处身士大夫社会生活中所需要的"杂艺"，即琴、棋、书、画、数、医、射、卜等，甚至连儒家不重视的农业生产知识也包括其中。他认为这些技艺在生活中有实用意义，学成一艺，"得以自资"。不过，他又出于正统儒家的偏见，认为除了《五经》之外，其他都是杂艺。杂艺要在行有余力时方能学之，而且只能兼习，不能专业。因为在颜之推看来，学艺是为了治人和享受，不是为了供人役使，如果专精一艺而超乎常人，闻名之后就会被更高地位的人所役使，技艺在身反而成了负担。

颜之推说："夫学者，贵能博闻也。"（《颜氏家训·勉学》）博闻可以开阔眼界，避免犯片面性错误。但同时，他也认为若任何事都浅尝辄止，"略得概梗，皆不通熟"（《颜氏家训·省事》），也是不行的。只有博专统一，既博览群书，又掌握其精要，才"必能兼美”（《颜氏家训·勉学》）。颜之推竭力反对烦琐而又不得要领的学风，认为如果一味追求广博，夸夸其谈、不知要领，就如“博士买驴，书券三纸，未有驴字”，不能不令人气塞。因此，他在提倡博习的同时，更注重培养子弟经世致用的本领。他教育子弟不要把读书当做追求功名利禄的敲门砖与高谈阔论的资本，而要把学习当做自己修身利行的途径。

读一读

> 父子之严，不可以狎；骨肉之爱，不可以简。简则慈孝不接，狎则怠慢生焉。
>
> ——颜之推

另外，颜之推还认为语言的学习也应成为儿童家庭教育中的一项重要内容。对儿童进行的语言教育要注意规范，重视通用语言，而不要强调方言。他指出，父母对儿童学习正确的语言负有重要责任，不可轻视。

（四）论家庭教育的原则和方法

颜之推认为在家庭中对儿童进行教育时，应当遵循严与慈相结合的原则，父母对子女自然要爱护，但更要教育，教育好子女才是对子女最大的爱护。为此，他主张父母对子女应“威严而有慈”（《颜氏家训·教子》）。善于教育子女的父母，能把慈爱与严格要求结合起来，并能收到良好的教育效果；不善于教育子女的父母，则往往重爱轻教，对子女一味溺爱，任其为所欲为而不加管束，以致在子女面前没有威信，待到子女已经形成骄横散漫的习气时，却又以粗暴的体罚手段对待，最终不能使子女改邪归正，自己也树立不起威信，还伤害了与子女之间的感情，子女最终也会堕落成品德败坏者，这种教育失败的责任主要在父母。

颜之推在反对无教而有爱的同时还指出，一般家庭未能很好地教育子女，并非存心要让子女堕落，而主要是教育不得法。他们着重停留在口头的训斥，却舍不得进行肉体的严惩，以使其反省悔过。他认为父母应当严肃地对待子女教育，树立威严，严加督训，“使为则为，使止则止”（《颜氏家训·教子》）。为了达到教育目的，不论是怒责还是鞭笞，只要是有效的手段都是可以采用的，他甚至认为“笞怒废于家，则竖子之过立见”（《颜氏家训·治家》）。就是说，用体罚的手段教育子女是完全有必要的，也是极为有效的。总之，只有严格的教育，子女才能成器。

颜之推认为在家庭教育中，父母对子女要一视同仁，不能偏爱。不论子女聪慧与否，都要以同样的爱护与教育标准来对待。他说：“贤俊者自可赏爱，顽鲁亦当矜怜。”（《颜氏家训·教子》）可是在实际生活中，却有很多家庭做不到，往往是生来聪慧、有才的子女受到父母钟爱、赏识，而木讷、迟钝的子女则备受冷落。颜之推认为这样做不仅会助长受偏爱子女的骄横习气，还会导致兄弟不睦，结果只能是“虽欲以厚之，更所以祸之”（《颜氏家训·教子》）。即本意是要厚待他，而实际上却是为其招来祸害。意愿与效果相反，这是值得家庭教育者深思的。他还列举了古今许多事例来证实这一点。比如，春秋时期，郑庄公的母亲武姜宠爱幼子共叔段，予其待遇优厚，“僭越”其等级，且每文饰其过，逐渐养成了共叔段的骄横霸道习气，后因起兵谋位被诛。颜之推指出，“共叔之死，母实为之。”（《颜氏家训·教子》）又如汉高祖刘邦之子赵隐王如意，深得父母宠爱，曾欲代太子位，赖大臣反对而不得。高祖去世后，如意为吕后鸩杀。颜之推认为：“赵王之戮，父实使之。”（《颜氏家训·教子》）再如北齐成帝之子琅邪王高俨，幼而聪慧，得父母笃爱，武成帝曾面称俨：“此黠儿（慧儿）也，当有所成。”这样就助长了他的骄气，十几岁时便“骄恣无节”，器服玩好必求与太子相等，后因谋反，14 岁便被太子诛杀，也是因父母偏爱所致。

颜之推在家庭教育中主张父母对子女要慈严结合，不能无教而有爱，对子女要均爱不偏，这些无疑都是正确的。但是，严教不等于严厉，更不等于棍棒教育，他对棍棒教育推崇备至，并视其为家庭教育中不可缺少的有效手段，显然是错误的、是不可取的。

颜之推在学习上倡导踏实的学风，重视通过亲身观察而获取知识。他说：“必须眼学，勿信耳受。”（《颜氏家训·勉学》）所谓“眼学”，包括书本知识的学习和实践经验的积累。也就是说，对于书本知识，必须认真阅读典籍，查考原文，这样才可相信、才可转述；对于实践经验，也必须经过自己的亲身实践、亲自勘察，才能认识真切。当然，颜之推也并非绝对排斥“耳学”，他认为耳闻也能开阔眼界，只是不能轻信，要将耳闻与眼见结合起来，做到“目能视而见之，耳能听而闻之”（《颜氏家训·风操》），只有这样，才能获得真正的学问。所以，他认为闻见结合是一种重要的学习方法。

颜之推的家庭教育思想是其整个教育思想的精华，他关于家庭教育的意义、内容、原则与方法等的论述，虽然是出于要使后代“立身扬名”、“光宗耀祖”的目的而发出的一家之训，其中也不乏消极因素，如重劳心、轻劳力，主张体罚等，但由于他涉及了古今家庭教育中普遍存在的问题，含有一定的合理因素，因此不但成为封建社会家庭教育发展中的一座重要里程碑，而且对于当今的家庭教育也具有重要的启发和借鉴意义。

第四节　王守仁的自然教育思想

一、生平活动

王守仁（1472 年—1529 年），字伯安，号阳明，浙江余姚人，明代中叶著名的思想家、教育家，后学者也多称其为“阳明先生”。

王守仁

王守仁出生于官宦家庭，自幼饱读经书。21岁中举人，28岁登进士第，曾任刑部主事、兵部主事等职。武宗正德元年（1506年）因上疏抗议宦官刘瑾把持朝政，被贬为贵州龙场驿丞。由于奉旨镇压农民起义和平定宁王朱宸濠叛乱有功，封“新建伯”，官至南京兵部尚书兼都察左都御史。死后谥号为“文成公”，后人亦称其为“王文成公”。

王守仁非常重视教育，试图通过教育宣传自己的学说，整齐人心，挽救社会危机。他34岁开始收徒讲学，直至去世，前后历时23年，其中除6年专门从事讲学之外，其余都是一面从政，一面讲学。他所到之处，讲学活动不断，并热心建书院，先后创建和修复了龙冈、贵阳、濂溪、稽山等书院，又在南赣、广西等地兴办社学，从学者遍布各地，对当时的社会产生了很大影响。“门徒遍天下，流传逾百年。”[①] 由于他的积极倡导和有力推动，明朝中叶的书院有了很大的发展。

王守仁是一位理学家，在学术思想上他继承并发展了陆九渊的“心学”，提出“心即理”、“致良知”和“知行合一”说，主张自求自得，提倡独立思考。其学说以“反传统”的姿态出现，在明朝中期曾广为流行。

王守仁平生不著书，他的门生钱德洪后来将他的语录、文录、杂文等汇编成《王文成公全书》（亦称《阳明全书》）共38卷。他关于儿童教育的论述，主要有《训蒙大意示教读刘伯颂等》、《教约》（合称《社学教条》），以及言论录《传习录》等。

二、教育思想

王守仁的理学思想最初是以反僵死、教条的传统儒学而出现的，他的教育思想与其哲学观一脉相承，也体现了他对儿童天性的尊重和对传统教育方法的批评。其基本教育思想是：教育儿童应当根据儿童的生理、心理特点，从积极方面入手，顺导儿童性情，促进儿童的自然发展。

（一）论儿童教育的目的与任务

王守仁认为，儿童教育与大学教育一样，都以“明人伦”为目的。他说：“古圣贤之学，明伦而已。”“明伦之学，孩提之童亦无不能，而及其至也，虽圣人有所不能尽也。”（《万松书院记》）意思是说，古代圣贤的学问，就是“明人伦”。这种学问儿童也能学、能做，但是要做得非常好，就连圣人也还很难达到。所谓“明人伦”，就是要明白处理人际关系的准则。人是社会的人，不能脱离社会而独立存在，总是要与各色人打交道的。在家里，要和父母、兄弟、配偶及子女相处；在社会上，要和同事、朋友

①《明史·儒林传》（卷282），7222页，北京，中华书局，1974。

交往。因此，在处理人与人之间的关系时，必须遵循一定的准则，这就是孟子提出的五伦：父子有亲，君臣有义，夫妇有别，长幼有序，朋友有信。（《孟子·滕文公上》）由此可见，王守仁提出的儿童教育的目的，就是要培养封建的道德品性，维护封建伦理关系，塑造理想的人格，所谓"'人伦明于上，小民亲于下'，家齐国治天下平矣"（《万松书院记》）。儿童只有从小懂得了人伦准则，长大后立身处世、待人接物才会符合封建社会的要求。

从"明人伦"的教育目的出发，王守仁把培养德性作为儿童教育的主要任务。他说："今教童子，惟当以孝悌忠信礼义廉耻为专务。"（《训蒙大意示教读刘伯颂等》）意思是说，教育儿童应当以封建的伦理道德为内容，使他们从小就了解道德规范，懂得如何做人的道理，并切实遵守行为准则，以实现"'蒙以养正'之功"（《训蒙大意示教读刘伯颂等》）。为此，他在《教约》中对儿童每天的功课都作了精心的安排，设计了"日课表"：每日工夫，先考德，次背书、诵书，次习礼或作课仿，次复诵书、讲书，次歌诗。就是每天首先要考德，它通过谈话的方式进行，接下来是背书，背完书后再读新书，然后练习行礼，学习各种礼节，或者练习写字，再往后又是读书，在熟读的基础上，教师再对书中的要点逐一讲解，最后是歌诗。这样的教学程序，体现了动静搭配、学行结合的原则。在课业中，将动的课程"习礼"和"歌诗"穿插在静的课程"背书"、"诵书"和"讲书"之间，而在儿童"背书"、"诵书"之后通过练习行礼来活动身体、消除疲劳。这样既让儿童学到了礼仪知识，又得到了积极的休息，还为下一阶段的学习效果提供了保证。在经过一段时间的读书和讲授之后，再组织儿童歌诗，在悠扬的歌声中结束一天的课业。这样不但有利于调节儿童的精神状态，提高教学效果，而且能够让他们更有学习兴趣，更加热爱学习。

想一想

"故立志者，为学之心也；为学者，立志之事也。"你如何理解这句话？

（二）论儿童教育的形式

王守仁认为，儿童教育的主要形式有：考德、读书、习礼、歌诗。

考德就是考查学生在家里的行为表现。每天上学，教师首先要逐一询问每个儿童：在家里一切言行举止是否都符合道德规范？是否真正做到了"忠信笃敬"？儿童要如实回答，"有则改之，无则加勉"（《教约》）。然后，教师根据每人的具体表现，"随时就事，曲加诲谕开发"（《教约》），进行有针对性的教育。考德是王守仁"知行合一"学说在儿童教育中的具体体现。它要求儿童将学到的行为准则落实到一切言行举止中去，教师每天的逐一检查有效地促进了儿童良好品德习惯的养成。

读书是开启儿童智慧之门的主要形式。王守仁认为，“讽之读书”能够让儿童增长知识，开发智力，明白做人的道理，从而形成良好的道德观念，树立远大的志向，所谓“沉潜反复而存其心，抑扬讽诵以宣其志”（《训蒙大意示教读刘伯颂等》）。他要求儿童在读书时必须专心一意，边读边想，字字句句，反复推敲。“抑扬其音节，宽虚其心意，久则义礼浃洽，聪明日开矣。”（《教约》）时间长了，就会对封建道德有深入、透彻的了解，人也就日益聪慧起来。

习礼是培养儿童品德习惯的重要途径。王守仁指出：“凡习礼，须要澄心肃虑，审其仪节，度其容止；毋忽而惰，毋沮而怍，毋径而野；从容而不失之迂缓，修谨而不失之拘局。久则体貌习熟，德性坚定矣。”（《教约》）意思是说，儿童学习礼仪，务必要静心思考，明悉其仪节，揣度其仪容举止，千万不可轻视与懈怠，亦不可沮丧而惭愧，更不可任意而粗野。要做到从容而不迂缓，谨慎而不拘束。这样时间久了，对礼仪就会十分熟悉，就能养成良好的行为习惯。王守仁认为，习礼不但能让儿童养成遵守礼仪的好习惯，产生道德教育的作用，而且能通过“周旋揖让”、“拜起屈伸”等礼仪动作的训练，“动荡其血脉”、“固束其筋骸”，起到锻炼身体、增强体质的作用。

歌诗是陶冶儿童心灵的好方法。王守仁认为：“凡诱之歌诗者，非但发其志意而已，亦所以泄其跳号呼啸于咏歌，宣其幽抑结滞于音节也。”（《训蒙大意示教读刘伯颂等》）意思是说，歌诗不但能激发儿童的志趣和意向，而且可以将儿童活泼好动的倾向引向咏歌，使他们内心的忧闷与烦恼得到排解与宣泄，这对儿童的情感具有陶冶和调节的作用。为此，他要求儿童在歌诗时必须做到：“整容定气，清朗其声音，均审其节调；毋躁而急，毋荡而嚣，毋馁而慑。”（《教约》）就是仪容要修饰，情绪要安定，声音要清脆响亮，对音节、音调要详细审察：既不可急躁，又不可放浪喧嚣，也不可气馁害怕。这样久而久之，“则精神宣畅，心气和平”（《教约》）。

王守仁认为，通过考德、读书、习礼和歌诗，对儿童的兴趣加以引导，对他们的性情加以调整，让他们的不良习惯在这个过程中潜移默化地得到消除，他们就会逐渐自觉地按礼义来要求自己，从而在不知不觉中提高道德水平，所谓“日使之渐于礼义而不苦其难，入于中和而不知其故，是盖先王立教之微意也”（《训蒙大意示教读刘伯颂等》）。

（三）论儿童教育的原则与方法

王守仁认为，儿童教育必须顺应儿童的性情。他说：“大抵童子之情，乐嬉游而惮拘检，如草木之始萌芽，舒畅之则条达，摧挠之则衰萎。”（《训蒙大意示教读刘伯颂等》）意思是说，儿童一般都是活泼好动的，喜欢无拘无束、自由自在地玩耍、嬉戏。就像草木刚开始萌芽，顺应它就发展，摧残它就枯萎。因此，他主张儿童教育必须顺应儿童的身心发展特点，使他们“趋向鼓舞，中心喜悦”（《训蒙大意示教读刘伯颂等》），这样儿童自然就能不断长进，就好比时雨春风滋润草木一样，日长月化，生意盎然，而不是如冰霜剥落，生意萧索。而要做到这一点，就要激发儿童的学习兴趣，让他们喜欢学习，“乐习不倦”（《教约》）。孔子早就说过：“知之者不如好之者，好之者不如乐之者。”（《论语·雍也》）可见，“乐之”是学习的最高境界。儿童只有乐学，才能发挥学习积极性，才能真正理解学习内容，达到预期的学习效果。所以，教育者要根据儿童的特点，采用儿童喜欢并乐于接受的教育形式、教育内容和教育方法，来提高他们的学习兴趣，使他们在快乐的气氛中愉悦地学习，这样教育效果必然会明显提高。

议一议

“人的资质不同，施教不可躐（liè）等。”王守仁的这句话包含着怎样的教育观？

王守仁认为，儿童教育必须随人分限，因材循序。儿童时期是一个重要的发展时期，儿童的精力、身体、智力等方面都在发展之中，即所谓“精气日足，则筋力日强，聪明日开”（《传习录》）。因此，教学必须考虑到这个特点，儿童的接受能力发展到什么程度，就要按这个程度进行教学，不可超越。他把这种量力施教的思想，概括为“随人分限所及”。他说：“我辈致知，只是各随分限所及……与人论学，亦须随人分限所及。”（《传习录》）比如树刚萌芽，只能用少量的水去浇灌，待它慢慢长大，再逐渐增加水量。“若些小萌芽，有一桶水在，尽要倾上，便浸坏他了。”（《传习录》）对儿童的教育也是如此，如果不顾他们的接受能力，把大量高深的知识灌输给他们，就像用一桶水倾注在幼芽上把它浸坏一样，对儿童非但无益，反而十分有害。同时，王守仁还认为儿童教学“授书不在徒多，但贵精熟”。因此，教学应留有余地，“量其资禀能二百字者，止可授以一百字”，使儿童“精神力量有余”，这样他们就“无厌苦之患，而有自得之美”（《教约》）。意思是说，教学不可贪多图快，即使是在儿童的“分限”之内，也要留有充分的余地，这样儿童就不会因为学习艰苦而厌学了，反而会乐于接受教育。当然，这并不意味着对儿童的教育越简单、越容易就越好，如果让能够独立行走的儿童去“扶墙傍壁”学步，那也是达不到教育效果的。

王守仁不但主张要针对儿童的发展水平进行教育，而且提出了要注重儿童个性发展，因材施教的思想。他认为由于“人的资质不同”（《传习录》），教育的内容、分量和方法等都要因人而异。就像良医治病一样，要根据各人的不同病情，对症下药，所谓“斟酌加减，调理补泄之”（《与刘道元书》）。教育儿童也同样，不能一刀切，若用同一种要求和方法去教育所有的儿童，只会误人子弟，达不到预期的教育效果。儿童有个性与能力的差异，儿童中有刚性的“狂者”，也有柔性的“狷者”。对“狂者便从狂处成就他，狷者便从狷处成就他”（《传习录》）。意思是说，对于胆大敢为者，就要从勇敢的方面去培养他；而对于小心谨慎者，则可以从办事认真上去成就他，这样才能培养出具有不同个性的人才。在能力方面，王守仁认为“圣人之才力，亦有大小不同”（《传习录》），常人更是如此。他指出：譬如有三人习射，“一能步箭，一能马箭，一能远箭，射得到俱谓之有力，中处，仅可谓之巧。但步不能马，马不能远，各有所长，便是才力分限有不同处。”（《传习录》）所以在儿童教育中要根据各人的不同能力和特点，加以引导和培养，使其才能、特长得以充分发展，“各成其才”（《别王纯甫序》）。王守仁的这一思想，有力批判了抹杀儿童个性的存在、以统一模式塑造儿童的传统教育，具有积极、进步的意义。

另外，王守仁还创造性地提出了一些教学方法。如歌诗，他规定：“每学量童生多寡分为四班，每日轮一班歌诗，其余皆就席敛容肃听。每五日则总四班递歌于本学。每朔望集各学会歌于书院。”（《教约》）意思是说，社学无论儿童多少，都分成四个班次。每天由一班儿童歌诗，其余三班观摩；第五天则由四个班的儿童轮流歌诗，既互相学习，又带有比赛性质；半个月则将各学集中于书院，举行“会歌”。“习礼”也和“歌诗”一样，分班教学。这在以个别教学为主的古代社会无疑是一个创新，通过观摩与比赛相结合的教学方法，不但让儿童能够相互学习、相互促进，而且提高了他们的学习兴趣，做到了“使其乐习不倦”。

王守仁的儿童教育思想是他整个教育思想中最精彩的部分。虽然他的教育目的是向儿童灌输封建伦理道德，即所谓“今教童子，惟当以孝、悌、忠、信、礼、义、廉、耻为专务”，但他反对“小大人式”的传统儿童教育方法和粗暴的体罚等教育手段，要求顺应儿童性情，根据儿童的接受能力施教，寓教于乐，使他们在德、智、体、美诸方面都得到发展的主张，反映了他教育思想的自然主义倾向，这比西方最早表达自然教育思想的名著《爱弥儿》的出版时间（1762 年）早了 200 多年，真是难能可贵。王守仁的自然主义教育思想也为近代教育理论的产生开创了先河。

关键概念

早谕教　　慎择师保　　三育并举　　德艺固厚　　随人分限

思考与练习

1. 古代胎教实施的内容和特点有哪些？
2. 试述贾谊的早期教育思想。
3. 简述颜之推的家庭教育思想。
4. 评述王守仁的“自然主义”儿童教育观。

第二章　中国近现代学前教育思想

【本章学习目标】

- 了解西方学前教育思想在中国传播的历史及对中国近现代学前教育理论与实践的影响。
- 理解“中学为体，西学为用”观点对我国近现代学前教育思想形成和发展的影响。
- 掌握陶行知、陈鹤琴、张雪门、张宗麟等人关于学前教育的主要思想观点。

【教师专业标准】

- 关爱幼儿，重视幼儿身心健康，将保护幼儿生命安全放在首位。
- 信任幼儿，尊重个体差异，主动了解和满足有益于幼儿身心发展的不同需求。
- 合理安排和组织一日生活的各个环节，将教育灵活地渗透到一日生活中。

【本章内容引言】

鸦片战争中，西方列强用坚船利炮打开了中国的大门，中国从闭关自守的封建国家，被迫成为半封建半殖民地国家。在这样一个大变革时期，教育领域也发生了深刻的变化。传统的教育观念和教育制度受到强烈冲击，西方的学前教育思想在中国广为传播，这在客观上促进了中国学前教育理论近代化的探索历程。随着西方教育思潮的传播，社会化的、科学意义上的学前教育开始在中国产生。本章内容将带你进入这段历史，探寻中国近现代学前教育的发展轨迹，并了解我国近现代著名的学前教育活动家。

第一节　近现代学前教育思想的形成与发展

一、西方学前教育思想在中国的传播

虽然重视儿童教育是中国教育的传统，但是中国近代学前教育思想并不是中国古代儿童教育思想的延续，而是源自于西方的学前教育观念和理论，是在汲取西方学前教育思想和理论的基础上另辟新径发展起来的。西方学前教育思想在中国的传播可以分为两个阶段：新文化运动前，以传播福禄贝尔等传统幼儿教育方法为主；新文化运动后，以传播杜威的民主主义教育思想为主。

（一）新文化运动前

早在明末清初，中西文化就开始交流，当时的耶稣会教士们，如艾儒略、高一志等，在为传教服务的宗旨下，向中国翻译、介绍了西方的科学文化知识和教育制度。不过这次的西学传入并不系统，也没有引起中国文化的整体变化。之后，直到 19 世纪中叶，西学凭借军事的强横而强行进入。西方的教育观念、教育制度，其中包括学前教育思想，一方面通过教会人士发表文章、出版书籍等方式向中国进行介绍，另一方面通过开办学前教育机构进行示范的方式进入中国。1895 年中日甲午战争失败之后，以日本为媒介，西方教育理论（包括学前教育理论）开始比较全面地被引入中国。

当时将西方学前教育观念介绍到中国的主要有三部分人：西方传教士，外国学者和中国学者。

西方传教士是近代学前教育观念的最早传播者。美国传教士林乐知在《五大洲女塾通考》第十集中记载，自 19 世纪 80 年代到 1900 年前后，外国教会在中国沿海各地共开办了 6 所幼稚园（原名为小孩察物学校），共收 194 名幼儿。教会人士对于开办幼教机构的热情，无疑出于明显的宗教、文化和政治目的，但是这些幼教机构客观上成为中国最早的近代学前教育机构，为中国人建立自己的学前教育制度起了示范作用。伴随着幼教机构的设置，近代新的学前教育理念也被引入中国，如重视学前教育在整个教育体系中的地位和作用，重视幼儿的身心发展特点，重视游戏对幼儿发展的价值等，这些对中国近代学前教育思想的发展具有启迪作用。

幼稚园的孩子在做哑铃操

教会在开办专门幼教机构的同时，还极为

重视对幼教师资的培养，从1889年到1902年在苏州和上海等地开办了幼教师资培训班。这些幼教师资机构的设置，同样传达了一种新的学前教育理念：教师是一种专业，只有接受过专门训练的人员才能担任。

外国学者主要指日本学者。1868年日本明治维新以后开始大力兴办西学，幼儿教育在整个国民教育中的地位和发展幼儿教育的重要性日益被认识。到19世纪90年代，日本在幼儿教育方面已经形成一套具有日本民族特色的教育模式。在国内，清政府优先向日本派遣留学生的倾斜政策，表明清政府要将日本作为中国创立新式教育制度的样板。在中国近代新式学制制定的前后，很多日本学者被邀请到中国主持官立或私立的幼教机构。如1903年2月，湖北巡抚端方在武昌阅马场创办的湖北幼稚园，全部的设备都购自日本，并聘请了毕业于东京女子高等师范学校的户野美知惠担任园长，由她拟定的《湖北幼稚园开办章程》连同园舍设计、幼儿服装等几乎都是对日本学前教育制度的复制。大量的日籍教师参与中国的幼教机构建设，尽管这些幼教机构并不太适合中国的国情，但毕竟在客观上传播了新式学前教育观念和制度。

在清政府优先“向日”留学政策的导向下，20世纪初，国内掀起了到日本留学、考察、游历的热潮，一些学者和官员也对日本的幼教制度进行了考察、学习，他们回国后以考察日记或者撰写专文的方式介绍了日本的学前教育制度和教育思想。同时，日本有关学前教育制度的规程，如《幼稚园保育法》等，也被翻译、介绍到中国。

总而言之，正是在上述三股力量的共同作用下，才使得近代学前教育制度逐渐被国人认识和理解，西方学前教育的观念也逐渐被人们所接受。

光绪二十五年（1899年），秀耀春、汪振声在《万国公报》上发表了《养蒙正规》一文，详细介绍了裴斯泰洛齐、福禄贝尔的生平和教育理论。[①] 到五四运动之前，对于福禄贝尔的幼稚园教育思想，我国学前教育工作者已经很熟悉。尽管这个时期西方学前教育理论大量传入中国，但真正对这些理论进行深入研究，探索西方学前教育理论本土化则要在新文化运动之后。

（二）新文化运动后

五四运动前后，人们为了探寻中国教育的出路，把形形色色的西方教育理论、学说、思潮介绍进来，出现了一个声势浩大的宣传、介绍西方教育理论、教育学说的热潮。在这众多的教育理论和教育学说中，发源于美国、在当时美国教育界占主导地位的实用主义教育理论，因以标榜民主和反传统的面目出现，与五四时期倡导民主、科学，反对封建传统教育的思潮颇为一致，再加上受当时中国社会政治、经济、思想文化等各种因素的影响，所以受到特别关注，并对中国的教育理论和实践产生了广泛的影响。杜威在论述和传播实用主义教育思想上作用最大。

在中国最早传播杜威实用主义教育思想的是蔡元培、陶行知、胡适等人。早在

① 参见李天钢编校：《万国公报文选》，636页，北京，三联书店，1998。

1912年，蔡元培在《对于教育方针之意见》中就介绍了杜威的主张[①]；1919年3月，陶行知在《时报》发表《介绍杜威先生的教育学说》，简要介绍了杜威的生平、著作和实用主义教育思想；1919年4月，胡适在《新教育》杜威专号发表文章，系统地介绍了杜威的教育思想。

杜威的实用主义教育思想在我国的传播时间非常长，从1915年一直持续到1949年，其中以1919年5月杜威来华讲学和翻译美国教育理论著作为高潮。杜威在中国逗留两年多，出版了演讲集，到过11个省市。杜威的亲自宣传，使实用主义教育思想在中国引起了更大的反响，对当时中国教育目的的确定、新学制的形成、教育理论的发展及课程、教材、教法的改革等都产生了很大的影响。

二、中国化的学前教育思想运动

19世纪60年代到20世纪初，正是西方资本主义列强走向帝国主义的时代。他们疯狂地向外扩张，寻找殖民地以掠夺更多的财富。正如列宁所指出的："资本主义如果不经常扩大其统治范围，如果不开发新的地方并把非资本主义的古老国家卷入世界经济漩涡，它就不能存在与发展。"[②] 地大物博的中国被作为猎取的对象，帝国主义列强与腐败的清政府签订了一系列不平等条约，中国由封建社会沦为半殖民地半封建社会。"一种前所未有的危机气氛形成了，全国弥漫着被瓜分的恐惧。"[③] 在这种情形下，当时的中国社会思想文化领域逐渐升腾起一股奋发图强的精神。人们普遍感到，闭关锁国不是出路，要想不被外族欺辱，只有发展自己、壮大中国的实力。

（一）中国化的学前教育思想的形成

两次鸦片战争的残酷事实和洋枪大炮的威力，使得以魏源为代表的一部分士大夫阶层开始学习西方，提出了"师夷长技以制夷"的口号。他们对当时社会上盛行的空谈心性的"宋学"和专事考据的"汉学"提出批评，倡导"经世致用"的新学风，要求变通科举，学习实学，培养有真才实学的人才。他们是近代中国第一批开眼看世界的代表人物，他们的这些思想开启了学习西学的先声，对后来的洋务教育运动起了促进作用。

"洋务教育"是洋务运动中兴起的向西方学习西学、西艺的教育思潮。洋务派为了维持和延续风雨飘摇的清朝封建统治，提出了"自强"、"求富"的口号。以李鸿章、张之洞为代表的士大夫官僚主张仿效西方列强练兵制器，兴办军工和民用企业。从事洋务活动就需要培养洋务人才，李鸿章指出："中国欲自强，则莫如学习外国利器；欲学习外国利器，则莫如觅制器之器。"所谓制器之器实际上就是指有才干的科技人才。

---

① 参见高平叔编：《蔡元培教育文选》，179页，北京，人民教育出版社，1980。

②《列宁全集》，中文2版，第三卷，547页，北京，人民出版社，1984。

③ 费正清编：《剑桥中国晚清史》（下卷），323页，北京，中国社会科学出版社，1985。

张之洞对育才、兴学与国家关系的认识更加深刻，他认为培养洋务人才比求财更重要，他说：“中国不贫于财，而贫于人才”，要育才，必须兴学。在洋务派兴办学堂、改制学院主张的影响下，从 1862 年开始，我国先后设立了京师同文馆、广东实学馆（西学馆）等新式学堂。然而，洋务派又不希望他们培养出来的人才危及封建专制统治，所以从李鸿章到张之洞，其办学的核心思想都是“中学为体，西学为用”，就是要以旧学为体，以新学为用；不改中学之旧，仅增西学之新。张之洞在他的《劝学篇》中系统地论述了这一思想。他说：“‘中学为体，西学为用’，就是以‘旧学为体，新学为用，不使偏废’。”[①] 所谓“旧学”，是指“四书、五经、中国史事、政书、地图”；所谓“西学”，也称“新学”，是指“西政、西艺、西史”。“旧学为体”就是要把四书、五经等作为政治思想的主体，这是“道”，不能变更；“新学为用”，就是要用西政、西艺作为研究和处理办洋务中出现的新事物，这是“器”，是能变更的。

“中学为体，西学为用”教育指导思想的提出，是中国教育思想发展史上的历史性转折，它摧毁了传统的教育制度，为传统教育吸收西方新学气息打开了一扇天窗，有助于中国教育走向近代化。“可以这样肯定，如果没有洋务教育思潮的勃兴，促进了各级各类新式学堂的建立和完善，清政府于 1898 年改制书院，1902 年至 1903 年建立新学制……都将会像无源之水不可想象。”[②] 由此可见，洋务教育运动对建立新学制有着决定性的影响，自然也对学前教育制度的确立有着举足轻重的作用。

20 世纪初，帝国主义对中国的侵略不断加深，民族危机更为严重。清政府为维护其统治，一方面向帝国主义屈膝求和，另一方面迫于人民的压力，宣布实行“新政”，进行改革，以缓和矛盾。他们提出的“新政”在教育方面的主要内容有废八股、停科举、兴学校。废除自隋朝起实行了 1 300 年之久的科举考试制度，也标志着封建旧教育制度在形式上的终结。接着，清政府便着手建立新的教育体系。1902 年，清政府颁布了由张百熙主持制定的近代第一个教育制度《壬寅学制》，但这个学制未及实施便被废止。1904 年 1 月，清政府又颁布并实施了由张之洞、张百熙、荣庆拟定的《奏定学堂章程》，也称《癸卯学制》。这个学制由一系列具体的学堂规程所组成，其中包括为学前教育专门制定的《奏定蒙养园章程及家庭教育法章程》（以下简称《章程》）。这是我国近代学前教育制度化建设的重要标志。从此，我国近代学前教育进入一个新的发展阶段。

蒙养园

《章程》包括“蒙养家教合一”、“保育教导要旨及条目”、“屋场图书器具”、“管理人事务”四章，

① 张之洞著：《劝学篇》，121 页，郑州，中州古籍出版社，1998。

② 董保良等编：《中国近现代教育思潮与流派》，59 页，北京，人民教育出版社，1997。

内容涉及学前教育机构设置的性质、目的和意义、教育者、教育对象、教育目标、教育内容、教育方法，以及机构设施与内部管理等。《章程》作为我国近代实施的第一个学前教育法规，对于我国学前教育的发展无疑发挥了重要的作用。但是由于制定者所持的“中学为体，西学为用”的基本价值取向和矛盾的文化心态，使《章程》在形式和内容上存在极大的反差，有近代学前教育之名而无近代学前教育之实。

通观《章程》，从内容上看，其保留了浓厚的封建色彩，如《章程》中虽然肯定西方幼稚园、保姆讲习科设置精良，但却以中国国情的特殊等理由对此类具体做法加以否定，认为“中国此时情形，若设女学，其间流弊甚多，断不相宜”[①]，不仅不设女学，女子也不可多读西书，否则“误学”外国风俗，会导致开启自行择配婚姻、蔑视父母夫婿教导的风气。从形式上看，蒙养园是在新学制产生的情况下，被迫接受西方幼儿教育机构的样式而勉强开设的，如将蒙养教育作为国民教育的基础，强调设置蒙养园的价值，还要求根据幼儿性情特征，设置游戏、歌谣、谈话、手技等教育科目，这些都是受西方教育理念和教育制度影响的产物。可是，因为“女学断不宜办”，使蒙养园不可能有合格的师资来源，阻碍了蒙养园的发展，使得蒙养园只是家庭教育的补充形式，而不是真正意义上的社会学前教育机构。另外，《章程》的许多内容也只是简单地移植国外学前教育的制度和做法，并没有作深入的思考，特别是其中关于保育教导宗旨与科目、蒙养园设备等方面的规定，基本上是对日本1899年制定的《幼稚园保育及设备规程》的简单复制。

蒙养园里的孩子们

尽管如此，蒙养园制度的确立还是使中国的学前教育向前迈进了一步，让幼儿除了在家接受教育外，还能在社会学前教育机构接受教育。社会学前教育机构也从制度上被确定下来。

（二）中国化的学前教育思想的发展

1901年，清政府被迫签订了丧权辱国的《辛丑条约》，这使得中华民族面临严重危机，也激发了人民的爱国救亡运动和资产阶级民主主义革命。1911年，辛亥革命爆发并取得胜利。辛亥革命的胜利，推翻了清王朝的统治，结束了中国两千多年的封建君主专制统治。1912年，中华民国成立，这是中国人民反对封建统治的胜利。可是由于资产阶级的软弱性，革命成果很快旁落，中国社会半殖民地半封建的性质并没有改变，教育也仍具有半殖民地半封建的性质。一批经受过资产阶级文化洗礼的知识分子，不

① 朱有瓛主编：《中国近代学制史料》（第二辑下册），746页，上海，华东师范大学出版社，1989。

甘心革命的失败，针对文化教育领域的复古逆流和北洋军阀政府的专制统治，在思想文化领域兴起了一场反封建的新文化运动。在“民主”、“科学”的旗帜下，资产阶级民主主义者对封建主义思想文化进行了猛烈的批判，他们倡导引进和学习西方先进的文化教育，对传统教育和教育观念进行深入反思与重建，从而构成了新文化运动的重要组成部分。

1919 年爆发的五四运动，是新文化运动的高潮，促成了民族现代意识的觉醒和空前的思想解放，标志着中国近代历史从旧民主主义革命转变为新民主主义革命。它提倡政治民主和科学进步，反对为封建服务的旧传统、旧道德、旧礼教，并开始了马克思主义的传播。这一思想解放运动对教育的发展产生了深刻的影响，加上这一时期中国资本主义工商业的发展也对教育提出了新的要求，因此，在由文化革命引发的思想解放浪潮下，教育领域也掀起了改革封建传统教育，积极学习、引进西方教育的热潮，并初步形成了一支教育探索和改革的队伍。在这样的社会历史背景下，我国的现代学前教育有了新的借鉴，从过去主要学习日本转向主要学习欧美，并在探索和实践中总结出自己的经验，奠定了学前教育中国化和科学化的基础。

（三）中国学者的实践

新文化运动促成了民族现代意识的觉醒和空前的思想解放，以探索中国社会改造和进步的出路为目的，面对大量涌入的西方教育思想，中国的学者也积极地加以选择和吸取，并开始了各种各样的教育实验，形成了形形色色的教育思潮和教育运动。在学前教育领域，陶行知、陈鹤琴、张雪门、张宗麟等人率先在调查、研究的基础上，提出中国的学前教育不能一味地照搬外国经验，而要走自己的路。于是，他们开始着手进行使学前教育中国化和科学化的实验研究。陈鹤琴研究了中国儿童的心理、家庭教育和幼稚园教育，于 1923 年春创办了第一个幼教实验中心——南京鼓楼幼稚园，探索我国学前教育中国化和科学化道路。陶行知在《创设乡村幼稚园宣言书》（1926 年）中指出，国内的幼稚园害了三种大病：外国病、花钱病、富贵病，并提出要建设中国的、省钱的、平民的幼稚园。他还把工厂和农村称为幼稚园的新大陆，率领助手和学生一起办起我国第一批农村和工厂幼稚园。张雪门则在《参观三十校幼稚园后的感想》（1926 年）中揭露了宗教式、日本式幼稚园之弊端，并对福禄贝尔和蒙台梭利的教育思想进行了评价。他还创办了北平幼稚师范学校，开始探索培养中国化学前教育师资的道路。张宗麟也在《调查江浙幼稚教育后的感想》（1926 年）中指出：幼稚园的一切设备、教法抄袭西洋成法，不切中华民族性，不合中国国情。[①] 他协助陈鹤琴在南京鼓楼幼稚园实验中国化的学前教育，又协助陶行知创办首批为工农服务的幼稚园。

学者们以实验方式探索中国化学前教育的道路，一些学前教育研究组织在京沪等地出现。最早的是 1917 年由博文女学钟佩英、黄裕兰在上海首创的幼稚教育研究会。

---

① 参见张沪编：《张宗麟幼儿教育论集》，425 页，长沙，湖南教育出版社，1985。

最有名的是1927年3月由陈鹤琴、陶行知、张宗麟等发起组织的中国幼稚教育研究会，7月又在此基础上成立了中华儿童教育社，陈鹤琴为主席。该社的总目标是“研究儿童教育，推进儿童福利，提倡教育专业精神”。创建时只有47名社员，22个团体会员，但到1937年已经发展到全国60多个分社，4 000多名社员，是当时全国最大的教育学术团体，还出版了儿童教育丛书，发行《幼稚教育》、《儿童教育》等刊物。这些研究会的宗旨都是提倡并研究学前教育，任务是研究教材教法、举办展览、陈列图书、组织表演、交流经验、出版刊物等。这些研究会的活动在当时的教育界和幼稚园教师中产生了广泛影响。

三、马克思主义教育思想的传播

在新文化运动期间，伴随着西学东渐的大潮，马克思主义及其教育思想也同实用主义教育思想一样，开始传入中国。一些先进的知识分子接受了马克思主义，开始从无产阶级革命立场和观点出发，思考教育问题，从事教育活动，进行教育斗争。如我国著名的马克思主义教育理论家杨贤江，他不仅翻译和介绍了马克思主义的观点，还运用马克思主义观点积极投身于唤起民众，尤其是动员和教育广大青年的革命活动中去，逐步形成了具有中国特色的马克思主义革命学说和教育理论——新民主主义教育理论。这是新中国教育发展的理论基础和指导思想。

马克思主义教育理论对我国教育的影响主要体现在由中国共产党创立的革命根据地的教育中，它指导着革命根据地的教育活动，主要表现在以下三个方面：

首先，教育为无产阶级政治服务，为革命斗争事业服务。革命根据地的各级各类学校教育都把坚定正确的政治方向放在第一位，政治思想教育是学校教育最重要的组成部分。在老解放区的学前教育机构中，不但对保教人员进行定期的政治思想教育，以提高其思想觉悟，而且十分重视对学前儿童的品德教育。如延安第一保育院和托儿所就曾根据学前儿童的身心特点，有计划地研究了德育的目标、途径和方法，提出了“教导儿童了解父母参加革命的苦心，并继承其艰苦奋斗的精神；教育儿童认识中国革命的敌人，并培养其对敌人仇恨的心理”等德育目标。

其次，教育与生产劳动相结合。这是马克思主义教育思想中一个十分重要的组成部分。革命根据地的学前教育机构十分重视对儿童进行劳动教育，从小培养儿童热爱劳动、尊重劳动人民的情感和优良品质。劳动教育的内容有自我服务、为集体和同伴服务、手工劳动等。

最后，教育为工农及其子女服务。马克思主义创始人在革命实践中一贯重视无产阶级争取教育权的斗争。在革命根据地，以各种形式、动员一切力量，为工农提供服务，为其子女提供受教育的优先权。如在抗日战争和解放战争期间，老解放区采取因地制宜、因时制宜的原则，创办了不同类型的托幼机构，有由机关、工厂、学校、部队等单位自办的单位日间托儿所，也有小学附设的幼稚班，还有寄宿制的保育院、托儿所等。这些机构的建立既让劳动妇女能够安心工作、生产和学习，也保证了儿童的受教育权，保护和培育了革命后代。

总之，当时中国教育界介绍和引入的马克思主义及其教育思想，最初体现在革命根据地的教育实践中。同时，这些在教育实践中积累的经验，也为新中国的教育理论和实践奠定了基础。在长期的社会主义道路建设中，马克思主义成为我国学前教育理论和实践的主要思想依据。

第二节 陶行知的学前教育思想

一、生平和事迹

陶行知

陶行知（1891 年—1946 年），原名文濬，生于徽州歙县西乡黄潭源村一个贫寒的教师之家，祖籍浙江绍兴。1909 年考入南京汇文书院预科。1914 年以第一名的优异成绩在南京金陵大学文科毕业后，便远渡重洋赴美国留学。陶行知最初攻读市政，后来觉得没有真正的大众教育，就不能有真正的新共和，于是便进入哥伦比亚大学师范学院主攻教育，期望通过教育来救国救民。他师从杜威、孟禄等教育家，并深受他们的影响。1917 年，陶行知获得哥伦比亚大学师范学院“都市学务总监”的资格文凭。同年秋，他怀着“要使全中国都受到教育”的宏愿回国。

陶行知回国之后，先后担任南京高等师范学校、国立东南大学教授、教务主任等职。1923 年 6 月，陶行知与朱其慧、晏阳初等人发起成立中华平民教育促进会，积极开展平民教育运动。陶行知深切感到中国教育改造的根本问题在农村。他说：“中国以农立国，住在乡村的人占全国人口的 85%。平民教育是到民间去的运动，就是到乡下去的运动。”要想普及教育，就必须使平民教育下乡，开展乡村教育运动。期间，他踏遍大江南北，到处发表演讲，广泛接触贫苦大众，时时刻刻忙碌在家庭、街道、商店、工厂、机关、军营、监狱、寺院等地方。

从 20 世纪 20 年代起，陶行知便竭尽全力推行平民教育、乡村教育和普及教育，他创办了晓庄试验乡村师范学校，并提出了生活教育理论。1930 年，国民党政府下令封锁晓庄试验乡村师范学校，陶行知被迫流亡日本。1931 年春，陶行知返回上海。自 1932 年起，他又先后创办了“山海工学团”、“晨更公学团”、“劳工幼儿团”、“报童公学团”、“流浪儿童公学团”。他首创了“小先生制”，成立“中国普及教育促成会”，开展“即知即传”的普及教育活动。1934年，陶行知主编《生活教育》半月刊，并任《生活教育》和《普及教育》周刊主编。同时，他将自己的名字由“知行”改为“行知”。“九一八”事变后，陶行知积极投入抗日救亡运动，发起成立“国难教育社”，推行国难教育。

抗日战争胜利后，陶行知在重庆创办社会大学，担任校长，推行民主教育。1946年4月，陶行知回到上海，继续奋不顾身地投入反独裁、争民主，反内战、争和平的斗争，并为在上海创办社会大学和育才学校的迁址问题多方奔波。民主战士李公朴、闻一多遭国民党特务暗杀，陶行知被列为黑名单上的第三名。他一面做好“我等着第三枪”的牺牲准备，一面继续坚持斗争，视死如归，始终站在民主运动的最前列，终因“劳累过度，健康吃亏，刺激过深”于1946年7月25日突发脑溢血在上海逝世。[①]

二、社会历史特点和思想背景

陶行知投身教育，与他生长的环境息息相关。他生活的年代，正是祖国的危难之际。自鸦片战争爆发以后，中国由一个闭关自守的封建社会，被列强侵略成为一个半殖民地、半封建的社会。生活在这样一个时代的陶行知，亲眼见到生活在社会最底层的广大劳动人民，特别是占中国人口80%以上的农民们，过着贫穷、愚昧、落后、受压迫、受欺凌的悲惨生活。后来他留学美国，并深受外国教育思想的影响，这使得他深刻认识到祖国传统教育的一些弊病，并立志进行改造。他热切地希望祖国能够尽快地改变贫穷、落后的面貌，早日跨入世界先进国家的行列。我们认为，对陶行知教育理论产生影响的因素可以归结为以下两方面。

（一）半殖民地半封建的中国社会

作为一个中国人，陶行知从小就受传统文化的熏陶，对中国传统文化具有深厚的感情。然而陶行知所处的中国社会，是一个被西方列强蹂躏、践踏后的半殖民地半封建社会。那是一个文化激烈碰撞、社会激荡翻覆的年代，他亲身经历着中国的落后与贫穷、百姓的无知与愚昧。对此，他认为传统封建思想对无数中国人的影响，是使本应站在世界前列的中国不但不能和其他国家并驾齐驱，而且处处跟不上其他国家的重要原因。陶行知指出，批判地审视中国的传统文化，需要一位“破坏之神”来区别传统文化的精华与糟粕，而不能一味地全盘继承。

陶行知反对形式主义的八股文，反对封建迷信，反对纲常礼教。他认为中国从前的旧文化，是上了脚镣手铐的，不但束缚了人民的手脚，更束缚了人民的头脑。他反对文言文，提倡白话文、大众文。“一切公立学校，都应该教白话文，因为这是大众的要求，儿童的要求，新人才的要求。”陶行知主张，对传统文化应先积极吸取其中优秀

① 参见张传燧主编：《中国教育史》，441页，北京，高等教育出版社，2010。

的部分，再结合世界创新；传统观念、传统文化、传统教育等一切传统的东西，若不加以选择性地破坏、冲击，是不可能有所创造的。

（二）西方实用主义思潮的影响

陶行知于1914年赴美国留学，后转入哥伦比亚大学学习教育学，师从杜威等教育家。作为杜威的学生，杜威对陶行知的影响是巨大的，但陶行知对杜威教育思想的学习却并非照猫画虎，而是批判地吸收、创造地运用。例如，陶行知提出的“教学做合一”与杜威的“从做中学”的思想渊源是相契合的。“从做中学”是杜威针对当时传统学校所采用的“静坐”、“静听”这种被动的学习方式而提出来的。杜威指出，“从做中学”使儿童关心的不是那些客观事实和科学定律，而是直接的材料操作和简单能量的运用，以产生有趣的结果。他认为教育培养出的人才不是为了适应当时的社会、臣服权威，而是用于社会的改造与发展，创造理想的生活方式。陶行知受杜威的影响，开始注重“做”的重要性，慢慢形成“教学做合一”的教育思想，但陶行知的以实际生活为出发点，用实际遇到的问题引发“做”，主要是为了救国救民。虽然两者“做”的内容不同，但都强调了“做”的重要作用。

三、儿童观

陶行知认为要教育儿童，首先必须对儿童有一个正确、全面的认识，不能把成人的思想强加于儿童。他对儿童教育是“捧着一颗心来，不带半根草去”。陶行知的儿童观正是源自于他对儿童的尊重与热爱。

（一）儿童是现在的小主人

陶行知认为人们应该承认儿童的人权，尊重儿童，儿童和成人的地位是平等的，不能束缚儿童的成长和自由。他提出“儿童是现在的小主人”，“儿童是人生的黄金时代”，“从前世界属大人，以后世界属儿童”，要对儿童实施“自主管理”，把儿童培养成“学习之主人，生活之主人，创造之主人”。不过，陶行知所说的自由不是绝对的自由，是要让儿童在大人的培养和引导下形成自主精神，养成自主习惯。

（二）儿童是创造产业的人

陶行知认为：“人人是创造之人。”[①] 儿童从生下来开始，就秉承了人类的创造潜能，只要有适合的环境，儿童的创造性就能迅速表现出来。儿童具有很强的创造力，这种创造力是千千万万祖先经过几十万年与环境斗争所获得并遗传的才能之精华，教育的任务就是要在儿童自身的基础上，过滤并运用环境的影响，以培养、加强这创造

---

①《陶行知教育文选》，132页，北京，教育科学出版社，1981。

力，使儿童成长得更有力量，以贡献于民族与人类。[①] 他还认为，旧中国的儿童在苦海中成长，不但经济困难，而且受到各种封建礼教的束缚，身心得不到充分的发展，这就更需要发挥儿童潜在的创造力，成人也要适当地引导儿童学会创造出自己的乐园来。

（三）儿童要学会创造自己的世界

陶行知认为，要让儿童创造自己的世界，首先要打破大人世界对儿童世界的束缚，然后在大人世界之遗迹上去创造儿童世界。儿童世界要由儿童自己动手去创造，要多鼓励儿童自由活动，只有这样，儿童世界才可能会出现。儿童一定要从原来的苦海中脱离出来，进入一个儿童的乐园中去。

（四）儿童的潜能巨大

陶行知在《儿童年献歌》中指出，儿童可以做小先生和打倒帝国主义的小先锋。陶行知认为儿童并非是无能的，他们有自己可以做的事情。在整个民族解放运动中，他认为必须承认儿童所具有的伟大力量，并且必须允许这种力量充分地发挥出来，所以陶行知动员儿童做小先生。儿童有着巨大的潜能，成人也要相信儿童的这种能力。

陶行知动员儿童做小先生

（五）儿童发展需要锻炼的机会

陶行知认为，既然发现并认识到儿童具有创造力，那就应该给他们提供发挥和锻炼的机会，从而进一步把儿童的创造力解放出来。他指出，应该把儿童的头脑、双手、嘴巴、空间和时间都解放出来，并且还要有针对性地对儿童的创造力给予适当培养。而最能发挥儿童创造力的条件就是民主，因此，倘若要大量开发儿童创造力，就必须先创造出民主的条件，只有民主的方法才能完成这样的大事。

议一议

“你的教鞭下有瓦特，你的冷眼里有牛顿，你的讥笑中有爱迪生。你别忙着把他们赶跑。你可不要等到坐火轮、点电灯、学微积分，才认识到他们是你当年的小学生。”你准备将来怎样去做老师？

① 参见《陶行知教育文选》，304 页，北京，教育科学出版社，1981。

四、学前教育的思想内容

陶行知的儿童观是他提出儿童培养方法的重要思想基础，他认为儿童期是人生的黄金时期，儿童从小就具备极大的创造潜能。所以，成人要给予儿童足够的机会去锻炼，这样儿童才能创造出属于自己的乐园。相对应地，在教育方法上，陶行知强调成人要在了解、懂得儿童心理的基础上，从小教起，循循善诱，循序渐进地引导、启发儿童，同时做好解放工作，即解放儿童的头脑、双手、眼睛等，让他们能够在自由的世界里创造出最美好的未来。

（一）教育儿童首先要懂得儿童

陶行知认为，要懂得儿童，首先应当了解儿童，了解儿童与成人的差异，因为不论在生理上还是心理上，儿童与成人都是不同的。而且不仅要了解，还要行动起来，要根据儿童的生理和心理特点及儿童的需要，遵循其发展规律，才能施以正确的爱与指导。陶行知反对看不起儿童，反对不把儿童当人，或是把儿童看作玩物，或是把儿童看作小大人，用对待大人的一套去要求儿童。其次，懂得儿童就要知道儿童能做什么。有的成人认为儿童是万能的，不管这件事情儿童能不能做，都强加到他头上；也有的成人认为儿童是无能的，并且溺爱至极，不给儿童创造的机会，任何事情都替儿童去做。陶行知说："儿童固然不是万能的，但也不是无能，只要适合于他的能力，我们才可以给他做，不要过或不及才行。"最后，成人应该加入儿童的队伍里，陪儿童一起创造儿童的乐园，这才算是真正懂儿童。"把我们摆在儿童队伍里，成为儿童当中的一员。我们加入儿童队伍里去成为一员，不是敷衍的，不是假冒的，而是要真诚的，在情感方面和儿童站在一条战线上。"[①] 陶行知认为，教师也应当和儿童一起玩，要做到热爱儿童、研究儿童。为了更好地教儿童，成人要尽量抑制自己想"教"的欲望，先进行客观的观察和平等的对话，在充分了解儿童的基础上去教。[②]

（二）教育儿童要从小开始

陶行知特别重视基础教育，在留学美国期间，因受德国教育家福禄贝尔和意大利教育家蒙台梭利等人的幼儿教育思想的影响，他认为教育要唤起民众，必须从启蒙开始。他曾在《创设乡村幼稚园宣言书》中明确指出："幼儿教育实为人生之基础，不可不乘（趁）早给他建立得稳；儿童学者告诉我们，凡人生所需要之重要习惯、倾向、态度，多半可以在六岁以前培养成功。换句话说，六岁以前是人格陶冶最重要的时期，

---

①《陶行知教育文选》，304页，北京，教育科学出版社，1981。

②参见虞伟庚主编：《陶行知教育思想概论》，100页，武汉，武汉大学出版社，2012。

这个时期培养得好，以后只要顺着他继长增高地培养上去，自然成为社会优良的分子；倘使培养得不好，那么，习惯成了不易改，倾向定了不易移，态度决了不易变。这些儿童升到学校里来，教师需费尽九牛二虎之力去纠正他们已形成的坏习惯、坏倾向、坏态度，真可算为事倍功半。”[①]

陶行知在《如何使幼稚教育普及？》一文中将教育幼儿比作培育幼苗。他认为，对幼儿从小就要注重培养，就如同幼苗从一开始就要培养得宜，才能茁壮成长、欣欣向荣。对孩子的教育也一样，需要抓住他们各方面发展的“关键期”，然后施以科学的方法、正确引导，他们才能真正成功。所以“小学教育是建国之根本，幼稚教育尤为根本之根本。小学教育应当普及，幼稚教育也应当普及”[②]。

议一议

> “你教人爬树，如果从小教起，到了长大，便会爬到树顶。如果教成人学爬树，势必爬到头破血流，非得爬不到顶，并且于他的手足伤害甚多。”陶行知的这个观点说明了什么道理？

（三）培养儿童不能仅局限于书本文字

在明确儿童教育的基本概念之后，就要进一步去了解培养什么样的儿童，如何去培养儿童。传统观念认为，学校教育让儿童认识尽量多的文字、掌握尽量多的知识是最重要的，知识多往往被认为是有文化。但文字、知识都是死的，如果仅以此作为学习的唯一目的，则容易走向“死读书”的行列。儿童学习最重要的一点就是能活学活用。但实际上，教育归教育，生活归生活，我们的教育和生活仍然是脱节的。陶行知认为，教育是教人发明工具、制造工具、运用工具的，文字、书本只是工具中的一种，而真正的活教育是要教人发明生活工具、制造生活工具、运用生活工具。所以，“我们要活的书，不要死的书；要真的书，不要假的书；要动的书，不要死的书；要用的书，不要读的书”[③]。儿童除了学习文字之外，还要学习人生之道，学会做人，学会做事。陶行知提出“千教万教教人求真，千学万学学做真人”，“道德是做人根本，根本一坏，纵使你有一些学问和本领，也无甚用处”，这同样是今天的学前教育要追求的目标。早在 1945 年，陶行知就提出把人格教育、知识教育、组织教育和技术教育四项定为教育之方针，而人格教育是其重点。[④]

---

①《陶行知全集》（第一卷），618 页，长沙，湖南教育出版社，1983。

②《陶行知全集》（第二卷），81 页，长沙，湖南教育出版社，1984。

③《陶行知教育文选》，34 页，北京，教育科学出版社，1981。

④ 参见虞伟庚主编：《陶行知教育思想概论》，102 页，武汉，武汉大学出版社，2012。

（四）注重启发，培养儿童学习的乐趣

在教学方法上，陶行知注重启发，提倡培养儿童的学习乐趣。他主张教学方法一定要从以“教”为中心转到以“学”为中心，让儿童学会学习。在具体的教学过程中，他强调要解放儿童的头脑、双手、眼睛、嘴、空间、时间，使他们得到充分自由的生活，从自由的生活中得到真正的教育。他鼓励教师与儿童走出幼儿园，把课堂移到大自然，并用他们解放了的大脑、双手、嘴去自主探索大自然。因为只有大自然才是儿童快乐成长的乐园，才是儿童最感兴趣的教育大课堂。

陶行知提倡根据儿童的心理特点，启发、引导儿童不断地、深入地、有乐趣地、孜孜不倦地向知识之宫迈进。他反对读死书，认为读书应该是快乐的，快乐可以引起兴趣，从而再转化为爱好和需要。只有建立在兴趣、爱好的基础上的学习才是最稳定、最牢固的。而能将读书作为生活需要的人，他必然勤奋学习，自觉地追求真理，从而乐于学习。[①]

读一读

> 教育中要防止两种不同的倾向：一种是将教与学的界限完全泯除，否定了教师主导作用的错误倾向；另一种是只管教，不管学生兴趣，不注重学生提出问题的错误倾向。前一种倾向必然是随着生活打滚；后一种倾向必然把学生灌输成烧鸭。
>
> ——陶行知

（五）要学会手脑并用，在劳心上劳力

旧时曾有“劳心者治人，劳力者治于人”的说法。也就是说，社会上存在两种人，一种是劳心不劳力者，即只用大脑不用手的人；另一种是劳力不劳心者，即只用双手不用大脑的人。劳力者只管闷头苦干，劳心者只管闭起眼睛来想。久而久之，只劳心者无所事事；只劳力者一辈子愚昧无知。探究其原因，是源于当时陈腐的传统教育观。陶行知认为，“贵耳贱手”、“贵知贱行”的传统教育观其实都只偏重了一方面。他指出，传统教育是教用脑的人不用手、教用手的人不用脑的“残废教育”，而真正的教育应当手脑相长。用脑者因不用手，脑也不能精细；用手者因不用脑，变成一双粗手，这样的教育不仅会将读书人变成书呆子，还会影响人的正常发展，使人成为畸形。于是，他决心为教育的这一痼疾开出一剂良方，注入新教育的活力。他强调要在“做”中进行学习，将生活与教育结合起来，将手脑结合起来。

陶行知曾经写过一首《手脑相长歌》：“人生两个宝，双手与大脑。用脑不用手，快要被打倒。用手不用脑，饭也吃不饱。手脑都会用，才算是开天辟地的大好佬。”这

---

① 参见虞伟庚主编：《陶行知教育思想概论》，103页，武汉，武汉大学出版社，2012。

首诗非常形象地阐明了人的大脑和双手的关系，两者应该是齐头并进的。只有手脑互用，手脑才能相互长进。脑与手联合起来，才能把身上的“弱”和“愚”去掉，才有睿智的力量。

议一议

下面这幅漫画说明了什么？

人生两件宝

（六）实现儿童的“六大解放”

1946年，陶行知在《小学教师与民主运动》一文中提出，要取得好的教学效果，教师就必须进行六大解放，把学习的基本自由还给儿童，让他们独立思考、亲手去做、亲眼观察、大胆说话、广泛接触、自由发挥，以发掘儿童的潜力，发展他们的创造力。

（1）解放他的头脑，使他能想。我们要发展儿童的创造力，先要把儿童的头脑从迷信、曲解、幻想中解放出来。儿童要有创造力，首先要有思想，思想贯通之后，才有信仰，才生力量。

（2）解放他的双手，使他能干。中国传统教育一直不许儿童动手，动手要打手心，因此往往摧残了儿童的创造力，摧残了儿童的动手能力。儿童动手能力是创造力的体现，成人不能不分青红皂白，扼杀儿童的一切动手活动，要给予他们充分的机会锻炼其双手。

（3）解放他的眼睛，使他能看。陶行知说：“人身生理之构造，关系心理作用至切。”[①]人们善于用眼睛赋予的天性去精细观察、专心注意、发展能力。然而，由于受各种因素的制约，事实和真理往往不是直观的，儿童相应的学习任务和目标却是有难度的。想要解决这个矛盾，就必须使大家“能看”，必须“解放眼睛，敲碎有色眼镜，教

①《陶行知全集》（第一卷），176页，成都，四川教育出版社，2005。

大家看事实”[①]。

（4）解放他的嘴，使他能谈。儿童有问题要准许他们问，从问题的解答里可以增长他们的知识。但在中国的传统教育里一般不许儿童多说话，说错话还要被狠狠地批评。长期下来，儿童就会变得不善表达自己的内心，也不敢说真话，这是失败的教育。其实，儿童要得到言论自由，特别是问的自由，这样才能充分发挥他们的创造力。

（5）解放他的空间，使他能到大自然、大社会里去取得更丰富的学问。不要把儿童关在家中，让他们到大自然、到社会中去扩大视野，以发挥其内在的创造力。因为大自然是最好的老师，它包罗万象、奥秘无穷，让儿童到大自然中去感受、去体悟、去探寻，到社会中去磨炼是一个极好的丰富知识、开阔视野的途径。

（6）解放他的时间，不把他的功课表填满，不逼迫他赶考，不和家长联合起来在功课上夹攻，要给他一些空闲时间消化所学，并且学一点他自己渴望学的学问，干一点他自己高兴干的事情。学校要月考、学期考、毕业考、会考、升学考，把儿童的时间排得太紧，使他们没有时间去接受大自然和大社会里的宝贵知识，儿童失去了学习人生的机会，无意创造。到成人时，即使有时间，也不知道怎样下手去发挥创造力了。

（七）要创造“中国的”、“省钱的”、“平民的”幼稚园

陶行知认为，我国近代学前教育模式是从西方引进的，存在着“外国病”、“花钱病”、“贵族病”等病症。即盲目模仿，一味抄袭外国学前教育模式，费用太高，难以推广，招收的幼稚园儿童也大都来自贵族家庭。陶行知强调，必须根除这三大病症，办“中国的”、“省钱的”、“平民的”学前教育。幼稚园必须下乡下厂，向工农子女普及。陶行知的这些思想不仅在当时，即使在今天也是非常宝贵的。

五、学前教育思想评价

陶行知的一生，是在生灵涂炭、国家多难中度过的，他以“捧着一颗心来，不带半根草去”的赤子之忱，把教育作为救国救民、改造旧社会的武器，为人民教育事业鞠躬尽瘁、奋斗终生，给后人留下了一份珍贵的教育遗产。在中国儿童教育发展史上，陶行知的儿童教育思想和实践有着相当重要的历史地位，他对中国未来要培养什么样的人、怎样去培养、用什么样的方法培养、中国应建设什么样的幼儿园、怎样建设农村的幼儿园、怎样培养幼儿教育的师资及如何普及幼儿教育等都做了深入的探索。陶行知对儿童教育的内容和方法也进行了一系列的改革，他重视儿童早期教育，主张儿童的教育要以生活为中心，与儿童的实际生活联系起来；提倡在教育中要解放儿童，力求培养儿童的主动性、创造性，最终使儿童学会学习、学会做事。陶行知的教育思

---

①《陶行知全集》（第四卷），490页，成都，四川教育出版社，2005。

想与实践对中国儿童教育的发展具有深远的影响，至今仍是可供借鉴的宝贵资源。[①]

第三节 陈鹤琴的学前教育思想

一、生平简介

陈鹤琴

陈鹤琴（1892年—1982年），浙江省上虞县百官镇人，我国现代著名的儿童教育家。陈鹤琴自幼丧父，早年在私塾就读，1911年2月入上海圣约翰大学，同年秋转入北京清华学堂（今清华大学），1914年8月毕业。同年考取公费（“庚款”）留学美国，与陶行知同行。在前往美国的旅途中，他最终确立了献身教育事业的终生志向。在美国，他先在霍普金斯大学取得文学学士学位，后进入哥伦比亚大学师范学院，受教于克伯屈、桑代克。1918年获得教育硕士学位后，他本计划继续攻读心理学博士，但由于受南京高等师范学校校长郭炳文的邀请，次年回国担任南京高等师范学校教授、国立东南大学教授兼教务主任，主讲儿童心理学和儿童教育学。

1919年至1927年，陈鹤琴把关注的重点放到了儿童教育方面，并开始从事儿童实验和智力测验工作，参与创设南京高等师范学校心理实验室。自1920年起，陈鹤琴以长子陈一鸣为实验对象，进行了长达2年的观察和追踪研究，在此基础上写成《儿童心理之研究》和《家庭教育》两部著作，初步形成了自成特色的幼儿教育思想。1923年，他创办了中国第一个幼教实验中心——南京鼓楼幼稚园；1927年，在南京成立了中国幼稚教育研究会（后改为中华儿童教育社），创办了《幼稚教育》杂志，将理论与实践相结合，大力宣传并推广科学化、中国化的幼儿教育体系。1929年，主持拟定了《幼稚园暂行课程标准（草案）》。抗日战争爆发后，他发起成立难民教育协会，任上海国际救济会教育股主任，发起成立儿童保育会，创设儿童保育院，开展难童救助工作。

1940年，陈鹤琴应江西省政府主席的邀请，来到该省泰和县筹设省立实验幼稚师范学校，并着手开展“活教育”实验。他提出了“活教育”理论主张，后创办了《活教育》杂志，系统介绍了“活教育”的教学原则与实施步骤。新中国成立后，陈鹤琴曾任南京师范学院院长，长期担任全国政协委员、江苏省政协副主席等职，还被推选为中国教育学会名誉会长、全国幼儿教育研究会名誉理事长。

1982年12月30日，陈鹤琴在南京病逝。纵览陈鹤琴先生的一生，是为中国幼儿教育事业尽瘁的一生，他发表了约400万字的论著，主要专著有《儿童心理之研究》、《家庭教育》、《活教育的教学原则》等，合著有《智力测验法》、《测验概要》等，辑有

① 参见虞伟庚主编：《陶行知教育思想概论》，107页，武汉，武汉大学出版社，2012。

《陈鹤琴教育文集》、《陈鹤琴全集》。[①]

二、教育思想的渊源

陈鹤琴从20世纪20年代起，就在心理学、幼儿教育、小学教育、师范教育、特殊儿童和社会教育等方面有大量精辟的著述。在这些著述中，既包含了西方先进的教育思想，特别是杜威的教育思想，也广泛吸收了儒家传统教育思想的有益部分，并结合中国的具体实践，形成其独特的教育思想。

（一）儒家教育思想的熏陶

作为一个中国人，陈鹤琴自然会受到儒家传统教育思想的熏陶。1914年他在清华大学毕业后赴美留学。本来他选择从医，但经反复思考，认为“我的志向是要为人类服务，为国家尽瘁”，而医生只能医病，加上他又非常喜欢儿童，从而确定学习教育专业并献身儿童教育事业的志向，以实现其“教育救国”的愿望。陈鹤琴学习教育专业是为了救国，这与儒家“治国平天下”的观点一脉相承。虽然这一选择与当时中国社会的形势有关，但这些教育家们关心国家和民族的命运，希望通过培养人才使得国家复兴，或多或少地有儒家思想的影子。

除此之外，陈鹤琴的教育思想跟儒家的教育思想也有一致性，如都重视培养“做人”，积累“道德、行为”，都强调教师和父母要“以身作则”、“因材施教”、“爱护儿童”。

（二）西方教育思想及心理学研究成果的影响

陈鹤琴曾公费留学美国，攻读教育学、心理学。20世纪初的美国正处于资本主义生产飞速发展的时期，并由此带来了一系列社会变革。在教育领域，正是实用主义哲学指导下的进步主义教育运动时期。杜威是这个教育运动的主要代表，其理论强调以儿童活动为中心，一切教育措施围绕儿童的兴趣，主张教育是改造社会的工具。杜威提出，“教育即生活”、“学校即社会”，让儿童“从做中学”。让儿童从自身活动中学习的口号，使得美国的教育发生了翻天覆地的变化。而在美国的陈鹤琴也直接受到了进步主义教育运动的影响。回国后，他便提倡“活教育”，强调“做中教，做中学，做中求进步”，以儿童的活动为中心。其主张课程设置应根据儿童的兴趣，进行综合教育，把大自然、大社会作为活教材。

此外，陈鹤琴在美国时的心理学老师桑代克也对其产生了深刻的影响。桑代克长期以实验的方法研究各种动物心理，而且对教育心理学、儿童心理学进行了独特的研究，他的研究方法给陈鹤琴提供了重要的科学方法论。

---

① 参见张传燧主编：《中国教育史》，476页，北京，高等教育出版社，2010。

三、学前教育思想

陈鹤琴被称为是我国现代教育史上著名的儿童心理学家和儿童教育家，是学前教育理论与实践的奠基人。他在学前教育上的理论成果十分丰厚，具体包括：儿童心理发展理论，阐明了儿童不同于成人的心理特点和教育方法；家庭教育理论，它来源于真实生活，蕴藏着深刻的教育理念；幼稚园教育的十五条主张，这是针对中国幼儿教育的弊病提出的；“活教育”理论体系。

（一）学前儿童心理发展之研究

陈鹤琴曾以其长子陈一鸣为观察对象，总结写成《儿童心理之研究》一书。在书中，他具体阐述了儿童心理发展的一般规律与年龄特征，揭示了儿童形成心理特征和道德品质、掌握知识与技能及发展智力和体力的心理过程，强调了儿童期教育的重要意义。“儿童的身体、脑筋都要渐渐发展；儿童的道德要逐渐涵养；儿童的谋生能力也要渐渐储蓄；人生一切的活动都要在儿童期内发展。”[①] 他认为，儿童期具有快速发展能力的性质，而且极具可教性和可塑性，幼稚期（0 ~ 7 岁）是人生中最重要的一个时期。他不同意将儿童看作“小人”，儿童应该是天真烂漫的。通过实验研究，他总结出儿童的以下几个心理特点：

1. 好动

“儿童生来好动，他喜欢听这样，看那样；推这样，攫那样；忽而玩这样，忽而弄那样；忽而立，忽而坐；忽而跳，忽而跑；忽而哭，忽而笑。没有一刻的工夫能像成人坐而默思的。”[②] 儿童还没有养成自制力，因此家长要针对他们的这种心理，给予充分的机会去接触万物，让儿童在与外界的交流中不断学习和成长。

2. 好模仿

对儿童来说，他们的模仿心要比成人强烈很多。模仿他人行为是他们这一年龄段一个重要的心理特征。因此，父母应该注意自己的言行，给儿童良好的榜样作用；教师也应该以身作则。

读一读

> 做父母的教养子女第一条原则，就是要尊重以身作则这条原则。
>
> ——陈鹤琴

①《陈鹤琴全集》（第一卷），58 ~ 59 页，南京，江苏教育出版社，1987。

② 同上书，1 ~ 2 页。

3. 好奇

陈鹤琴指出：儿童凡对一切新的东西就生出好奇心。他说："好奇心是儿童学问之门径"①，是父母和教师"施教的钥匙"②。陈鹤琴认为儿童的好奇心对他们的成长、发展有着巨大的作用。作为教师和父母，应当善于发现儿童的好奇表现，并利用其好奇心，鼓励儿童提出问题、探索外部世界。

4. 好游戏

陈鹤琴认为，对儿童来说，喜好游戏是天然的，游戏是儿童的生命。对教育者来说，游戏也是一种极具价值的教育方式，对儿童的发展有着巨大的作用。因为通过游戏可以发展儿童的身体，可以培养各种高尚的道德情操。成人应该顺应儿童的身心发展，创设游戏环境满足儿童的游戏需要。

5. 易受暗示

陈鹤琴通过实验指出，在儿童的生活中存在积极暗示和消极暗示。而儿童教育一定要多采用积极暗示，以使儿童养成良好的举止、习惯等。需要注意的是，暗示要适度，这样才有助于培养儿童的独立思想。

6. 喜欢成功、赞许

陈鹤琴认为儿童喜欢做事情，而且喜欢成功，因为成功可以受到表扬和赞许。"儿童一有成就，就很高兴，就有自信力；所成就者愈多，自信力也愈大；自信力愈大，事情就容易成功。"③ 因此，成人应当利用儿童的这个心理，去鼓励儿童做各种事情。

7. 喜欢合群

陈鹤琴认为："凡人都是喜欢群居的。幼小婴儿，离群独居，就爱哭喊。2 岁时就要与同伴游玩，到了五六岁，这个乐群心更加强了。"④ 因此，要给儿童良好的小朋友和驯良的小动物或者玩具之类，以排解他的寂寞。

8. 喜欢野外生活

儿童的天性是向往广阔的自然界的。陈鹤琴说："小孩子都喜欢野外生活，到门外去就欢喜，终日在家里就不十分高兴。"⑤ 成人应该经常带儿童到野外生活、郊游，走进大自然、亲近大自然。

（二）学前儿童家庭教育论

陈鹤琴于 1925 年写成《家庭教育》，该书直接来源于真实生活，但其中又融合生理学、心理学、教育学、社会学、美术等基本知识，是具有中国特色的儿童家庭教育百科全书。具体思想如下：

---

①《陈鹤琴全集》(第一卷)，5 页，南京，江苏教育出版社，1987。

② 同上书，263 页。

③《陈鹤琴全集》(第二卷)，690 页，南京，江苏教育出版社，1989。

④ 同上书，692 页。

⑤ 同上书，690 页。

1. 家庭教育要了解儿童，顺应儿童的心理发展

《家庭教育》一书提到："家庭教育必须根据儿童的心理始能行之得当。若不明儿童的心理而妄施以教育，那教育必定没有成效可言。"[①] 家庭教育要获得成功，就必须全面了解儿童身心发展的实际水平，遵循儿童的生理、心理发展规律，以此来考虑教什么、怎么教。陈鹤琴通过长期的实践，总结了儿童主要的心理特点，并将其作为儿童家庭教育的理论依据，而且他提出的一系列教育原则都可以找到与其相对应的心理科学依据，这也是陈鹤琴家庭教育科学化的标志。对于父母来说，在教育子女时，只有了解子女，掌握并遵循儿童心理及生理的发展规律，才能取得良好的教育效果。

2. 注意创设良好的家庭环境

陈鹤琴指出，家长要为儿童选择良好的教育环境，使儿童得到优良的刺激和影响；应有良好的设备，使儿童得到充分的运动；应有适宜的伙伴，使儿童得到良好的影响；要有和睦的家庭，使儿童感受到愉快和精神满足。家长对人、对生活的热情态度及敬业精神易被儿童所效仿，而良好的精神环境又将使儿童终身受益。此外，还要为儿童创造一个游戏的环境，因为游戏可以使儿童快乐、健康，可以从中获得经验、知识。父母要尽力为儿童准备充足的游戏材料，并鼓励儿童与周围的小朋友一起玩耍、共同游戏，使其健康、快乐地成长。

读一读

> 小孩子生来是无知无识的，不知什么是好，什么是坏。他的一举一动可说一方面受遗传的影响，另一方面受环境的约束、受教育的支配。小的时候，环境中最重要的因素是父母，教养中最重要的因素恐怕也是父母。——陈鹤琴

3. 民主、平等地对待儿童

旧式家长制的教育作风通常都使子女敬畏家长，家长很严厉地对待子女。陈鹤琴坚决反对这种家长专制教育，提出了民主化的家庭教育原则。他指出："待小孩子不要姑息，也不要严厉"，"不要骤然命令小孩子停止游戏或停止工作"，"做父亲的应当同小孩子做伴侣"，"诱导比恐吓、哄骗、打骂都来得好"，"不应在别人面前责罚小孩子"，"做父母的不要常常去骂他们的小孩子"，等等。

4. 家庭教育要自然地渗透于日常生活

陈鹤琴认为，家庭教育应融化和渗透于日常生活之中，通过家长的言传身教及亲子间的交往和家庭生活，随机地、个别地、面对面地进行。他主张对儿童进行健康教育、品德教育和智力教育。

在健康教育方面，陈鹤琴特别强调良好生活卫生习惯的养成。因为健康的体格和

① 《陈鹤琴全集》（第二卷），686页，南京，江苏教育出版社，1989。

良好的习惯有密切的关系，这就要求从吃、喝、拉、撒、睡及相应的设备等方面入手，通过日常的各个方面进行良好习惯的培养。在品德教育方面，陈鹤琴强调德育要从小抓起。对儿童的早期教育，要贯穿于家庭生活之中，寓教于生活之间，要通过互相关心、和睦协调、文明礼貌、潜移默化，来培养儿童尊重别人、关心别人、助人为乐的良好品德。在智力教育方面，陈鹤琴强调通过多种途径让儿童获得并积累早期经验，如经常带儿童外出观察或参观，丰富他们的知识，增进他们的经验。他强调要为儿童创造良好的环境，包括游戏的、艺术的、阅读的环境，以开拓儿童的视野。

5. 提高父母的教育素养

陈鹤琴认为，父母的素质和教育能力是保证家庭教育质量的前提。他再三强调做父母不是一桩容易的事情，父母“必须要研究儿童的身体如何发育，儿童的心理如何发展，儿童的知识如何获得，儿童的人格如何培养，这种种问题要在未做父母之前应当有初步的研究；做父母之后，应当继续不断地注意”。陈鹤琴还建议把儿童的家庭教育作为一门科学来研究和推广，使广大家长都能对自己的子女有正确的培养目标和教育方法。

陈鹤琴与幼童们

（三）论幼稚园教育

20世纪中国的幼稚园教育大多还是照搬国外的模式，陈鹤琴认为幼稚园教育较之前虽有所改进，但还是墨守成规。1927年，他发表了《我们的主张》等论文揭露幼稚园教育的弊端，提出新的主张。在陈鹤琴看来，当时中国普通的幼稚园大概有四种弊病：一是与环境接触太少，在游戏室的时间太多，儿童无法正确认识事物的本质；二是功课太简单；三是团体动作太多，忽略儿童性；四是没有具体的目标，教学成果不大。为此，他提出了十五条教育主张。

1. 幼稚园是要适应国情的

幼稚园的设施应当处处以适应本国国情为主体，至于那些世界性的教材和教法，也可以采用，但前提是不能违反国情。因为只有适合国情的教学内容才能让本国的儿童快速掌握，否则就会事倍功半，不能适应社会需要。

2. 儿童教育是幼稚园与家庭共同的责任

儿童教育是一件很复杂的事情，不是家庭一方面可以单独胜任的，也不是幼稚园一方面可以单独胜任的，必定要两个方面共同合作方能获得充分的功效。父母要及时和幼稚园老师沟通，以免所教的内容与幼稚园的课程相冲突。而对于老师来说，也要去和家庭商议，要去关心儿童在家里的情况，而不只是把责任限制在校园内。

3. 凡儿童能够学的而又应当学的，我们都应当教他

对此，陈鹤琴制定了三个选择标准：第一，凡儿童能够学的东西就有可能作为幼稚园的教材。第二，凡教材须以儿童的经验为根据。第三，凡能使儿童适应社会的，就可取为教材。

4. 幼稚园的课程应当以自然、社会为中心

儿童的环境有两种，一种是自然环境，另一种是社会环境。自然环境中存在着各种动植物现象，社会环境是个人、家庭、社区等。这两种环境都是儿童天天要接触的，所以我们应当以这两种环境做幼稚园课程的中心。

读一读

> 学前儿童是在周围的环境中学习的，应该以大自然、大社会为中心组织课程。学前儿童周围的环境不外乎两个方面：大自然和大社会。自然环境包括动物、植物和各种自然现象，如春天的桃花、杏花、杨花、柳絮，夏天的雷鸣电闪、蜻蜓荷花，秋菊冬雪等。
>
> ——陈鹤琴

5. 幼稚园的课程须预先拟定，但临时能得以变更

幼稚园课程可以采用固定式教法和自由式教法，但是两者均有利弊。最佳的办法就是预先拟定课程，再根据实际情况临时做调整。

6. 幼稚园第一要注意的是儿童的健康

强国必先强体，所以幼稚园首先应当注重的就是儿童的健康。幼稚园要经常帮助检查儿童的身体，做好充分的准备，开展适当的活动，让儿童得到最大限度的体格锻炼。

7. 幼稚园要使儿童养成良好的习惯

习惯都是在幼年养成的，所以在幼年时期应该特别注重习惯的养成。幼稚园的老师要特别注意儿童所养成的种种习惯，为构筑儿童健全的人格巩固基础。

8．幼稚园应当特别注重音乐

音乐是儿童生来就喜欢的。儿童最小从三四个月的时候就开始咿咿呀呀地唱了，到三四岁的时候，儿童唱歌的能力发展得格外强大，对音乐的兴趣也越来越浓厚，所以幼稚园要特别注重音乐。

9. 幼稚园应当有充分而适当的设备

要发展儿童各方面的个性，就应当有充分的设备。除此之外，设备也要适宜儿童使用，否则就没有多大用处了。

10. 幼稚园应当采用游戏式的教学方法去教导儿童

游戏是儿童生来就喜欢的。儿童的生活可以说就是游戏。儿童既然有这种强烈的本性，我们就可以利用这个动机去教导他。儿童可以从游戏中学到很多东西，有益于身心的健康成长。

11. 儿童的户外活动要多

陈鹤琴强调，要让儿童多呼吸外面的新鲜空气，享受天然的美景，而不是被束缚在几间房子里，不能把幼稚园办成“幼稚监狱”。

12. 幼稚园多采用小团体的教学法

幼稚园的儿童年龄不同，智力又因人而异，兴趣也不可能一致。因此，不同的儿童不能全做相同的工作。教师应该根据不同儿童的不同情况，分小班教学，这样才能使儿童得到最大限度的发展。

13. 幼稚园的教师应当是儿童的朋友

儿童与教师之间往往有种无形的隔膜，如果儿童害怕教师，那么教师的教授就比较困难，而且儿童的学习效果也差。若是二者能像朋友一样相处，那么教师教起来就比较容易，儿童也乐意听。

14．幼稚园的教师应当有充分的训练

儿童是不容易教的，幼稚园的教师也是不容易做的，因为幼稚园的教师要善于唱歌，善于弹琴，善于绘画，善于讲话及其他种种技能，同时也需要很丰富的常识，要了解儿童的心理等。所以，幼稚园的教师应当有充分的训练。

15. 幼稚园应当有种种标准可以随时考查儿童的成绩

儿童在幼稚园里学些什么、做些什么、做到什么程度、养成什么习惯、获得哪些技能等，都需要一定的标准去考量，如品行标准、习惯标准、技能标准、知识标准等。

（四）“活教育”理论

陶行知曾揭露旧教育“教死书，死教书，教书死；读死书，死读书，读书死”的情形，陈鹤琴下定决心要改变这种陈腐的教育，创造一种前进的、生动的、有生气的教育，即“活教育”。“活教育”理论是针对“死教育”而言的，是陈鹤琴独创的以儿童教育为特色的教育理论，即“教活书，活教书，教书活；读活书，活读书，读书活”。陈鹤琴的“活教育理论”既根植于杜威的实用主义哲学，又是对陶行知“生活教育”的借鉴。他说：“我提倡的活教育是和杜威的学说配合的，因为活教育和杜威学说，其出发点相同，如所走的路子、所用的方法有相似之处。”① 其理论体系包括三大部分：目的论、课程论、教学论。

陈鹤琴给孩子们讲学

1. 活教育的目的论

陈鹤琴认为，“活教育”的目的是教育儿童“做人、做中国人、做现代中国人、做世界人”。教育的本质是培养人，而活教育的目的是教人“做人”。陈鹤琴说：“中国儿童生在中国，是一个中国人，做一个中国人与做一个别的国家的人不同。因为中国社会发展有自己的特质，中国人生活的内容和意向必然为该特质所规定。”② 陈鹤琴所强调的“中国人”不是亘古不变的，而是随时代发展而发展，随历史变迁而变迁的。因此，不但要做中国人，而且要做一个现代的中国人。陈鹤琴还强调，在做好中国人的基础上，也要成为一个世界人。中国不能脱离世界而孤立自存，生在今日世界的每一个中国人，除了过国家、民族的生活外，还要过世界的生活。他主张应该了解世界，与世界人联合，一起为世界的光明前途而努力，以实现“世界大同”。③

读一读

> 教育目标首先要解决“做怎样的人”的问题。——陈鹤琴

要做一个具有世界眼光的现代中国人，必须具备五个条件：一是健康的身体，唯有健康的身体才能担负得起现代中国与世界给予我们的任务。二是建设能力，发展中的国家急需各种建设，但是过去的学生建设能力弱，因此要培养学生的建设能力，以适应国家发展的需要。三是创造能力，要从儿童时期开始，培养学生有劳动的身手、科学的头脑，手脑并用才有创造。四是合作的态度，团结就是力量。对于学生，应该培养他们牺牲小我、成全大我的合作精神和态度，训练他们团结的意识和善于合作的能力。五是服务精神，应该让学生多去帮助别人，去了解大我的意义，肯为大众服务。

2. 活教育的课程论

陈鹤琴批评旧教育是“死教育”，课程是固定的，教材是呆板的，不问儿童是否了

---

①《陈鹤琴全集》(第四卷)，352页，南京，江苏教育出版社，1991。

②《陈鹤琴全集》(第五卷)，62页，南京，江苏教育出版社，1991。

③ 参见《陈鹤琴教育文集》(下卷)，638页，北京，北京出版社，1985。

解，不管与时令是否适合，只是一节课一节课往下教，这样的教育只能培养“书呆子”。“活教育”则反其道而行之。陈鹤琴认为，大自然、大社会都是“活教育”的活教材，而从书本上得到的知识是间接的、是死的。“活教育”的课程把大自然、大社会作为出发点，让儿童直接向它们去学习。

编制“活教育”课程有两个原则：一是当时教育部颁布的新课程标准；二是当地儿童与环境的实际需要。

课程的具体内容有：（1）儿童健康活动，包括体育、卫生等学科；（2）儿童社会活动，包括史地、公民、常识等学科；（3）儿童自然活动，包括动物、植物、矿物、气象、理化、算术等学科；（4）儿童艺术活动，包括音乐、图画、工艺等学科；（5）儿童文学活动，包括读、写、说等学科。陈鹤琴将以上五个部分比喻成人的五个手指。这五个方面是相互联系的，就像人的五个手指，共同构成了具有整体功能的手掌。

3. 活教育的方法论

陈鹤琴指出，活教育方法论的基本原则是“做中学，做中教，做中求进步”。他认为，“做”是儿童学习的基础，因此也是“活教育”方法论的出发点。他主张学习美国杜威“寓学于做”的经验，把“做”作为教学方法的基本原则。在他看来，教师不能越俎代庖，将知识单方向灌输给儿童。学校的各种教学，都不应直接把各种结果告诉儿童，而应该让儿童自己去实验和思考，去求结果。陈鹤琴在强调做的同时，也强调思维的作用。他说：“凡是儿童自己能够想的，应当让他自己想。”让儿童由学习中的被动接受者变为“自己活动”、“自己思想”的主动创造者。

根据以上的教学方法，陈鹤琴又总结、归纳了四个教学步骤：

（1）实验观察。这是教学的第一步，也是陈鹤琴最为强调的一个步骤。该阶段主要是让儿童自由、自主地活动，“从做中学”，以获得感性认识和积累直接经验。

（2）阅读思考。这是教学的第二步。该阶段要求在实验观察的基础上，由教师安排儿童阅读各种图片及粗浅文字，或观看影视作品等，使得儿童获取间接知识。

（3）发表创作。这是教学的第三步。该阶段由教师启发，指导儿童来完成。可以通过表演、绘画、编故事等多种活动，使儿童在模仿中有所创造。

（4）批评检讨。这是教学的第四步。该阶段的中心工作即教学评估。它要求儿童在教师的指导下总结学习经验，开展批评或自我批评，以获得评价客观事物和深化自我认识的能力，同时也要对整个教学过程进行评估并加以改进。

四、教育思想评价

陈鹤琴是中国现代著名的教育家，其“活教育”思想在新中国成立后不久曾一度被认为是“杜威实用主义教育的翻版”。陈鹤琴的教育理论在今天看来尽管不够全面，但的确开创了中国化儿童新教育的先路。当回眸20世纪中国教育的改革发展和展望21世纪的人才教育构想时，我们不能不记住陈鹤琴为之终生探索的“活教育”之活精神。陈鹤琴的教育思想和实践活动，对于当代中国教育改革特别是学前教育改革具有十分重要的现实意义。

第四节 张雪门的学前教育思想

一、生平和教育活动

张雪门

张雪门（1891年—1973年），又名张承哉、尘芥，浙江鄞县人，我国近现代著名的幼儿教育专家，早在20世纪30年代即有“南陈北张”（南京陈鹤琴，北京张雪门）之称。张雪门毕生从事幼教工作，写了三四十本幼儿教育专著和两三百篇论文，对我国乃至东南亚的幼儿教育有着重要的贡献和影响。

张雪门幼年时研读四书五经，后毕业于浙江省立第四中学。1912年任鄞县一所小学校长，因见一些儿童缺少教育，遂对幼儿教育产生兴趣。他任职小学校长时曾随宁波的一个教育参观团参观了无锡竞志女学的蒙养园和苏州的景海幼稚园等。他看到这些幼稚园的课程有的模仿日本，有的抄袭欧美，感到要振兴中华，使中国国富民强，儿童教育的责任非常重大。1918年，他在宁波市创办星荫幼稚园。1920年，又创办了两年制幼稚师范学校，自任校长，开始幼儿教师的培训工作。1924年，张雪门去北平大学任职员，并在教育系旁听，主攻幼稚教育。在学习期间，他开始对福禄贝尔的研究，编译了《福禄贝尔母亲游戏辑要》和《福氏积木》等。1928年后，张雪门主持中法大学孔德幼稚师范，这是北京第一所培养幼稚园教师的学校。1930年秋，他应北平香山慈幼院院长熊希龄先生的聘任，编辑了“幼稚师范丛书”，在香山见心斋开办了北平幼稚师范学校。该校采用“半道尔顿制”，除讲授书本知识外，更注重对社会和自然的认识与技能、态度的培养。自1931年起，张雪门开始对幼稚园“行为课程”的研究。这一时期他应多所师范大学之邀，讲授“幼稚教育”等课程。

卢沟桥事变后，张雪门只身南下，将北平幼稚师范学校迁至桂林，使得当时广西全省99个县1个市都有幼师毕业生服务，对当时广西推广幼儿教育做出了很大贡献，直到新中国成立后这些人仍为广西幼教工作骨干。1944年，北平幼稚师范学校迁到重庆，借用江北县一所祠堂，从事儿童福利制度的实验。为适应抗战的需要，教育重点为加强儿童的民族意识和爱国观念，培养儿童吃苦耐劳的精神，所做的工作包括组织师范生辅导委员会，拟定保育员训练规程及幼稚园办法等。

北京香山慈幼院桂林分院师生（1938 年）

1946 年 1 月，张雪门返回北平，他为恢复北平幼稚师范学校而努力，但四处碰壁。此时适值台湾“民政处”电邀他赴台办儿童保育院，他便于 1946 年 7 月前往台湾。1947 年，该院改名为台北育幼院，其在张雪门的努力下发展成为从婴儿部、幼稚园到小学的完整的儿童教育机构。1952 年，张雪门因工作劳累过度和眼疾而不得不离开育幼院。他婉拒北京老友、学生的接济，清贫而坚强地度过晚年生活。同时，他在《中华日报》主办《幼教之友》专栏，并出版《幼教辅导月刊》等。1960 年，张雪门因患脑疾而半身不遂，但仍以坚强的意志写下了《增订幼稚园行为课程》、《幼稚园教育概论》、《幼稚园课程活动中心》、《幼稚园教材研究》、《幼教师资进修讲话》、《中国幼稚园课程研究》等专著，为我国幼儿教育留下了宝贵的理论和经验。

1973 年，张雪门脑病复发，经抢救无效，于 4 月 18 日病逝，享年 83 岁。

二、论幼稚教育的目的

在《新幼稚教育》中，张雪门指出：“要解决我国的幼稚教育，必须认清三点：一是儿童在幼稚园时心身发展的情形。二是我国社会的现状。三是应如何根据社会现状来谋求民族的改造，同时根据儿童的需要，谋社会基础的建设。”

在《幼稚教育概论》中，张雪门指出，幼儿教育要不悖于真正的教育原理，须先明了心身与环境、个人与社会，以及现在和将来的关系。他指出，人类对环境的反应应分三个时期：在第一期，心身尚未完全，无能力适应环境；在第二期，心身健全，然而仅是以适应环境；到第三期，人类的心身达到最高程度，对于环境不但能适应，且能创造。

由此，张雪门提出幼稚教育的四个目标，即铲除我民族的劣根性，唤起我民族的自信心，养成劳动与客观的习惯、态度，锻炼我民族为争中华之自由平等。总之，张雪门认为幼稚教育的目的在于培养有健康的体魄，有劳动的习惯，有自治能力，有不畏强暴、抵御外来侵略的民族自信心，而又能适应新生活的新公民。

三、"行为课程"理论

张雪门对于幼稚园的课程进行了长期的研究，在《幼稚园的研究》一文中他指出：课程是什么？课程是经验，是人类的经验，用最经济的手段，进行有组织的调制。用各种方法引起孩子的反应和活动。幼稚园的课程是什么？是给3岁到6岁的孩子能做而又欢喜做的经验作预备。张雪门的课程思想主要体现在"行为课程"中，行为课程是其课程理论的核心。

（一）行为课程的含义

在张雪门看来，课程源于人类的经验，只为这些经验对个人和社会有绝大的帮助，有特殊的价值，所以人类要想满足自己的需求，充实自己的生活，便不得不想学得这些经验，学得了一些又想学得多些，而且把学得的传给后人。他提出课程只是知识的一部分，而且它包含了书本上的、自然界的一切知识。他强调，其实课程的范围很大，技能知识、兴趣、道德、体力、风俗、礼节等种种的经验，都包括在课程里。换一句话来说，课程是适应生长的有价值的材料。

张雪门认为幼稚园课程应当体现为行为课程，强调直接经验。"生活就是教育，五六岁的孩子在幼稚园的生活实践，就是行为课程。"这里可以看到行为课程的两大要素：生活和实际行为。由此可知，行为课程首先应注意的是实际行为，从行动中取得的认识，才是真实的知识；从行动中所发生的困难，才是真实的问题；从行动中所获得的胜利，才是真实的驾驭环境的能力。

（二）行为课程理论体系

在1966年出版的《增订幼稚园行为课程》一书中，张雪门初步形成了他的"行为课程"理论体系。和一般的课程一样，行为课程的内容包括工作、游戏、音乐、故事等，然而这个课程从生活而来，从生活而开展，也从生活而结束，不像一般的完全限于教材的活动。

1．行为课程的特点

首先，幼稚园的课程是"整个的"。幼稚园的课程不能像中学和大学的课程一样采用分科组织，而是"一种具体的整个活动"。在幼稚园，各种科目都变成儿童生活的一部分，不能分而且也不必分。"不独这科与那科不分，有时候甚至一种科目当做儿童自己生活之表现，科目与人都无法分"。所以幼稚园的课程不能是学科式的，学科式的课程不适合儿童的生活。

其次，幼稚园的课程是“直接的”。中小学的课程多偏重于间接经验，而幼稚园的课程应注重儿童的直接经验。让儿童通过亲身活动来获得经验，对儿童具有更大的发展价值。

最后，幼稚园的课程是“偏重个体发育的”。中小学时期的课程虽然也注意儿童的生理与心理需要，但不像幼稚园时期所占的分量大。在幼稚园时期，儿童的身体发展是最迅速的，而且儿童的情绪、兴趣、性情等心理的发展，都与这个时期有密切关系。所以，幼稚园课程应更多地重视儿童本体，而不是强调社会制约性，不能过多地强调间接经验和知识。

议一议

“课程须和儿童的生活联络，是有目的、有计划的活动。事先应有准备，应估量环境，应有相当的组织，且需要有远大的目标。”你同意这个观点吗？为什么？

2. 行为课程的内容

根据幼稚园课程的特点，张雪门构建了幼稚园课程内容。幼稚园课程由游戏、自然、社会、工作与美术、故事和歌谣（言语与文学）、音乐、常识等方面组成。每一方面都包括许多具体的内容：

“游戏活动”包括感觉游戏、竞争游戏、社会性游戏、猜测游戏、表演游戏、节拍游戏等。

“自然活动”包括饲养小动物、种植植物、观察自然现象、旅游参观、科学小实验等。

“社会活动”包括有关家庭的认识活动、参观附近的社会场所和设施、了解各种职业的活动、了解其他社会团体的活动、节日和纪念日活动等。

“工作与美术活动”包括参加家庭与学校的工作、模拟成人的职业工作、模仿成人家庭的工作、美术工艺活动等。

“故事和歌谣活动”包括自由谈话、特殊谈话、有组织的团体谈话和活动、述说故事（动物故事、神仙故事、浅近的科学故事、笑话、寓言、名人故事、传说）和歌谣（儿歌、民歌、谜语、游戏歌）等。

“音乐活动”包括听音乐、辨音、拟音、唱歌、演奏简单的乐器等。

“常识活动”包括关于衣、食、住、行方面的生活活动，关于家庭、邻里、工厂、商店、公共机关和社会团体方面的认识活动，关于节日和纪念日的活动，以及其他自然方面的活动。

3. 行为课程的实施

张雪门提出了实施行为课程的原则："第一，课程固由于自然的行为，却须经过人工的精选。第二，课程固由于劳动行为，却须在劳动上劳心。第三，课程固由于儿童生活中取材，但须有远大的客观标准。" 同时，他要求在行为课程的具体实施中要抓好"充分做好课前的准备工作"、"订好课程的目的和计划"、"引起幼儿的兴趣"、"激起活动的动机"、"把握好活动的进程" 和 "做好结束时的检查工作" 这六个环节。

在具体的实施中，张雪门指导幼师实习同学分别拟定了从秋季 8 月开始，按月逐次排列的 12 个《各月活动估量表》。从《各月活动估量表》可以看出，他充分运用师范生、幼稚园教师的力量，从实践出发对幼儿教育进行探索，使得课程理论产生于实践活动的基础之上。幼稚园教师要按这个估量表来注意儿童所处的自然环境和社会环境以进行教学活动，需要有一定的知识储备才能完成任务。

综上所述，张雪门的行为课程的基本思想就是"生活即教育"、"行为即课程"。他强烈反对以教材为中心，反对成人以教材向儿童灌输现成的熟料，主张尊重儿童的特点，联系儿童的生活，引导儿童在自然和社会的环境中学习，培养儿童的生活力。这个主张与当时流行的"生活教育"理论是相通的。

四、论教材与教法

张雪门关于幼稚园教材与教法的思想，是与他的"行为课程"紧密相连的。他认为，一方面，教材的功能要满足儿童的需要，应该在儿童生活里取材，要以儿童能力及天然的倾向为基础。另一方面，教材是社会群体遗留下来的经验，教材还要适应社会生活。真正适合儿童发展的教材，应符合以下四个条件。

（一）教材必须与现实社会生活的需要相适应

儿童必须学习人类积累下来的经验。但是，由于社会是发展变化的，人类积累的经验的价值也是变化的，从古代流传下来的有价值的经验不一定符合现实生活的需要，有的甚至会阻碍社会的发展。而儿童是现实生活中的儿童，他们是要在现实生活中学习和发展的。因此，为儿童选择的经验，应该适合现实生活的需要。

（二）教材必须与社会普遍生活的标准相适应

由于我国幅员辽阔，从城市到农村，从沿海到内地，从北到南，各地差异比较大，所编写的教材不可能把全国各地的所有情况都照顾到，而各地的情况又时刻在变化着。因此，教材应该符合社会普遍生活的标准，只能注意最大多数的普遍要求。

（三）教材必须与儿童生长阶段的需要相适应

进幼稚园的儿童，他们非动作无以促进生活的健全、非动作无以满足好奇的欲望……不是动这样，便是动那样。动作是整个的，其流转演变，无痕迹可分，知识技能……仅为动作的结果而已！所以教材要适合儿童生长现阶段中的需要，就得看能不能抛开分类的抽象知识，变成直接的、具体的行动。

（四）教材必须与儿童目前的学习能力相适应

教材应适合现代儿童的学习能力，如划船、荡秋千等可以训练儿童的平衡感，抛球可以发展儿童的投准，堆积木 、修铁道 、盖楼房 、种玉米等可以培养儿童的合作精神与能力。

根据以上四项标准选择幼稚园的教材，能够充实儿童的生活，培养儿童手脑并用、热爱劳动、合作互助及自治能力。

张雪门和孩子们

五、论幼儿师范生的见习和实习

师范教育思想是张雪门幼儿教育思想的重要组成部分。在幼稚师范教育中，张雪门特别重视见习和实习。他在《实习三年》一书中要求，在空间上把师范生实习的场所扩大到整个社会；在时间上冲破一般传统师范教育，把实习集中在三年中的最后一个学期进行。他认为：在三年的师范教育中，第一年每周实习 9 学时，分三次进行，主要是通过参观幼稚园和进行幼稚园的教学实践，让学生形成对幼稚园的基本概念和教学能力。第二年的实习时间由学生自行支配，从建园到管理都让学生独立完成。第三年全年实习，第二学期全班下乡，开办农村幼稚园，确立为幼稚教育献身的志向。

读一读

> 研究幼稚教育如仅限于研究幼稚园教育，抛弃了师范教育，这无异于“清溪流者不清水源，整枝叶者不整树木”，绝不是彻底的办法。 ——张雪门

早在1928年主持孔德幼稚师范时，张雪门就悟出一个道理：骑马者应从马背上学。因此，他在孔德幼稚师范即采用半日授课半日实习的办法。在北平幼稚师范学校，也是以香山慈幼院的蒙养园、幼稚园和小学为实习场所，让师范生进行见习和实习。师范生通过在幼稚园的实践，奠定了学习幼儿教育、从事幼儿教育、热爱幼儿教育事业的基础。

张雪门认为，平民幼稚园是师范生必须去的实习场所。他在北平西郊罗道庄、甸厂等处面向社会开办了农村幼稚园、乡村教育实验区，并进一步提出“有系统组织的实习”的观点。大体上，实习可以分作四大阶段：

第一阶段是组织参观。时间为一个学期，组织参观幼稚园的建筑等设备及师生的仪表、工作、游戏等教学过程。这一时期的指导教师应以带领实习的导师为主，幼稚园教师为辅。参观的地点，可选择具有完整的理论与实践经验的中心幼稚园。

第二阶段是引导见习。时间也是一个学期。在这一时期，指导教师应以幼稚园教师及带领实习的导师为主，而以实习主任及担任教育科的导师为辅。见习的地点，也以中心幼稚园或附属幼稚园为宜。对于参观和见习时期的师范生，应要求他们多观察、勤记录、积极参与。

第三阶段是指导试教。时间是一个学年。二年级的师范生应积极参与幼稚园的招生、编级、选材、组织课程及一切教学工作。这一阶段，带领实习的导师应退居顾问地位，只在某些方面给予适当的指导。

第四阶段是积极辅导。时间是一个学年。三年级的师范生要自己制订工作计划，并认真组织实施，以了解儿童的发展情况；应主动展开儿童福利工作，以求达到幼稚教育的合理和普及。这项工作的开展主要体现在两个方面：一方面以儿童为中心，开展家庭访问等活动。另一方面关注社会因素，加强对社区、营养站、卫生站的实地考察，广泛了解相关信息。这一阶段，实习导师应在必要时予以指点。

张雪门是一个与时俱进的幼儿教育家，一个爱国主义者。他一生躬身实践，深入课程领域，为我国学前教育的科学实施留下了宝贵的遗产。

第五节 张宗麟的学前教育思想

一、生平和教育活动

张宗麟（1899年—1976年），浙江绍兴人，著名的幼儿教育家，我国第一位幼稚园男教师。早年师从陶行知、陈鹤琴，后来追随陈鹤琴研究幼儿教育，是中国现代学前教育领域的先驱之一。

张宗麟

张宗麟1915年考入绍兴浙江第五师范就读，1917年转学至宁波浙江第四师范，1920年毕业后回到家乡袍谷敬敷小学任教。同年秋，他以优异的成绩考入南京高等师范教育系。1925年毕业后，他到陈鹤琴创办的南京鼓楼幼稚园当老师，追随陈鹤琴研究幼儿教育。1925年秋到1926年冬，张宗麟用了一年时间编写了《幼稚园里的几种读法教学法》，研究幼稚园课程问题。

在南京鼓楼幼稚园实验基地从事幼儿教育研究时，张宗麟对调查研究十分执著。在20世纪20年代，幼稚园教育还是新生事物。张宗麟通过对南京、苏州、杭州、宁波、绍兴等地育婴堂和幼稚园的调查研究，深刻认识到中国当时的幼儿教育几乎全部是西化的，不仅教育思想、教学方法照搬外国做法，就连使用的教材、玩具，唱的歌曲和举行的庆典仪式都是照抄外国的。他认为，这种脱离中国实际的教育，完全是在为帝国主义传教士培养信徒。张宗麟对这种情况很不满意，决心研究中国式学前教育。1926年，他写出了《调查江浙幼稚教育后的感想》一文。同年冬，他完成了《幼稚教育概论》，这是他在南京鼓楼幼稚园开展多种实践活动的结晶。

1927年2月，张宗麟就任杭州浙江女子高级中学教务主任，参加了一些革命活动。同年6月，他回到南京继续做陈鹤琴的助手，担任南京市教育局学校教育课幼教视导员；9月，兼任晓庄试验乡村师范学校第二院（幼稚师范）指导员，后又任指导员主任，协助陶行知在南京城内外如燕子矶、迈皋桥等地兴办乡村幼稚园，是陶行知先生的得力助手。

晓庄师范在1930年4月被国民党当局强行封闭，张宗麟被迫离开南京。1931年初，他来到福建厦门集美学校，任集美幼稚师范教员，次年兼任集美乡村师范校长。在此期间，他主编了《初等教育界》杂志，发表了很多关于闽南初等教育的调查及有关乡村教育与幼稚教育的文章。

由于参加革命活动，1933年初，张宗麟遭到国民党的通缉，他被迫举家离开福建，辗转广西、四川、湖南、山东等地，但并没有脱离师范教育工作。1936年2月，张宗麟回到上海，参加抗日救亡工作。他协助陶行知办生活教育社、国难教育社，并参加救国会的核心组织。1942年9月，张宗麟又被迫撤离上海，转到淮南根据地，任江淮大学秘书长。1943年，他跟随新四军干部赴延安小分队到了延安，投入根据地教育工作。后任延安大学教育系副主任、北方大学文教学院院长等职。

新中国成立后，张宗麟任教育部高等教育司副司长、高等教育部计划财务司副司长、司长等职。1952年陶行知先生被错误批判，他在《人民教育》上发表文章《对陶行知先生的认识和我的初步检讨》，为他的恩师辩护。张宗麟一生坎坷，1957年曾被错误地划为“右派”，长期蒙冤，1976年10月在上海病逝。1978年十一届三中全会后，教育部重新对他作出评价，肯定了张宗麟为我国教育事业所作的积极贡献。

张宗麟（右一）和陈鹤琴（左一）

二、论幼稚教育的意义

张宗麟根据多方面的分析，对幼稚教育的地位和作用作了充分的肯定。他指出，幼稚教育之重要是由儿童对人生、对社会、对国家的重要性所决定的。他认为，就像盖房子要在地基上下工夫一样，教育也要在儿童小的时候花力气。如果儿童在小的时候没有受到良好的教育，会影响他的一生。要改变中国愚昧、落后的状况，就应教育好幼儿。他说：“非独小学生，即中学生、大学生的许多习惯、性情，亦可在幼稚园养成之，如研究的态度，对人的品性等，皆奠基于此。”[①] 幼稚教育为一切教育的起点。

此外，张宗麟认为，幼稚园教育和家庭教育有密切联系。父母因为工作，上班时便把孩子托付给幼稚园；即便是有空闲的父母，对于孩子也大多数只知道爱，不知道如何教育，把孩子交给幼稚园专职人员进行教育，他们还可以把教育的方法传授给父母。因此，幼稚园不但直接担负着教育儿童的责任，而且间接发挥着向家长传授教育方法的作用。

① 张沪编：《张宗麟幼儿教育论集》，4页，长沙，湖南教育出版社，1985。

读一读

> 各种儿童教育之发达，以幼稚教育为最迟，各种教育之收效，以幼稚教育为最难；髫龄稚子，能力薄弱，充其量而为之，不足当成人之一睐；于是社会上对于各种教育之轻视，亦以幼稚教育为最甚。然而静心默思，幼稚教育之重要，实为惊人。
>
> ——张宗麟

三、论幼稚教育的发展方向

张宗麟对中国20世纪二三十年代幼稚教育的情况做过大量调查，他对当时幼稚教育全盘西化、一味抄袭外国的现象忧虑重重。在那个年代，幼稚园里用的都是仿造或直接购置的外国玩具，既不适合中国儿童的特点，又不能反映中国的生活。幼稚园里唱的歌曲多是圣经上的赞美诗或英文歌，墙上挂的多半是外国画，孩子们过的都是洋节。张宗麟认为，这种不教育孩子爱自己的祖国、不培养孩子对自己祖国的感情，而向孩子宣传“上帝爱我们”、灌输敬仰上帝的观念是极其错误的，这种教育蕴藏着极大的危险。

鉴于此，张宗麟主张在幼稚教育的过程中多创设中国化的教学环境，多传授代表中华民族传统美德的知识，提倡实行中国化的幼稚教育。他认为，必须兴办我国自己的幼稚师范教育，提出要多办幼稚师范专科和幼师学校。张宗麟十分拥护陶行知关于办大众幼稚园，幼稚园下乡、下厂的方针。他身体力行，一生中兴办了大量的乡村幼稚园和乡村幼稚师范学院。

四、论幼稚园课程

张宗麟投入大量的精力探索中国化的幼稚教育道路，主要表现在对幼稚园课程设置的探索上。他自1925年到南京鼓楼幼稚园协助陈鹤琴进行幼儿教育实验活动，直到新中国成立后在教育部任职，一直都在亲自试验或密切关注幼稚园的课程设置。

首先，他提出了“社会教育”的主张。这一主张在1931年出版的《幼稚园的社会》一书中有详细论述。张宗麟认为，生活便是教育，社会便是学校；幼稚园的一切活动都具有社会性，幼稚园的儿童之间也进行社会交往，因此幼稚园课程中应增加“社会”科目。幼稚园课程就是帮助儿童将自己的社会从家庭扩充到学校，社会课程的目标就是促进儿童的社会性发展，课程内容以养成良好的习惯为核心。他还以教育学和心理学为依据，提出了幼稚园社会课程的实施原则，为幼稚园开展社会教育和实施社会领域课程奠定了重要基础。

其次，阐明幼稚园课程的定义和内容。与陈鹤琴、张雪门的幼稚教育课程观相比，张宗麟对课程本质的理解更为宽泛。他指出："幼稚园课程者，由广义的说之，乃幼稚生在幼稚园一切活动也……包括一切材料、科目、幼稚生之活动。"张宗麟认为，幼稚园课程的本质是活动。可以按照两种划分方法对幼稚园课程进行划分：一种是按照儿童的活动来划分，包括以下内容：

（1）开始的活动。即幼稚生入园时必须养成的习惯，也就是人生最基本的习惯，如放手巾、认识老师和同学，以及初步的礼节等。

（2）身体活动。也就是健身的习惯和技能，如走、跑、跳等。

（3）家庭活动。如反映家人之间的关系、家庭事务的活动。

（4）社会活动。即养成公民素质的教育活动，如各种节日等。

（5）技能活动。即培养儿童适当表现自己的活动，如手工、图画、整理打扫等。

另一种是以学科来分类，把儿童的活动分为各种学科，包括音乐、游戏、手工、自然等。不管是以"活动"分类的课程，还是以"学科"分类的课程，教师都不能墨守成规，要灵活掌握、因材施教。

最后，确定了幼稚园课程的编制原则。张宗麟指出，在编制幼稚园课程时，要遵循以下原则：

（1）注重动的活动，鼓励儿童多动，提供儿童与大自然充分接触的机会，提升他们对大自然的浓厚兴趣。

（2）注重儿童的个性特征，为儿童提供充分的"自我表现"机会。

（3）注重让儿童获取直接经验。

根据这些原则，教师对幼稚园课程要有一个通盘计划，应拟定大纲、预备教材、设计课程内容、单元和课时。此外，张宗麟还提出，幼稚园课程要注意与小学一年级的衔接，以提高儿童在小学低年级的学习效率。

五、论幼稚园教师的培养

张宗麟十分重视幼稚园教师的培养。他认为，幼稚园教师的任务重于小学教师，其工作内容包括：养护儿童、发展儿童的身体、养成儿童良好的生活习惯、培养儿童应具备的知识与技能、与家庭联络并谋求家庭教育改良的方法以及研究儿童。其中，幼稚园教师最重要的责任是养护儿童。为了使幼稚师范能够培养出健全的幼稚园教师，他对幼稚师范的设置、招生条件、课程安排都提出了明确的要求。他指出，师范教育作为国家事业，绝不能由外国人、传教士或者私人包办。只有具有爱国热忱、真诚热爱儿童且有优良基本知识、有三年或两年的专门师范教育背景、身心健康的16岁以上学生，方可任幼稚园教师。他认为，要成为一名优秀的幼稚园教师，除了在学校里学习外，还必须多读书，拓宽知识面，提升自己的修养，要与本区的幼稚教育多联络，多参加研究会，交流心得。

张宗麟作为陈鹤琴和陶行知的助手与学生，积极参与了两位师长的研究，并对学前教育的基本理论进行了深入的探究。他主张办中国人自己的学前教育，反对理论脱离实际，提倡亲自实践、亲身感知。他通过在幼稚园的实验研究，撰写了大量关于幼稚园的论文，他提出的幼稚园教师培养要求与幼稚园课程设置意见对我国学前教育的发展产生了广泛和深远的影响。

关键概念

蒙养园　　行为课程　　活教育

思考与练习

1. 蒙养园制度是怎样随着癸卯学制的产生而实行的?
2. 中国近代教育是如何吸收西方的学前教育思想和理论的?
3. 试评价陶行知的学前教育思想对我国乡村教育的贡献。
4. 试分析陈鹤琴的“活教育”理论。
5. 张雪门对幼儿师范生的见习和实习有哪些见解?
6. 简述张宗麟关于幼稚园课程的思想。

第二编

外国古代学前教育思想

第三章　外国古代学前教育思想概述

【本章学习目标】

- 了解外国古代学前教育思想的发展。
- 理解亚里士多德、普鲁塔克、拉伯雷和蒙田的学前教育思想。
- 掌握柏拉图和昆体良的学前教育思想。
- 了解文艺复兴时期学前教育思想的一般特征。

【教师专业标准】

- 认同幼儿园教师的专业性和独特性，注重自身专业发展。
- 具有良好职业道德修养，为人师表。
- 提供符合幼儿兴趣需要、年龄特点和发展目标的游戏条件。

【本章内容引言】

从前面对中国近现代学前教育思想的追溯中我们可以了解到，自清末蒙养园开始，我国的学前教育事业受到“西学东渐”的极大影响，结束了家庭式幼教的历史，走上了社会化办学的道路。从更大的社会背景来考察，我们不难发现，世界上不同国家之间的交流、借鉴、相互影响由来已久。本章开始探索外国学前教育思想，这些思想遗产是人类文明的共同财富。

古代东方是世界文明的发祥地，也是世界幼儿教育的摇篮。古希腊、古罗马和文艺复兴时期是古代西方学前教育发展的三个重要阶段，其中古希腊的柏拉图和亚里士多德是西方学前教育的先驱，而古罗马的昆体良和普鲁塔克的学前教育思想是古希腊学前教育思想的延续。文艺复兴时期更是近代学前教育的开端，重新提出了身心全面发展的培养目标和塑造新人的教育理想。

第一节　原始社会和古代东方各国的学前教育

原始社会是人类发展的第一个阶段，是没有文字的史前时代。它始于人类的出现，终于国家的产生。根据已发现的古猿和古人类化石推断，最早的人类可能出现在距今400万年之前。从性质上来说，史前的资料是静态的，人们只能借助于古人类学、考古学、民族学、古生物学、古气候学等多种学科所提供的材料推断史前人类的生活，包括儿童教育。原始社会和古代东方各国的学前教育以教育实践活动来体现，这些活动是学前教育思想产生的基础。

教育起源于人类的生产活动

一、原始社会的学前教育

无论是通过大量的考古材料，还是从近代仍处于原始社会阶段的部落中的教育概况，我们都可以推测原始社会教育的内容除了传授基本的生存技能外，还包括自然崇拜、图腾信仰、巫术等具有宗教色彩的内容，也包括绘画、雕刻、装饰、音乐、舞蹈等史前艺术，甚至涉及初步的地理知识、原始语言和文字等科学元素。

人们推测，在史前阶段，照顾年幼的子女是女人的任务。一个幼童，需要一年甚至更多时间才能学会走路。在这期间，一直由母亲看管，并且跟随母亲慢慢地学会了采摘野果。该时期的幼儿教育带有极大的局限性和原始性，正如恩格斯所指出的那样，原始公社始终保有“儿童公有”和“儿童公育”的传统。他们使儿童养成必要的生活习惯、掌握基本的劳动技能，使儿童认识整个部落的风俗。

在原始社会，任何一个氏族成员都不能离开氏族而独立生存下去。对于氏族成员来讲，氏族制度、宗教仪式的规则、风俗习惯、禁忌等都是神圣不可侵犯的，氏族成员必须服从。氏族中有关婚姻的规定，有关共同分配的原则，有关血腥复仇的决定等，也是每个氏族成员都要遵守的。这些也构成了氏族对儿童进行道德教育的重要内容。这些教育多半由老人通过讲述氏族部落祖先的传说或英勇故事的形式来进行，以启发儿童的道德感，培养其品行和性格。

在母系氏族社会时期，因为男女分工，逐渐形成了男孩和女孩接受教育的一些区别。儿童在 8 岁以前，不分性别地生活在一起，由妇女照管。但八九岁以后，男孩就跟成年男子一起，参与制造工具、打猎、捕鱼；女孩则跟成年妇女一起做饭、造器皿、制衣服。

与当时的社会组织和经济结构相对应，史前教育无阶级性，对儿童实行“公有、公育”。教育尚未成为独立的社会活动，主要附带在生活和生产的过程中进行。由于没有文字，也没有专职教员，史前教育的形式和手段都极为简单，主要由老一辈结合实际生活通过口头语言来传授，儿童也在实践中通过耳濡目染的方式进行学习，成人的示范、讲述、奖惩及儿童自己的活动、观察和模仿等都是重要的教育途径。值得一提的是，为了控制人口，史前社会还保留着不少诸如弃婴和杀婴的可怕习俗。[①]

氏族公社的教育活动

二、古代东方各国的学前教育

在人类教育的发展史上，古代东方的大河流域如埃及的尼罗河、西南亚的底格里斯河与幼发拉底河、印度的印度河和中国的黄河都是学校教育的发源地。正如捷克古

① 参见［法］安德烈·比尔基埃等著，袁树仁等译：《家庭史》（第 1 卷），116~121 页，北京，三联书店，1998。

文字家赫罗兹尼所说："光明来自东方。"[①]随着人类社会进入阶级社会，脑力劳动从体力劳动中分离出来，教育的自主性逐渐被等级性和阶级性所取代。

（一）古代埃及的学前教育

古代埃及是世界文明的发源地之一。它位于非洲的东北角，北临地中海，东濒红海，南邻努比亚，西接利比亚。从南到北纵贯埃及全境的尼罗河，浸灌了两岸干涸的土地。公元前 6 000 年至公元前 5 000 年，古代埃及的农业文化已相当发达，并使用铜器，这是其早期文明出现的基础和象征。

在古代埃及，学前教育以家庭为重要场所，儿童主要在母亲的抚育下通过日常生活来接受教育。儿童有很多玩具，其中不少玩具构思奇巧，有较高的制作水准，如手臂能动的木偶等。当男孩年龄稍长时，就转由父亲教育。由于僧侣、建筑师、木乃伊师等职业世代相袭，所以常在家庭中以父子相承的方式传授此类职业的专业知识或相应技能。在古王国和中王国时期，法老所居住的王宫成为王公贵族的活动中心，其五六岁以上的子弟亦可出入宫廷，与法老的子孙共同嬉戏或学习。据说有时法老也以和他们游戏为乐，并派官员进行教育。

根据史料记载，古代埃及约在公元前 2 500 年出现了最早的学校，儿童 5 岁入学。初级阶段以文字书写为主课，初由教师示范，继由儿童临摹。另外，儿童还需要抄录格言或故事。在学校教育中，主要的教学方法是灌输与惩罚，教师施行体罚被视为正当、合理的行为。古代埃及的谚语说："学神把教鞭送给人间。"[②]古代埃及人甚至将教育比作驯兽，把教鞭当做教育的同义词。

古代埃及的教育活动

（二）古代印度的学前教育

古代印度是一个地理上的概念，指喜马拉雅山以南的整个南亚次大陆。约在公元前 2 000 年，印度河流域即出现了奴隶制城邦国家。古代印度教育的发展与三种因素密切相关，即种姓制度、婆罗门教和佛教。

种姓制度及婆罗门的权力高于一切是古代印度文明的突出特征之一，古代印度的一切思想形态、教育模式都被打上这一烙印，说古代印度的教育就是以维系种姓压迫和培养宗教意识为核心任务一点也不为过。印度古籍《吠陀》被统治阶级奉为经典，为教育提供了主导思想。婆罗门为最高级的种姓，所受的教育比较完备。儿童在 3 ~ 5 岁，经过剃度礼之后，开始接受家庭教育。教育内容主要包括在母亲的督促下养成有

① 转引自张瑞璠、王承绪主编：《中外教育比较史纲》（古代卷），4 页，济南，山东教育出版社，1997。

② 转引自［苏］司徒卢威著，陈文林等译：《古代的东方》，89 页，北京，人民教育出版社，1995。

规律的日常生活习惯；学习《梨俱吠陀》中的赞歌，教师背一句，儿童照念一句，不断重复，直至背熟。当时家长制盛行，父亲作为全家的统治者，可决定子女的命运，有权出卖甚至处死子女，子女的教育更属父权范围的事。为保持种姓的世袭，除了请专业人员执教外，父亲也必须在家指导儿子记诵《吠陀》，有时邻人的子弟亦可加入，共同学习，形成一个小的团体。《吠陀》的学习只能口耳相传，不许抄写，因为当时的人们认为《吠陀》的内容是神说的话，若擅自抄写，则有渎神之嫌。由于《吠陀》是以难解的古梵文写成的，繁文缛节的描述又多，所以学习难度非常大，消耗了儿童大量的精力和时光。

（三）古代希伯来的学前教育

古代希伯来位于现在的西亚巴勒斯坦地区，是现代犹太人祖先的居住地。希伯来人信仰犹太教，奉上帝耶和华为其最高主宰及庇护神。约在公元前 17 世纪，希伯来人向外迁移，进入埃及，后成为法老的奴隶。直到公元前13 世纪，在首领摩西的率领下，希伯来人逃出埃及，返回故国。后又历经战乱，于公元 1 世纪被罗马帝国吞并。

1. 早期的育儿习俗

希伯来人将妇女生孩子看做是上帝的恩赐。按照希伯来的习俗，婴儿出生后要用盐水擦洗并将其放置于襁褓之中，希伯来人认为这样可以使孩子健康结实。孩子一般由母亲哺乳，3 岁时才断奶。

希伯来人早期的历史处于从游牧文化进入农业文化的时期，家庭组织形式盛行以父权为主的家长制。男孩稍大，须交给父亲管教，父训就是法律。希伯来儿童一般在家庭中接受教育，父亲既是家庭的祭司，又是孩子的教师，而且是严师，棍打、鞭抽是司空见惯的教育方法，因为希伯来人认为儿童生来愚昧无知，本性向往堕落，只有严加管教和约束才可使其勉力向上。

2. 摩西改革后的儿童教育

摩西率希伯来人返回故国后，被奉为“先知”，推行了一系列改革。改革之后，在儿童观及儿童教育方法上，希伯来有其独特之处：一般古代国家的家长制都给予家长极大的权威，可操夺子女之生死；而在希伯来，严父逐渐为慈父所代替，他们虽有权惩戒和体罚子女，但实际上常采取积极影响的手段。希伯来人的家庭教育开始注重父子之间的亲密感情和说服感化，儿童在家庭中的地位有所提升，这使得希伯来人的家长制有了较多的民主色彩。犹太教的经典《塔木德》规定：子女并非父母私有物，而是未来的天国公民，他们有独立的人格。家长要尽力理解儿童，唤起他的兴趣；要为儿童提供玩具，乃至与儿童共同游乐。

希伯来人的教育活动

由于希伯来人视信神为天经地义的事，故家庭教育以培养宗教信仰为最重要的目标，家长要以代表上帝意旨的《旧约》去教导子女。希伯来人认为这种教育可从极早期开始。传说希伯来人曾开设过婴孩学校，收容5岁的幼儿。教育内容以宗教信仰和宗教感情的陶冶为重，着眼于非理性的训练，也附带教授一些简单的文化知识、民族传说及祖先的训诫。

第二节 古希腊的学前教育思想

古希腊有西方文明之源的美誉，位于地中海东部的爱琴海区域，公元前8世纪开始进入奴隶社会（历时约650年），是西方学前教育思想的摇篮。奴隶制经济的发达和城邦政治的兴盛，促进了古希腊文化的繁荣和教育实践的发展，从而为古希腊学前教育思想的形成提供了必要的条件。以柏拉图和亚里士多德为代表的古希腊学前教育思想，是西方学前教育思想体系形成和发展的重要基础。

古希腊的教育活动

一、柏拉图的学前教育思想

（一）生平简介

柏拉图（Plato，公元前427年—公元前347年），古希腊著名的哲学家、教育家。柏拉图出生在雅典一个贵族奴隶主家庭，优越的家庭条件使他从小受到良好的教育，曾周游各地，沿途参观自然景观和寻求、讨论学术问题。20岁时，他师从大哲学家苏格拉底，专门研究哲学。公元前399年，苏格拉底被雅典的一个人民法庭判处死刑。因痛心于苏格拉底牺牲于多数人的表决中，原本醉心于政治的柏拉图转变了心意，开始以哲学思考及教学来发挥他的学术与教育影响力。公元前388年，柏拉图在雅典创办了“学园”（Academy）。

柏拉图

柏拉图的教育思想，包括学前教育思想，主要反映在其代表作《理想国》中。该书主要以师徒对话的方式讨论优生学、节育、家庭解体、婚姻自由、独身、专政、独裁、共产、民主、宗教、道德、文艺、教育等问题，是一本综合性著作，是西方第一部涉及教育且较全面、深入探讨教育理论的著作。

（二）学前教育思想的认识论基础

柏拉图是西方第一个提出并详尽论证了客观唯心主义的人。就其社会政治观来说，他坚决反对雅典的奴隶主民主政体，主张恢复氏族贵族的专制统治。柏拉图认为，人的心性分为三层，由低到高分别为：欲望、意志、理性。与之对应的社会组织成员也可分为三类：充满“欲望”的人，应该从事农、工、商等生产技艺的职业；灵魂中“意志”占主要成分的人，可担负保家卫国之重任；而能充分运用“理性”的人，则宜担任统治者职务。按照柏拉图的设想，在理想的国家里，存在着三种人：哲学家、军人和劳动者。哲学家是理性最强的人，他具有最高的美德——“智慧”，适合担任统治者；军人是有意志力的人，他具有次高的美德——“勇敢”，适合保家卫国，维持社会秩序；手艺人、农民是生产劳动者，灵魂中低级的欲望居多，他应具有“节制”的美德。而奴隶属于会说话的工具，不属于上述三等中的任何一等。

在柏拉图看来，一个安宁的社会就是以上各层级之间安享属于自己的东西，做自己分内的事情。这是一种客观唯心主义的世界观、神秘主义的认识论，也是柏拉图学前教育思想的理论基础。

（三）学前教育思想的内容构成

1. 学前教育的意义

柏拉图认为，教育是实现理想国的首要途径，教育是贯穿人一生的大事。为此，他很重视学前教育，认为教育应该从幼年开始，这个阶段发生的任何事情都会给儿童留下深刻印象，影响他今后的成长。柏拉图说：“凡事开头最重要，特别是生物。在幼小柔嫩的阶段，最容易接受陶冶，你要把它塑成什么样式，就能塑成什么样式。”①

读一读

> 一定要有正确的教育观，不仅要使自己能够温文尔雅，而且对所管护的人也要态度和蔼，人们受了良好的教育就能成为事理通达的人。 ——柏拉图

在柏拉图看来，教育的最终目的就是要培养哲学家和军人。哲学家应当被推为国王，而国王也应该是个哲学家，这样才能实现理想国。柏拉图所主张的理想的哲学家的品格，也就是他所要培养的理想的人格。这种理想的人格包括有良好的记忆力、敏于思考、豁达大度、温文尔雅、爱好真理、正义、勇敢、节制。这种理想的人格必须从幼年开始培养，且要经过长期的锻炼、考验才能养成。

---

①［古希腊］柏拉图著，郭斌和、张竹明译：《理想国》，71 页，北京，商务印书馆，1986。

2. 学前教育阶段的划分

柏拉图在《理想国》中拟定了一个从胎儿至50岁的庞大教育计划：7岁前是学前教育时期；7 ~ 17岁接受普通教育，包括音乐和体育；18 ~ 20岁除接受军事训练和继续接受音乐教育外，还要学习算术、几何、天文以满足军事活动的需要；20 ~ 30岁要研究高深的科学理论，以唤起思维能力，使心灵从感性世界转向精神世界；30 ~ 35岁学会用辩证法认识各学科之间的关系，认识真理；35 ~ 50岁要接受各种考验，积累实际工作经验；到50岁，则经验、知识都非常丰富了。

按照上述教育计划，7岁以前的教育是人生的奠基时期。柏拉图主张优生，提倡计划结婚和计划生育，待产的妇女必须接受为了有利于出生的孩子所需要的种种训练。优秀者的孩子留下来抚育，至于一般或其他人生下来的有先天缺陷的孩子，则秘密地加以处理。柏拉图把7岁前儿童的教育分为两个阶段。出生至3岁为第一个阶段，实行儿童公育；3 ~ 7岁为第二个阶段，要去除儿童的自我意志，即一种不守秩序的内在的恶。

3. 学前教育的内容

柏拉图提出，学前教育的主要内容是唱歌、做游戏、讲故事等。他认为，卫国者（当时对执政者和军人的统称）的教育应该从幼年的音乐教育开始，唱歌的力量能浸入心灵的最深处，儿童如果受到和谐的音乐教育，就可以使心灵得到陶冶，性情得到调和。柏拉图所说的“音乐”是广义的，除唱歌外还包括诗歌、文学等内容。柏拉图认为，音乐和体操能使人的心智和激情这两个方面张弛得宜，达到和谐。要选择欢快、令人振奋的歌曲给儿童唱，避免让儿童听到忧郁的歌曲，以培养儿童积极向上的精神，养成良好的行为习惯。

柏拉图认为，给儿童讲故事是进行道德、政治教育的有效方式，可以铸造幼儿的心灵。他非常重视故事内容的选择，因为这对儿童道德品质的形成影响很大。柏拉图主张，在儿童的故事书里，神的形象应该神圣无疵，英雄人物应该公正无私，这样才有利于培养儿童的美德，而骗人的情节以及违反伦理的内容应予以删除。因此，要严格审查故事的创作者及其作品，接受那些编得好的故事，拒绝那些编得不好的故事。“我们鼓励母亲和保姆给孩子们讲那些已经审定的故事，用这些故事铸造他们的心灵，比用手去塑造他们的身体还要仔细。”①

读一读

早年接受的见解总是根深蒂固不容易更改的。因此，为了培养美德，儿童们最初听到的应该是最优美、高尚的故事。——柏拉图

① ［古希腊］柏拉图著，郭斌和、张竹明译：《理想国》，71页，北京，商务印书馆，1986。

柏拉图认为游戏是学前教育中的一项主要内容，他是教育史上第一个把游戏作为单项的行为类别提出来的教育思想家。在柏拉图看来，儿童的天性是需要游戏的，成人应当满足儿童的这种需求。他甚至认为儿童的游戏关系到政体的稳定，必须对儿童游戏的内容进行很好的安排，使游戏的内容与法律和社会秩序一致。柏拉图主张要为儿童安排同样的游戏，采用同样的游戏方式，使儿童喜欢相同的玩具，养成相同的爱好，从而让儿童形成固定的行为习惯，养成节制、顺从、公道等美德，这对于保持固有行为规范、稳定社会秩序是大有好处的。

柏拉图强调学前教育的重要性，在外国学前教育思想史上具有开创性意义。他最早提出并系统论述了公共的学前教育体系，指出了讲故事、唱歌、游戏在学前儿童教育中的重要地位。柏拉图的学前教育思想中包含着许多珍贵而独到的见解，是后世的学前教育思想形成和发展的有力基石之一。

二、亚里士多德的学前教育思想

（一）生平简介

亚里士多德

亚里士多德（Aristotle，公元前384年—公元前322年），继柏拉图之后在西方教育思想史上有巨大影响的古希腊哲学家、思想家、百科全书式的学者。亚里士多德出生于一个医生家庭，其父是马其顿国王的宫廷御医。公元前367年，亚里士多德到雅典，先从师于艾索克拉底，后进入柏拉图的学园学习。亚里士多德在那里居留了20年，直到柏拉图去世才离开。公元前343年，亚里士多德受聘担任马其顿王子——13岁的亚历山大的御前教师，对亚历山大开创帝业有重要的影响。公元前335年，亚里士多德在雅典创办了吕克昂（Lyceum）学园，在此讲学、研究、著作，直至终老。

在教育史上，亚里士多德是古希腊教育经验和教育思想之集大成者，后世的各种教育思想在亚里士多德的论著中几乎都有所涉及。《政治学》、《伦理学》、《逻辑学》是亚里士多德的重要著作，这些论著中都有丰富的学前教育思想。

（二）学前教育思想的认识论基础

亚里士多德把人作为有机世界的一个部分来考察，并用自然科学的观点解析灵魂的三种成分，即植物性、动物性、理性。植物性的灵魂是灵魂中最低级的部分，它主要表现在营养、发育、繁殖、生长等生理方面；动物性的灵魂是灵魂中的中级部分，它主要表现在本能、感觉、情感、欲望等方面；理性的灵魂是灵魂中的高级部分，它主要表现在认识与思维方面。

在亚里士多德看来，人的发展进程应先是躯体，然后是非理性灵魂，最后才是理性灵魂。他说："首先要注意儿童的身体，接着留心他们的情欲境界，然后才及于他们的灵魂。"① 人在婴儿时就开始显露出情感和欲望，婴儿的啼与笑就是他们的非理性灵魂开始发展的标志；而人的理性灵魂，则要经过教育才能逐渐得到发展和完善。合理的教育应遵循人的自然进程：先是体格教育，使其拥有健康的体魄；然后以情欲的训练为主，养成其良好的品行和习惯；最后才致力于发展他们的理智，使其专心于学问。这些观点构成了亚里士多德学前教育思想的基础。

读一读

> 所有的人，在天性上都有求知欲。　　——亚里士多德

（三）学前教育思想的主要观点

1. 学前教育的意义

亚里士多德认为，对于个人和集体而言，人生的终极目的都是追求幸福生活和至善，只有通过三条途径（即天赋、习惯和理性）才能达到目的。习惯和理性有赖于意志与知识，只能靠训练和启发来培养与发展。亚里士多德主张自由教育，让儿童自小便能在闲暇中学习自由学科以发展理性，以便长大后成为自觉守法的城邦公民。

2. 学前教育的年龄划分

在西方教育史上，亚里士多德首次提出了教育适应自然的主张："教育的目的及其作用犹如一般的艺术，原来就在效法自然，并对自然的任何缺漏加以殷勤的补缀而已。"② 他要求根据儿童身心发展的特点来划分教育的阶段，安排教育的程序、内容和方法。年轻一代受教育的时期被划分为三个年龄阶段：出生至7岁为第一阶段，7～14岁为第二阶段，14～21岁为第三阶段。第一阶段为学前时期，在家庭中施行训导；后两个阶段则要实施正规的集体教育。

在第一阶段，孩子出生后，应为其提供充足的奶水，注重其自然天性的活动，防止手足弯曲；可将孩子全身浸入冷水，这有益于其健康；不必给孩子穿太多的衣服，孩子喜爱冬天，"屁股自有三斗火"。孩子渐渐长大后，安静不下来时可以给他们玩类似陀螺的玩具，这不但可以激发孩子的想象力，而且可以转移孩子的注意力。孩子的喊叫，有益于身体发展，不应予以禁止。等孩子安全度过了前5年，就可以在5～7岁时旁观他人正在从事而他们将来也应从事的各种功课和工作。7岁以后，则进入正规

---

①［古希腊］亚里士多德著，吴寿彭译：《政治学》，395页，北京，商务印书馆，1965。

② 同上书，405页。

学习阶段。

3. 学前教育的内容

亚里士多德认为，学前儿童的智力还在萌芽阶段，不成熟及幼稚是必然现象。为避免妨碍儿童身心发育，不可教其任何功课或强迫其从事劳作，但应通过游戏或其他娱乐方式以使其肢体不致呆滞或跛弱。儿童应拥有自己的玩具，并予以珍惜、保护。不能从小即断离“亲情”，尤其在童年时期，“爱”的感受重于“理”的运作，“小我”及个人之关怀大于“大我”及“群性”的陶冶。教育监导应注意儿童日常生活管理，以防止其养成恶习。

亚里士多德指出，儿童时期的教育应以音乐及体育为主，目的在于健全身心。音乐有平抑暴戾之气的功能，且是净化心灵的必要科目。乐器的选择，应以能激发儿童多方面潜能为第一要素，而非多方面的技巧娴熟，所以七弦琴优于笛子，因为前者可以边唱边弹，除了音乐之外还融有文学诗词；而后者只能作单项表演，加上吹笛子时嘴巴变形，不够优雅。体育活动也应介于粗暴与文静之间，太过剧烈有失美感，并且儿童年幼时不可过分运动。

亚里士多德的学前教育思想把古代学前教育理论推向了一个新的高度，对后世产生了很大的影响。他总结了斯巴达和雅典的幼儿教育经验，依据教育适应自然的思想，首次把 0 ~ 7 岁这一教育阶段列入教育体系，使学前教育成为青少年教育中不可缺少的一环；强调幼儿时期应以养育为主，就婴幼儿保育提出了许多具体而实用的意见；对游戏在儿童身心发展中的作用做了高度评价，重视游戏和故事材料的选择，并意识到环境对于儿童的巨大影响作用，要求为儿童创设一个合乎教育理想的环境。亚里士多德关于遵循儿童发展的自然进程进行教育的思想，成为近现代西方学前教育适应自然原则的思想渊源。

第三节　古罗马的学前教育思想

古代罗马的历史分为三个时期：王政时期（公元前 7 世纪—公元前 6 世纪末）、共和时期（公元前 509 年—公元前 30 年）和帝国时期（公元前 30 年—公元 476 年）。王政时期的教育资料缺乏；共和时期的教育主要通过家庭教育、文法学校及修辞学校来实施；帝国时期逐步建立起一套国家教育行政制度，罗马皇帝以奖励与控制齐头并进的措施使学校教育成为国家的事业，构建了古代罗马学前教育发展的社会背景。在吸收、传播和补充古希腊学前教育的基础上，这一时期出现了以雄辩教育思想家昆体良和传记作家普鲁塔克为代表的具有古罗马特色的学前教育思想。

一、昆体良的学前教育思想

（一）生平简介

昆体良

昆体良（Quintilianus，35年—95年），古罗马著名的教育家。他出生于西班牙的书香世家，父亲在罗马教授雄辩术，颇有声望。昆体良少年时代跟随父亲接受教育。在帝国时期，演说、雄辩在罗马仍然十分流行，昆体良在罗马主持拉丁语雄辩术学校达20年之久，成绩卓著。他一边执教，一边参与公共事务的决策，历经三朝帝王，兼操律师业务，名盛一时。公元90年，他决定退休，同时应友人的请求，撰写《雄辩术原理》一书，历时两年多完成了这部12卷的巨著，被后人誉为“文化教育领域中古代思想的百科全书”。《雄辩术原理》突破了当时一般人只注重中等教育和高等教育的狭隘界限，同时重视学前教育和初等教育。昆体良的学前教育思想主要就包含在《雄辩术原理》一书中。

（二）学前教育思想的伦理学基础

昆体良的教育实践和教育理论都以培养雄辩家为宗旨，重视德行的培养是他教育理论的主要特点。他认为，教育就是要培养雄辩家，雄辩家的价值高过哲学家。哲学应分为三部分，即自然哲学、道德哲学及辩证。雄辩家不但要口才突出，而且要心地无瑕。雄辩家首先要学习的是德行，他应当了解一切有关正义的、值得尊敬的事项。一个人只有研究过公正和善良，他才能成为一个公正的人。儿童的记忆力很强，为了把儿童培养成为优秀的雄辩家，就要多加练习与利用，让其在年幼的时候背诵许多知识。同时，不能纵容儿童，要注重品德教养。

议一议

> 如果儿童未来发展的希望成了泡影，其原因并不是缺少天赋能力，而是缺乏培养。你赞同这一观点吗？

德行又是如何得到的呢？有人说是先天的。昆体良并不完全排斥道德的天赋成分，认为个人秉性对其道德面貌会有一定的作用，但更重要的是教育的力量。他指出，尽管道德也从自然获得一定的动力，但仍然需要教育使道德成为现实。因此，道德原理是学校的主要课程。学生要从这门课程中学到善良、正义、节制、刚毅、明智等品质。

（三）学前教育思想的主要观点

1. 学前教育的意义

昆体良从教育与天性的角度论证了教育在人的发展中的重要作用：除极为稀少的天生畸形和生来就有缺陷的外，人都可以经由教育培养成人。"天性是教育的原材料"[①]，教育是铸造这原材料的艺术，应通过教育补充天性所缺少的东西。中等水平的雄辩家，其能力多半来自于天性；优秀的雄辩家，其能力多半来自于教育。昆体良认为，"孩童教育是整个教育的根，根不稳，则上层教育有倒塌之虞"[②]。儿童理想的父母应具有较高的教育水准，在重视父亲教育的传统之外，他还举例说明母亲在家庭教育中的重要作用。与一般罗马人认为 7 岁以后儿童才能胜任文化学习的想法不同，昆体良主张 7 岁以前学习知识以便为后面的学习奠定基础，不可浪费早年的光阴。

2. 学前教育的内容

昆体良强调道德教育是第一位的，因为一个品德邪恶的人是不可能成为完美的雄辩家的。他重视家庭环境对学前儿童的影响，对保姆、父母和教仆都提出严格的要求。他认为首先要慎选保姆，她们应受过教育，否则会在习惯和言语方面对儿童产生负面影响；其次，儿童身边的成人要注意自己的言行，悉心照料但不可纵容儿童。

昆体良主张教儿童认识字母、书写和阅读。在昆体良生活的时代，希腊语已势不可当地为罗马人所接受，而罗马人又自尊心很强地坚持"母语"——拉丁语的学习，所以昆体良在教育史上第一次提出了双语教育（Bilingual Education）。他认为儿童最好先学作为外国语的希腊语，接着学习拉丁语，然后再使这两种语言的学习齐头并进。儿童应运用记忆力的优势，多背诵伟人诗词，这既可作为休闲活动，又可成为日后的回忆资料。书写是获得根基深厚的专业特长的源泉之一，可将字母刻在木板上，指导儿童用铁笔沿着木板上笔画的沟纹书写，以避免差错。阅读学习首先要注意发音正确，然后才要求连贯，可要求儿童以最快的速度朗读由许多音节组成的难字和难句，以使其发音更加清晰和流畅。

昆体良认为，游戏与娱乐有助于儿童发展智力。"我不会因儿童爱好游戏而感到不高兴，那是天性活泼的标志。那种总是迟钝麻木、没精打采，甚至对那个年龄所应有的激动也漠然无动于衷的儿童，我是不指望他能热心学习的。"[③]他还认为，在游戏中儿童的道德品质也会自然流露，便于教师及时发现和施教。

---

① [古罗马]昆体良著，任钟印译：《昆体良教育论著选》，129 页，北京，人民教育出版社，1989。

② 转引自林玉体著：《西方教育思想史》，93 页，北京，九州出版社，2006。

③ [古罗马]昆体良著，任钟印译：《昆体良教育论著选》，18 页，北京，人民教育出版社，1989。

3. 学前教育的原则

首先，鼓励见贤思齐。昆体良认为鼓励和竞争是学习的最大动机，应想方设法激发儿童的学习兴趣，如不断向儿童提出问题并对他们的回答予以赞扬；如果某个儿童不愿意学习，就当着他的面去教他所妒忌的另一个儿童，有时要让他和其他儿童比赛。总之，用儿童所珍视的褒奖去鼓励其在竞赛中获胜。

其次，要承认个别差异。既能针对儿童不同的性格采取不同的教育方法；又能使每个儿童在他最有才能的方面得到进步。对于智力较弱的儿童应适当迁就，对于禀赋优厚的儿童则要严格训练，以期将他们培养成为真正的雄辩家。同时，应防止儿童负担过重，超出儿童智力的东西是不能进入他们头脑的，正如紧口瓶子不能容受大量流进的液体，却能为慢慢地甚至一滴一滴地流进的液体所填满的道理一样。所以，要防止儿童过度疲劳，注意劳逸结合。

最后，禁用体罚。昆体良认为体罚是一种残忍的行为，一旦儿童对体罚习以为常，不但达不到想要的教育效果，而且会使儿童心情压抑、沮丧和消沉。此外，不能对儿童逼得太紧，这可能使其在还不能热爱学习的时候就厌恶学习，那就与“要使最初的教育成为一种娱乐”的初衷完全背道而驰了。[①]所以，对于纤弱、无力抗拒虐待的儿童，任何人都不允许滥用权威、施行体罚。

读一读

> 鼓励和竞争是学习的最大动机，应想方设法激发幼儿的学习兴趣。
>
> ——昆体良

昆体良的教育思想代表了欧洲古代教育理论发展的最高成就，其学前教育思想对后世影响重大。他重视早期教育，重视学前儿童道德品质和道德习惯的培养，对儿童学习抱有充分的信心，认识到家庭环境在早期教育中的重要意义，提出注意儿童语言的纯洁性、慎选保育人员、反对体罚、采取适当的教学方法等观点，这些在古代各国的幼儿教育中都是难能可贵的。

二、普鲁塔克的学前教育思想

（一）生平简介

普鲁塔克（Plutarch，46年—120年），古罗马教育思想家。他出生于希腊并受教于希腊，具有良好的希腊文化修养，但作为古罗马帝国的臣民，他也在一定程度上受到

① 参见［古罗马］昆体良著，任钟印译：《昆体良教育论著选》，15页，北京，人民教育出版社，1989。

罗马传统的影响。在他流传下来的作品中，《希腊罗马名人传》（又称《传记集》）最负盛名；《道德论丛》由60多篇论文和对话录汇集而成，其中《论儿童教育》反映了他的主要教育观点并在文艺复兴时期受到重视。普鲁塔克的基本教育主张与昆体良相似，如关于天性和教育的思想，对早期教育和道德品质培养的重视等。与昆体良不同的是，他对体育和自由教育的重视明显受到古希腊教育传统的影响。同时，他贬低雄辩术，突出哲学教育。

普鲁塔克

（二）对教育的见解

普鲁塔克认为，完美的教育应该考虑三种要素：一是优秀的天分，二是适当的教学，三是勤奋的练习，三者缺一不可。教育的根本目的是使人趋向善良，这就必须使三件事即天性、教导和练习协调一致。普鲁塔克把天性比作土壤，教育者好比农夫，练习或习惯的培养是种子，只有这几个方面结合和协调一致才能促成人的心灵的完善。普鲁塔克尤其强调学习者的主观努力和勤奋，认为勤能补拙。他说："长期不断的努力，会产生神奇的效果。这种案例天天发生在我们四周。"[①] 教育的价值是永恒而神圣的，儿童初期教育是教育的基础，其教育不能脱离哲学指导。

（三）学前教育思想的主要观点

1. 学前教育的意义

普鲁塔克认为，婴儿的灵魂是软弱易感的，进入心灵的任何事物都容易留下深刻印象。他十分赞同柏拉图关于慎选故事材料的主张，以避免儿童头脑中充满各种愚蠢和邪恶的观念。对儿童施加良好的教育，不仅要慎选教材，还应慎选游伴、教仆和教师。同时他认为，母亲教育子女比父亲更有优势，她们是儿童初始教育的指导者，拥有较为轻快的举止、甜蜜的语言、丰富的情感及高度的包容性，可以增加儿童内心的温柔。他认为战争能扫荡一切，只有学问是卷不走的，因此，为人父者应把培养孩子的学问看成最重要的事情，并要为此不惜钱财。

读一读

> 儿童时代是柔嫩的，容易铸造成各种类型的人。——普鲁塔克

① 转引自林玉体著：《西方教育思想史》，105页，北京，九州出版社，2006。

2. 学前教育的内容

（1）德育。

普鲁塔克非常重视儿童的道德教育，主张对儿童进行有关行为准则的教育，要使儿童言行不鲁莽、不轻率，谈吐得体，合乎礼仪；逆境不沮丧，顺境不自负；谈话既不夸张，也不粗俗、平庸；杜绝撒谎，撒谎是不真实和虚荣的表现，只有卑贱的灵魂才会撒谎，要使儿童养成说话诚实的习惯。

受罗马家庭教育优良传统的影响，普鲁塔克十分重视父亲的榜样力量，要求父亲以身作则引导儿童趋善避恶。在德育过程中，他反对体罚，提倡表扬与批评的交替使用，用理性去引导儿童，使他们从事高尚的活动。

（2）智育。

普鲁塔克认为，儿童必须学习和掌握知识。在他看来，财富、荣誉、美丽、健康等都会随着时间的流逝而衰退，只有知识，即使到了垂暮之年还会增长。而知识当中，最有价值的是哲学，学习哲学可以使人获得有关高尚与耻辱、正义与非正义方面的知识，可以教会人懂得敬奉神祇、尊老爱幼。在教学过程中，要注意循序渐进、因材施教。普鲁塔克认为引发学习动机与兴趣是教学的重点，学习动机一旦被激发，则心灵的主动性就开始运作，这时只要提供恰当的燃料及滋养物，心灵就会积极地追求真理。学习可能是件苦差事，但想办法让儿童兴致勃勃地一心向学，这就是教育的成功。

（3）体育。

在普鲁塔克生活的时代，体育和美育早已为智育取代，学校只关心识字和读书。普鲁塔克承认道德习惯的培养是最重要的，但认为也不应忽略身体锻炼，这犹如在晴朗的天气就要为水手准备好暴风雨到来时所需的一切东西一样，人们在儿童时期就要为老年时期的身体做好准备，不至于到了老年时疾病缠身。但儿童的体育锻炼也要适度，要珍惜体力，注意劳逸结合。在体育锻炼中，他强调儿童要接受投掷标枪、射箭、捕猎等军事训练，熟悉军事技艺，以便将来成为训练有素的士兵。

3. 学前教育的方法

普鲁塔克主张用鼓励与提供合理动机的办法取代强制儿童学习。因为儿童的心灵不是一个需要填满的罐子，而是一颗需要点燃的火种，应视具体情况交替使用各种赞许和批评的方法，不应使用鞭笞或任何其他侮辱性的惩罚。

普鲁塔克倡导量力性教学原则，认为让儿童学习知识的时候，要考虑其接受能力，有时要求太高，效果反而不好。他批评一些父母望子成龙心切，给儿童的功课太难、太重以致无法完成，使儿童灰心丧气、厌恶学习，这就好比植物，浇灌适度就能生长旺盛，而浇水过多就会使植物被淹死。

普鲁塔克也主张劳逸结合。他认为，正如身体的维持既要靠吃饱也要靠排泄一样，心智的维持也要张弛有度。在儿童学习辛苦的时候，有时准许他们轻松一下，让他们满足自己的愿望，更能激发他们的学习动力。

普鲁塔克在吸收苏格拉底、柏拉图等人教育学说的基础上，结合古罗马的实际，提出了如何培养有德行的人的观点，这是一种把哲学思考、文雅举止和政治家的风度结合在一起的教育思想。他的著作被译成英文和法文，对文艺复兴时代的拉伯雷、蒙田和卢梭都产生过重要的影响。

读一读

> 天性如果不通过教导加以完善，就是不实之华。 ——普鲁塔克

第四节 文艺复兴时期的学前教育思想

在中世纪基督教神学的严密禁锢下，古希腊、古罗马的文化被淹没了近千年。至14世纪，欧洲的人文主义者点燃了呼唤人性解放的火炬，掀起了研究、复兴、更新古代文化的热潮，把欧洲的学术文化思想推向了一个空前繁荣的时代，这就是欧洲历史上著名的“文艺复兴”时期，这一时期也是近代学前教育的开端。

文艺复兴时期的人文主义教育家和思想家批判了性恶论，反对把儿童看成是带有“原罪”并等待赎罪的羔羊，他们把儿童视为应当得到成人的悉心关怀和照顾的自然生物。他们提出，要注重儿童身心全面发展的一般规律和个别差异，强调体育和游戏的重要意义。他们看到了环境尤其是家庭环境对儿童教育的影响，要求父母、教师和保育人员都要以身作则，为儿童做好表率。儿童在7岁时适合入学接受教育，但在这之前，儿童应在家庭中受到良好的预备教育，尤其是道德行为与语言文字方面的教育。他们还要求取消至少减轻对儿童的体罚，建议用儿童的荣誉心、竞争心作为推动其学习的手段。在教育工作中，要注意对儿童的兴趣与积极性的启发。在文艺复兴的后半期，法国出现了新型人文主义的代表——提倡全人教育的教育家拉伯雷和蒙田，他们的学前儿童教育思想对后世的影响一直延续到当代。

一、拉伯雷的学前教育思想

拉伯雷

（一）生平简介

弗朗索瓦·拉伯雷 (Francois Rabelais，1494年—1553年)，欧洲文艺复兴时期法国人文主义学者、作家、教育家。他出生于法国中部都兰省的施农城，父亲是律师。幼年曾在修道院受教育，学习希腊文、希伯来文、法律和天文学。他当过牧师，因不满修道院生活而出

走。1528年以后，他游历法国中部各大名城，访问高等学府，加深了对社会现实的认识，并对经院主义教育有了较深的理解。后来，他对医学产生兴趣，并最终成为解剖学教授。16世纪30年代，拉伯雷在行医的同时开始创作长篇小说《巨人传》。这部小说通过描述主人公高康大接受教育的过程，揭露了经院主义教育的落后，展现了一幅以尊重儿童为前提的人文主义新教育的绚丽图画。

（二）学前教育思想的理论基础

文艺复兴中后期，唯实论的教育理念成为显学，提倡教学要注重儿童心理，教学语言要偏重母语，教学内容要注重感官经验，教学气氛要崇尚自由，教育范围要溢出学校而迈向自然，要形成亲密的师生关系等。唯实教育中最具体的是全人教育，用现在的教育术语来说，就是德、智、体、美、劳五育并举的教育。拉伯雷全力支持全人教育，并不遗余力地加以推广。

（三）学前教育思想的主要观点

1. 学前教育的内容

拉伯雷反对经院主义教育空洞的学习内容，重视人文科学和自然科学。他要求儿童既要学习多种语言，包括希腊语、希伯来语、阿拉伯语等；也要学习地理、音乐、几何、天文、算术。拉伯雷尤其重视自然的学习和研究，他写道："至于自然界的事物，我要你仔细地研究，要没有海里、河里或水泉里的鱼类是你所不知道的；天空中的一切飞鸟，森林里的一切乔木、灌木、大小树木，地上的花草，地层下的一切矿产，整个东方和南方的宝石，要没有你不认识的东西。"[①] 拉伯雷还希望儿童学习圣经，重视其道德品性的教育；学习骑马和武术，重视身体素质的提高。他希望受教育者成为一个十全十美的、毫无缺陷的人，这是他对人文主义广博教育的一种憧憬，当然也难以完全实现。

读一读

> 有知识而无良心，简直是毁灭心灵。　　——拉伯雷

2. 学前教育的方法

拉伯雷主张让儿童和当地的学者接触，利用其好胜的心理，激发其学习动机，启发其才智。他还提出，当学习天文的时候，就和儿童一起观察天象；当学习植物学的时候，可和儿童在田野漫步，到野外去采集植物标本，由此提供了一幅直观教学的图景。拉伯雷还把"依愿行事"作为口头禅，认为求知欲是儿童的天性，不想读书时就不必强求。

① [法]拉伯雷著，成钰亭译：《巨人传》，272页，上海，上海译文出版社，1981。

"他们的所有生活都不是依法行事或依规定、规则行事，而是靠自由意愿及高兴行事。在他们认为该起床的时候起床，当他们想吃、喝、工作、睡眠时，他们就进行这些事情，没有人唤醒他们，没有人约束他们吃喝或限制他们做事。"[①] 此外，拉伯雷还认为不能成天读书，否则就会累坏身体。要利用假日去游山玩水，一方面调节身心，另一方面也可在自然中取材。

议一议

"没有经过理解的知识等于灵魂的废物。"你有这样的感悟吗？

拉伯雷的教育理念充分体现了人文主义的精神：注重广泛知识的学习，尊重儿童的人格，注重激发儿童的学习动机，强调采用适合儿童的新方法教学，提倡新兴资产阶级的道德教育，注重体育和美育，这些都对后世学前教育思想的发展产生了深远的影响。

二、蒙田的学前教育思想

（一）生平简介

蒙田（Montaigne，1533 年—1592 年），文艺复兴时期的人文主义者、散文家和教育思想家。他出生于法国西南部海港城市波尔多的一个富商家庭，自小接受人文主义教育，精通拉丁语和法语，以博学著称。主要著作为《散文集》(或译为《随笔集》)，共三卷，总计 107 篇文章。其中，《论学究气》、《论儿童教育》、《我谴责教育上的一切体罚》等文章涉及教育，其儿童教育思想也在这些文章中显现，虽然比较松散，但从后世的夸美纽斯、洛克等人的教育思想来看，蒙田的学前教育思想起了基石的作用。

蒙田

（二）对教育的见解

蒙田所憧憬的教育目标是培养"体、智全面发展"的"绅士"，即教育要兼顾人的心智和身体，它们是完整的人的两个方面。蒙田患有哮喘病，体质较弱，他以自身为例说明"只有心智健全是不够的，还必须增强体力，如果心智得不到体力的支持，就要受到过分的压力"[②]。

① 转引自林玉体著：《 西方教育思想史》，193 页，北京，九州出版社，2006。

② 转引自华东师范大学教育系、浙江大学教育系选编：《西方古代教育论著选》，380 页，北京，人民教育出版社，2001。

在教育过程中，蒙田认为品德的养成比知识的传授更为困难。而在使儿童有文化、有学识的同时，还要顾及实践能力的锻炼，培养善于行动的人。因为儿童的性情多变，天性的征兆无迹可循，所以要将儿童教育成人是一项困难的工作。作为教育者，如果不了解儿童的天性是不可能教育好儿童的，只有顺应儿童天性的自然倾向，给予儿童合理的指导，教他们学习最好的、最有用的东西，才有助于儿童的成长与成才。

读一读

既然教育儿童如此之难，就应该引导他们做最好、最有益的事，不要过分猜测和预料他们的发展。 ——蒙田

（三）学前教育思想的主要观点

1. 学前教育的内容

蒙田非常重视儿童的性格与品德的培养，认为要培养他们谦虚、节俭、服从真理的品质，要培养他们的良心和德行，发展他们的理性，使他们勇于正视自己的错误，善于吸收别人的长处，拥有探索世界的好奇心。

蒙田认为，儿童从小要学会与人交往，可以通过两种途径来达到：一是与历史对话；二是旅行。关于第二点，他的表述尤有特色。他认为旅行本身就是一种教育，且是一种极具珍贵价值的教育。第一，旅行可以使人持续观察新颖又前所未知的事物，使儿童认识许多不同的人、观念、习俗。第二，旅行对学习外语有事半功倍之效。第三，旅行可以充实历史、地理、人文、社会及自然等具体知识，通过认识天象、特产、古迹、地形、自然景观、奇花异草、珍禽奇兽等，旅行者可以获得第一手的资料。第四，旅行可以培养吃苦耐劳、独立自主的性格。第五，旅行本身就是一种动态教育，比较活泼生动，不像在室内那样沉闷、乏味，所以儿童的学习心情及学习气氛就会较好，师生感情也较为亲密。至于将儿童塑造成一个豁达大度的人及培养其以宇宙为家的性格，则是旅行所隐藏的重要价值，因为在大自然界里，没有什么好隐瞒的，只有自卑或自妄的人才会扭曲真相。①

2. 学前教育的方法

蒙田对学前教育提出了不少富有创意的教育方法。首先，他反对娇生惯养，认为应当像罗马诗人贺拉斯所说的那样去养育儿童："让他们在露天，在充满失望的事情中生活"，而不能让他们在父母的膝盖上长大。当看到儿童因学习而流汗或吃苦时，也不要心疼或忧虑，因为只有这样他们才能成长为一个有能力的、老练的或者诚实的人。其次，他反对死记硬背，认为死记硬背并不能得到完整的知识，而只是把别人要求记

① 参见林玉体著：《西方教育思想史》，201 页，北京，九州出版社，2006。

住的东西保留在记忆里罢了。他强调培养儿童的理解力，主张让儿童深入理解所学的知识，直到完全成为己有。再次，他认为练习很重要。他举例说，如果想学跳舞，不能只是站在边上看，那样是学不会的。而要训练儿童的心智，同样必须给儿童运用心智的机会。他认为无论哪种动作或事物，都足以代替书本来训练儿童的心智。他说："一个男孩子有趣的把戏，一个小侍者无赖的诡计，一个仆从愚蠢的行为，在餐桌上、郊游中或开玩笑或当真讲的一番废话，甚至都可以成为运用我们心智的新事物。"① 最后，他鼓励儿童走出书本，到大自然中、到国外去旅行。他认为儿童自幼儿时期就可以出国旅行，以便收到更好的学习效果。

蒙田是文艺复兴后期一位激进的人文主义者，虽然他本人并没有从事过教育实践活动，也没有系统的教育专著出版，但是他通过对自己少年时代教育经历的回忆和分析，以凌厉的巨笔捅戳了当时封建教育的毒瘤，在其《散文集》中写下闪着智慧的教育思想的句子，为后世教育理论的发展奠定了基础，而散落其间的有关学前教育的思想也成为人类思想的瑰宝。

关键概念

原始社会的儿童公育　种姓制度　学园　吕克昂学园　《雄辩术原理》

思考与练习

1. 原始社会的幼儿教育有哪些基本特征？

2. 试比较古代东方各国幼儿教育的异同。

3. 试述柏拉图学前教育思想的主要内容。

4. 简述昆体良学前教育思想的基本原则。

5. 试述拉伯雷和蒙田的学前教育思想。

① 转引自华东师范大学教育系、浙江大学教育系选编：《西方古代教育论著选》，379页，北京，人民教育出版社，2001。

第四章　夸美纽斯的学前教育思想

【本章学习目标】

- 了解夸美纽斯的生平事迹。
- 了解夸美纽斯的学前教育思想基础。
- 掌握夸美纽斯有关学前教育的主要内容和方法。
- 领会夸美纽斯关于学前教育价值的论述。

【教师专业标准】

- 重视生活对幼儿健康成长的重要价值，积极创造条件，让幼儿拥有快乐的幼儿园生活。
- 了解有特殊需要幼儿的身心发展特点及教育策略与方法。
- 了解0～3岁婴幼儿保教和幼小衔接的有关知识与基本方法。

【本章内容引言】

受到文艺复兴时期人文主义思想深刻影响的夸美纽斯，对人类具有的智慧和创造力充满信心，他主张通过教育使人获得和谐发展，希望通过教育改良社会，实现教派和民族的平等。夸美纽斯曾担任捷克兄弟会最后一任主教，之后成为宗教难民，是公共教育的最早拥护者。在1632年出版的《大教学论》中，夸美纽斯系统提出了“泛智教育”思想，主张“把一切知识，教给一切人”。

同年出版的《母育学校》，在人类历史上首次制定了6岁以下儿童详细的教育大纲。世界各国的教育家都对夸美纽斯的历史功绩给予了很高的评价，他被认定为现代教育之父。

第一节 夸美纽斯的生平与事迹

扬·阿姆斯·夸美纽斯（Johann Amos Comenius，1592年—1670年），捷克著名的教育家。他出生于一位虔诚的“捷克兄弟会”会员的磨坊主家庭，自幼受到“捷克兄弟会”的影响和支持。12岁时，他的父母相继去世，两位姐姐也相继夭折，他沦为孤儿。在“兄弟会”的资助下，夸美纽斯接受了中等教育，不过他对当时的学校教育极为反感，指责学校是儿童恐怖的场所和才智的屠宰场。大学期间，夸美纽斯在阿尔斯泰德等进步教授的影响下，系统学习了古代思想家的著作，研究了人文主义者的思想，接触了新兴的自然科学知识，了解了各国的教育发展动向，为他后来从事文化教育活动打下了良好的根基。

《大教学论》

1614年，夸美纽斯担任普雷拉乌拉丁文法学校的校长，着手研究教学改革。此后，他被推选为兄弟会牧师，开始在奥尔米兹担任圣职。两年以后转赴富尔涅克，任牧师兼兄弟会学校的校长。

就在夸美纽斯的教育及研究事业起步之时，欧洲三十年（1618年—1648年）战争爆发，战火席卷了整个欧洲，捷克也难以幸免。捷克军队大败，国家完全丧失了独立地位，捷克陷入历史上的“黑暗时代”。夸美纽斯的教育实践工作被迫中断。1623年，逃亡中的夸美纽斯撰写了《世界迷宫与心的天堂》一书，用文学形式揭露了封建社会的腐败和黑暗，控诉了人间的不平现象，表达了他民主的哲学与社会政治观。

1628年2月，夸美纽斯与“捷克兄弟会”的其他成员离开自己的祖国迁居波兰的黎撒，从此过着终生流亡的生活。在黎撒，他一面在中学执教，一面从事教育理论的研究，先后撰写了《语言学入门》（1631年）、《母育学校》（1632年）、《大教学论》（1632年）、《泛智的先声》（1637年—1639年）等重要著作。其中，《大教学论》的发表奠定了夸美纽斯教育思想体系的基础。

1641年，英国国会邀请夸美纽斯前往伦敦领导“泛智论”的研究工作。时逢英国国内战争爆发，“泛智论”的研究工作无法进行。1650年，夸美纽斯接受匈牙利的邀请，到沙洛斯—波托克担任常年教育顾问，创办泛智学校，并为此拟订了详细计划，这就是后来出版的《泛智学校》。在此期间，他还写了著名的儿童读物《世界图解》，这是一本对儿童进行启蒙教育的百科全书。该书于1658年出版后，被译成多国文字，流行了

200多年。

1654年8月，夸美纽斯从匈牙利回到黎撒，继续进行“泛智论”的研究。1656年4月，黎撒毁于波兰与瑞典之间的战争，“捷克兄弟会”失去了最后的避难所。夸美纽斯被迫移居荷兰的阿姆斯特丹。自1657年起，他的《教育论著全集》陆续出版。夸美纽斯在阿姆斯特丹度过晚年，直至1670年11月15日病逝。

第二节 夸美纽斯学前教育思想的认识论基础

夸美纽斯生活在封建社会与资本主义社会交替的时代，传统的旧思想和文艺复兴运动、宗教改革运动及崇尚科学的唯实主义思潮等新思想对他都有强烈的影响。然而，尽管新变革对封建专制制度、神学世界观和经院主义习气提出了严峻的挑战，但封建制度在欧洲依然占据统治地位，宗教神学的世界观和经院主义习气仍然束缚着人们的头脑。夸美纽斯的世界观正是新旧两种思想矛盾的产物。

一、基督教世界观

夸美纽斯生活的17世纪正是宗教世界观盛行的时代，要理解夸美纽斯的教育思想，必须先熟悉其基督教神学观。夸美纽斯是一位教育家，更是一位神学家。他在幼年时期就受到宗教的深刻影响，成年以后又长期担任“捷克兄弟会”的圣职，基督教的世界观根深蒂固。他认为，“敬畏上帝是智慧的开端与结尾”，把圣经看作儿童“最甜最好的乳汁”。因此，那个时代的神学观特别是夸美纽斯所属教会的神学观，是他的哲学观发生、发展的重要根基。

与中世纪的基督教会要求人们安贫禁欲、盲目信仰上帝不同的是，夸美纽斯主张热爱生命，珍惜今生的幸福，充分利用现世的人生。他指出，人是理性的动物，是万物中最复杂的生物，所有的人都具有神的本性，人必须认识自己、认识万物并使万物为人所用。人的终极目标是与上帝共享永恒的幸福。[①] 夸美纽斯认为，奠定泛智论基础所必需的那些规范应当来自自然和圣经。

二、人文主义思想

作为“捷克兄弟会”的会员和领袖，夸美纽斯一生为捷克民族的独立自由劳苦奔波。他谴责国际社会中以大欺小、弱肉强食的现象，要求各民族和各大小国家一律平等。他对封建社会中的种种不合理现象表示愤慨，哀叹世界上“到处是穷多于富”。在《致天国书》中，夸美纽斯揭露了“富人”的虚伪、残忍和贪婪，对穷人争取幸福生活

① 参见［捷克］夸美纽斯，傅任敢译：《大教学论》，19、22、25页，北京，人民教育出版社，1984。

的愿望深表同情。夸美纽斯教育思想的民主性及他的普及教育思想都和这种民主主义的社会政治思想紧密相连。

受文艺复兴时期人文主义思想的深刻影响，夸美纽斯不相信天主教会散布的原罪说，认为“人是造物中最崇高、最完善、最美好的”。他指出，人要主宰万物，使万物为己所用，就必须让自己的行为变得庄严和正直，以保持天赋的尊严；人人都应该约束自己的行为，平等对待一切人。在夸美纽斯眼中，人不再是基督教神学体系中瘦削羸弱、被动无奈的奴隶，而是生命的主人；人生而具有追求幸福的权利和义务，人不应自暴自弃，而应振奋精神。夸美纽斯认为，只有通过教育才能化解社会的倾轧、纷争、扰乱，达到社会的安适、和平、宁静，建立和谐的社会秩序，使人人有工作、有饭吃，过着幸福、快乐的生活。

三、泛智主义教育思想

17 世纪初，在培根的影响下，欧洲一些人文学者（如夸美纽斯的老师阿尔斯泰德）开始研究“泛智论”，试图集自然、人类和宗教一切知识之大成。一些新兴资产阶级教育家在新的哲学、自然科学的启示下，开始设计改革教育的新方案。德国的拉特克就是其中一员，他在提交德国帝国议会的《改革学校和社会的建议书》中指出：按照新的教学方法，能够更快、更彻底地教会学生拉丁语、希腊语、希伯来语；用本国语教学，向学生传授系统的知识是完全可能的。[①] 受早期“泛智论”学者的影响，从 1634 年起，夸美纽斯也开始探讨“泛智”的教育理论。在他看来，人类可以在研究和普及“泛智”知识中找到改造社会的途径，建立起公平、合理、和谐的社会。在此后的 30 多年中，夸美纽斯致力于“泛智论”的研究，试图以百科全书的形式概括关于上帝、自然和社会的普遍知识。

泛智主义教育思想是夸美纽斯教育理论的核心，是他从事教育实践和研究教育理论的出发点与归宿。所谓“泛智”，是指广泛的、全面的智慧，就是“把一切事物教给一切人类”[②]。它包含两个方面的内容：一是普及教育，一切男女儿童，不论贫富贵贱，人人均应受教育；二是教育内容全面化，人们所受的教育应当是周全的，要“学会一切现世与来生所必需的事项”，即百科全书式的知识，从而“懂得科学，纯于德行，习于虔敬”。对此，夸美纽斯作了明确的说明：“我们希望有一种智慧的学校，而且是全面智慧的学校即泛智学校，也就是泛智工场。在那里，人人都可受教育；在那里，可以学习当前和将来生活所需要的一切学科，并且学得十分完善。”[③] 他把泛智教育称作“周全的教育”。

---

① 参见［捷克］夸美纽斯著，傅任敢译：《大教学论》，译文序、2 页，北京，人民教育出版社，1984。

② 同上书，1 页

③ 同上书，51 页。

第三节 夸美纽斯的学前教育思想体系

夸美纽斯对 0～6 岁的儿童进行了专门的研究，并把儿童教育看做是整个学制系统的最初阶段。他认为，儿童是国家的未来，“整个国家的基础在于童年的正确教育”。儿童有非常强的可塑性，早期教育对儿童来说是非常重要的，细心、正确地组织好儿童的早期教育，是防止儿童沾染不良恶习和预防人类堕落的一个重要手段。同时，儿童及早获得一些必要的粗浅知识，可以为入学以后的教育奠定成功的基础。

一、论儿童教育的可能性和必要性

夸美纽斯坚信人天然地具有接受教育的可能性。“人是自然能够获得一种关于万物的知识的，因为人是上帝的形象。一个形象假如是准确的，就必须重视其原型的轮廓，否则就不能成为一个形象。上帝的主要特性是全知，故全知的形象应当反映在人身上。”① 他进一步认为，人心的能量是无限的，它在知觉方面像个无底的深渊，人的心理不但能够攫取较近的事物，而且能够攫取遥远的事物。夸美纽斯把人的心理比作一颗种子或一粒米，尽管从现有形象实际上看不出什么，但树木或稻谷已经种在那里了。儿童也是这样，不必从外面拿什么东西给他，只要把他暗藏在身内的固有的东西揭露出来，并重视每个个别的因素就够了。

夸美纽斯认为，人除了身内有个理性灵魂以外，还有感官，灵魂得到它们的帮助就可以支配身外的万物。它们是视觉、听觉、嗅觉、味觉与触觉，随便什么东西都不能够逃避它们的注意。宇宙中的事物没有一件不能够被一个具有感觉与理性的人所达到。

夸美纽斯还坚持，尽管人天然地具有接受教育的可能性，但一个和谐发展的人仍然有必要接受良好的教育。他说：“知识、德行与虔信的种子天生在我们身上，但是实际的知识、德行与虔信却没有这样给我们，应该从祈祷、从教育、从行动去取得。人是一个可教的动物，这是一个不坏的定义。实际上，只有受过恰当的教育之后，人才能成为一个人。”②

夸美纽斯指出，人要受到教导，才会坐，才会站，才会走，才会用他的手。他举例说从小被野兽攫去、在野兽群中长大的人，他们的智力都没有超过野兽的水准，他们如果不是重新回到了人类的社会，他们用舌、用手、用脚的能力也不会超过野兽所能。可见，教育确乎人人需要，要使人具有各种不同程度的能力，只有通过教育。“愚

① [捷克]夸美纽斯著，傅任敢译：《大教学论》，28 页，北京，人民教育出版社，1984。

② 同上书，39 页。

蠢的人需要受教导，好使他们摆脱本性中的愚蠢，这是无人怀疑的。其实聪明人更需要受教育，因为一个活泼的心理如果不去从事有用的事情，它便会去从事无用的、古怪的、有害的事情。”①

二、论学前教育的价值

夸美纽斯在批判传统宗教原罪说的基础上，阐述了自己的儿童观。他认为生儿育女是上帝的恩赐，孩子是“上帝的种子”，是清白无罪的。他坚信儿童比金银珠宝都要珍贵，并警告那些欺侮儿童的人，要他们像尊重上帝那样尊重儿童。他还把儿童比作一面镜子，人们可以从中注视谦虚、有理、亲切、和谐及其他基督教的品德。

夸美纽斯之所以非常重视学前教育，与其儿童观是密不可分的。他从教育适应自然的原则出发，把儿童比作种子、嫩芽等，如果要将儿童培养成为有用的人，就必须在他身心成熟之前的最早阶段进行教育。他认为，人类的天性中蕴藏着知识、道德、宗教，应依靠教育的力量去启发、培植，而启发和培植应及时，因而应提倡学前教育。儿童虽然柔弱，但也容易塑造；人的年岁有限，可学问无穷，应尽早利用时间学习；神之所以赋予幼年特别长的时间，就是为了使儿童能接受充分的教育；幼年时所受教育的影响最大最久；人心好动，如不施教，则有损无益。因此，学前时期是接受教育的最佳期，是知识的播种期，如错过机会则难以后补。

夸美纽斯呼吁父母承担起教育孩子的责任。他批评当时社会上有关父母义务的观念，比如有些父母认为让孩子吃饱穿暖、为他们积攒钱财、让他们过上衣食无忧的生活是自己的义务。夸美纽斯指出，人比其他动物更高贵，父母只注重孩子的身体养护和衣着打扮是远远不够的，要以教育去滋补、抚爱和照管孩子的心智，父母应用虔敬、德行和智慧为孩子的成长奠定基础。

三、论学前教育的原则

夸美纽斯认为要使教学获得良好的效果，教师必须掌握一定的原则和方法。教学的原则应当围绕三点：使孩子学得愉快，学得牢固，学得快捷。

（一）教育适应自然原则

夸美纽斯的教育适应自然原则强调两点：一是教育要遵循自然秩序，二是教育要依据儿童天性。

夸美纽斯所理解的“自然”，既指自然界，也包括人类本身。为使教育适应人类本身的“自然”，他对人的自然本性、儿童的年龄、心理特点和个性差异作了许多观察与

---

①［捷克］夸美纽斯著，傅任敢译：《大教学论》，42页，北京，人民教育出版社，1984。

研究。他把“教育适应自然”作为创设新学校的主导原则。他说：“改良学校的基础应当是万物的严谨秩序。”① 他根据日月运行、动物的活动、人体结构、国家组织及马车、大炮、印刷机和时钟的机械原理，证明在宇宙万物中存在着一种普遍的“秩序”，它是保证万物和谐发展的“灵魂”。他要求人们像园丁、画家和建筑师那样“步随自然的后尘”，从自然中寻找教育工作的“秩序”。他说：“教导的严谨秩序应当是以自然为借鉴的主导原则”，“秩序是把一切事物教给一切人的教学艺术。”②

夸美纽斯把儿童的学龄阶段分成四个时期：婴儿期、儿童期、少年期、青年期，每期六年。为了使教育适应不同学龄阶段儿童的智力发展水平，他建议分别为之设立特殊的学校。在每个家庭设立母育学校，由母亲对 1 ～ 6 岁的儿童进行学前教育。

（二）直观性原则

夸美纽斯认为儿童爱好活动，其知识主要来源于感官活动。主要理由是：第一，知识的开端永远是从感官得来的；第二，感官是记忆最可信的仆役。所以，假如这种感官的知觉方法能被普遍采用，它能使知识一经获得就永远保持。

夸美纽斯指出，直观性的教学可以保证教学来得容易，迅速而彻底。他强调，一切事物都应该尽量地放到感觉的跟前。一切看得见的东西都应该放到视觉的跟前，一切听得见的东西都应该放到听觉的跟前，气味应该放到嗅觉器官的跟前，尝得出和触得着的东西应当分别放到味觉器官和触觉器官的跟前。假如一件东西能够同时在几种感官上留下印象，它便应当和几种感官接触。

在儿童具体的教育内容和方法上，夸美纽斯基于其直观性教育原则，主张运用游戏、图片和玩具对儿童进行教育。

（三）主动性原则

夸美纽斯强调儿童主动参与活动的重要性，认为只要是儿童喜欢的东西，并且对他们没有坏处，就应该让他们在游戏中得到满足。他主张让儿童在实践中进行观察、体验，以自己的方式认识周围世界，儿童可以通过各种活动认识大自然、生活的社区等。他认为儿童是好动的，他们的活动只要没有危险就不应该加以限制，在游戏中儿童可以尽情发挥自己的主动性。夸美纽斯觉得这样做有几个好处：其一，儿童通过不断的活动，锻炼了身体，使身体更加健康；其二，越是主动的活动，儿童的活动积极性和探索欲望就会越强烈，就越能够锻炼他们的思维；其三，儿童的游戏活动可以使他们的身心都快乐。

（四）因材施教原则

夸美纽斯强调，每个家庭都有自己的情况，家长的教育观点不同，每个儿童都有

---

① ［捷克］夸美纽斯著，傅任敢译：《大教学论》，75 页，北京，人民教育出版社，1984。

② 同上书，80 页。

自己不同的个性和能力，他们的天赋不同。因此对儿童的教育应该考虑儿童的实际情况，应根据他们的年龄和能力安排其喜欢的活动，让儿童在轻松、愉快的环境中成长，不要给他们过多的压力，否则会适得其反。

读一读

> 合理安排儿童每天的生活，使之总是忙于有益的事情，避免无事生非或虚度时光。
>
> ——夸美纽斯

四、论学前教育的内容与方法

在夸美纽斯看来，一个家庭便是一所母育学校，孩子的母亲便是最主要的教师。他第一次从普及教育和儿童心理发展的连续性、阶段性的角度，提出学前阶段教育的重大任务，母育学校就是其先后衔接的统一学校系统的第一个必不可少的阶段。夸美纽斯也从儿童心理发展的角度来考虑学前教育的任务。他认为，儿童的发展分为婴儿期、儿童期、少年期和青年期四个阶段，每一个阶段都有自己专门的教育任务，同时它们之间又存在着联系。

（一）健康和体育

夸美纽斯提醒父母，他们应注意的最重要的事情是保持其子女健康。子女的健康问题应从胎儿时期就加以注意。他特别强调孕妇的生理与心理状态对于胎儿的影响，如果孕妇不注意控制自己的情绪、情感，经常处于突然的恐惧、过度的愤怒、怨恨及感伤等不良的情绪中，可能会生养一个怯弱的、沮丧的不健康婴儿，严重的甚至可能造成死胎。

婴儿出生后，应该由母亲亲自抚养，特别重要的是要用母亲的奶水喂养，不可将婴儿交给他人代养，否则就是违背自然、违背上帝，对婴儿的身心发展会有不良影响。

夸美纽斯还对婴儿的食品做了探讨，主张婴儿断奶后多食用自然、营养的食品，如面包、奶油、菜羹、肉酱之类的食物，避免酒类或辛辣的东西。同时，要节制儿童的睡眠。夸美纽斯特别强调锻炼和娱乐对儿童身心发展的重要性，认为经常锻炼和娱乐会促进儿童的身心发展，他们的睡眠与消化也会更好。

夸美纽斯还指出，儿童的骨骼尚未成型，身体异常脆弱，因此父母在照顾他们的时候要特别小心，避免儿童受到伤害。当儿童开始走路时，要注意周围的环境，避免各种可能的危险。

（二）德育

夸美纽斯十分重视学前儿童的道德教育，认为儿童生活的头几年是他们形成良好德行的最佳时期。他批评那些对儿童过于溺爱，听之任之，甚至容忍儿童干各种坏事的父母，认为这样的父母实在是愚不可及。因为儿童生下来不是要做一头小牛或一头驴，而是要成为一个有理性的人。有什么样的播种就有什么样的收获，成长时若未受过管教，长大就会缺乏德行。

在道德教育的内容方面，夸美纽斯强调儿童应该学习有关德行的初步知识，包括：节制、整洁、礼节、尊敬长辈、诚实、仁慈、勤勉忍耐、良好的礼仪、不损害他人和爱劳动等。他对每一种德行都进行了详细讨论，并指出节制与俭朴是健康生活的基础。在道德教育的方式上，他主张采用以下几种方法：

（1）示范与练习。由于上帝在儿童的天性中已经播下了模仿的种子，整个家庭都应该为儿童树立良好的榜样，儿童应该在生活中不断练习并养成习惯。

（2）教导与告诫。如果示范未能收到良好的效果，可以采取温和的纪律与积极引导相结合的方法，对儿童在规范上加以劝告或命令。

（3）惩罚。当劝诫无法奏效时，需要对儿童的不良行为加以惩戒，目的是使儿童有所畏惧、有所反省并更加检点。

（三）智育

在夸美纽斯看来，学前教育中最重要的智育任务是训练儿童的外部感官、观察力及有关事物的一般概念，为他们之后在初等学校里的学习做好准备。他指出，“在母育学校里，外部感官应该得到练习和教导，以辨别周围的事物”[①]；“儿童的最初概念是一般的，是含糊不清的。他们看，他们听，他们尝，他们触，可是他们并不懂得他们感觉的确定目的物，所以他们是从一般的概念学起的：有、无、是、否、所以、否则、何处、何时、像、不像之类，这些不是别的，而是玄学的基本概念。”[②]

儿童生活的前6年，是为以后学习打基础的时期。这一时期儿童所接受的课程是简易的实物课程。夸美纽斯把学前教育课程定性为实物课程，是基于他对儿童、儿童的活动及学前教育性质的认识。在具体教育内容上，夸美纽斯认为在人生的前6年里，儿童应该学习：

（1）各类自然事物，如风霜雨雪、花草树木、牛马禽鸟及自己身体各部分的名称。

（2）各类自然科学常识，包括光学知识，如光明与黑暗等；地理知识，如自己生活周边的山川、河流、乡村、牧场等；算数与几何方面的知识，如能数数到60，了解大小、多少及几何图形的不同。

（3）各类社会科学知识，包括一年四季的名称及变化规律，家庭物品及其用途等。

（4）音乐知识，儿童应该学习唱歌，学习分辨一些乐器。

（5）语言，夸美纽斯特别注重儿童语言的发展，强调要发展儿童的语言必须先教

① [捷克]夸美纽斯著，傅任敢译：《大教学论》，220页，北京，人民教育出版社，1984。
② 同上书，224页。

儿童清楚、准确的字母、音节和单词发音，然后说出他们在家中所见的及作业用的一切东西的名称。

（6）绘画写字，从四五岁开始，儿童就可以练习画点、线等。

夸美纽斯对如何进行智育也提出了自己的见解：

（1）教育儿童应该尽早开始，父母可以在日常生活中随时随地将看到的事物告诉儿童，如那是一匹马或一只鸟等。

（2）教育儿童可随机进行，如儿童抬头看到光亮，即获得了关于光的感觉经验。

（3）通过游戏来发展儿童的语言。

（4）尽量利用寓言、动物故事等来教育儿童，这样既丰富了儿童的知识，也有助于儿童道德的培养。

（5）循序渐进，在考虑儿童个别差异的前提下，依据儿童的年龄特征教给儿童不同的知识。

（四）活动与游戏

夸美纽斯认为儿童天性好动，血气旺盛，不能让他们静止不动，所以不应对他们加以限制，而应该让他们常常有事可做，像小蚂蚁一样不停忙碌。他甚至规定了这样一条原则："凡是儿童喜欢玩的东西，只要对儿童没有什么损害，那么就应该让他们去玩而得到满足，而不应该阻止他们，因为儿童不活动比起不得闲，对身心两方面的损害更多。"

夸美纽斯认为游戏这种活动方式最适合儿童。因为游戏的时候，儿童的精神专注于某种事物，而这种事物又经常锻炼他们的能力。用这种手段，儿童就可以受到一种积极生活的锻炼而没有任何困难。他号召父母们积极行动起来，帮助和指导儿童玩游戏，陪着他们玩游戏。

夸美纽斯指出，儿童活动时会模仿成人所做之事，成人不应该干预。他甚至对玩具提出了详细的、切实可行的意见。他认为真的工具常会给儿童带来危险，所以必须找些玩具以代替真的工具，如小的铁刀、木剑、锄头、小车、滑板、建筑物等。夸美纽斯还提议要为儿童的眼、耳及其他感官提供一些小的作业，认为这些作业对增强他们的身心力量是大有裨益的。

五、论进入公共学校的准备

夸美纽斯认为儿童在6岁之前进入小学是不适宜的，一方面，他们太稚嫩，需要父母更多的照顾；另一方面，此年龄的儿童头脑还未"凝固"，只要使其在游戏、生活中自然地、不知不觉地感知事物就可以了。但6岁之后则可以入学。儿童是否适宜进入公共学校学习，可看该儿童是否符合以下标准：（1）该儿童是否真正获得了在母育学校应该学会的东西；（2）他是否对问题有注意、辨别和判断的能力；（3）他是否有进一步学习的要求或愿望。

夸美纽斯指出，父母没有准备就将儿童送到学校是不明智的。更为糟糕的是，一些父母利用儿童对教师和学校的恐惧来惊吓、刺激儿童，其结果是使儿童沮丧，对学校和教师有憎恶的情绪。他认为正确的准备应当是：第一，在儿童快要入学时，父母应当以快乐的心情尽力鼓励儿童，好像收获葡萄的季节快到时那样，要告诉儿童入学获得学问是何等美好的事情。第二，应当努力激发儿童对于未来教师的信心和爱戴。①

议一议

> "书籍是培植智慧的工具。"你认同这种观点吗？

第四节　夸美纽斯的学前教育思想评价

夸美纽斯在历史上第一次把学前教育纳入其理想学制结构中，认为学前教育是整个教育系统的起始阶段；第一次撰写了学前教育的专著《母育学校》，并为实现其幼儿教育理念编写了《语言学入门》和《世界图解》，这些著作和《大教学论》一起系统搭建了完整的学前教育体系，使学前教育工作有据可依。他的《世界图解》和《语言学入门》在当时欧洲已经被广泛使用，成为儿童教育的重要读物。

夸美纽斯的《大教学论》是他整个教育思想大厦的基石，自然也成为其学前教育思想的基础。一位西方学者曾指出："倘若各时代的关于教育学的著作全部丢了，只要留得《大教学论》，后代的人便仍可以把它做个基础，重新建立教育的科学。"②

《母育学校》对后世学前教育思想影响深远。作为世界上第一部系统论述家庭教育形式下学前儿童教育的专门著作，该书对后世幼儿教育家福禄贝尔、蒙台梭利等人都产生了直接或间接的影响。美国学者孟禄认为："夸美纽斯所写的《母育学校》一书是母亲教育、启蒙儿童的指南，但是在这本珍奇、古老的书中，人们找到的不仅是母亲教育儿童的指南，而且也是所有教育和一切担负着培养幼儿这一崇高神圣使命的人们的指南。"③

夸美纽斯还躬身课程，第一次专门为学前儿童编写了教材《世界图解》。德国诗人、作家歌德曾称此书是他童年时代的"唯一一本书"。根据现代心理学家皮亚杰和维果茨基的解释，在自我为中心的、语言占主导地位的直观思维期向逻辑思维期过渡的

① 参见单中惠、杨汉麟主编：《西方教育学名著提要》，112页，南昌，江西人民出版社，2000。
② 转引自单中惠主编：《西方教育思想史》，173页，太原，山西人民出版社，1996。
③ 转引自任钟印选编：《夸美纽斯教育论著选》，5页，北京，人民教育出版社，1990。

过程中，图画书特别有用，它对于活跃形象思维、培养逻辑思维能力都很重要。而广为儿童喜爱的看图识字之类的东西，实始于《世界图解》。

夸美纽斯被称为近代的“教育巨匠”和“教育理论的始祖”，有人称他是教育史上的“哥白尼”，是“教育科学的真正奠基人”。正如美国教育史学家卡伯莱所说的，“在夸美纽斯的著作中，可以发现几乎所有 18 世纪及 19 世纪教育理论的萌芽”。

关键概念

泛智主义教育思想　　教育适应自然原则　　直观性原则　　主动性原则　　德育方法

思考与练习

1. 简述夸美纽斯的教育适应自然原则。
2. 简述夸美纽斯关于儿童 6 岁前学习的主要内容。
3. 试评夸美纽斯的学前教育思想及历史贡献。

第三编

外国近代学前教育思想

第五章　外国近代学前教育思想概述

【本章学习目标】

- 了解近代学前教育发展的社会背景。
- 领会社会发展与近代学前教育思想发展的关系。

【教师专业标准】

- 具有一定的自然科学和人文社会科学知识。
- 掌握不同年龄幼儿的身心发展特点、规律和促进幼儿全面发展的策略与方法。

【本章内容引言】

1640 年至 1688 年的英国资产阶级革命标志着资本主义制度取代封建专制的开始，也标志着世界近代史的开始。之后，欧美和亚洲的一些国家相继进行了资产阶级革命。得益于资产阶级经济实力的增长及文化领域的复兴，欧洲的教育也同样发展迅速，不论是在教育思想方面还是在教育实践方面都进步空前。

近代公共学前教育在这个背景下产生。伴随着人文精神的复兴和发展，西方近代学前教育经历了资产阶级革命、启蒙运动、宗教改革、产业革命，以及在此影响下科学与文化引人注目的发展。至 19 世纪末，福禄贝尔的学前教育思想在世界各地传播。学前教育在西方教育制度中确立了它的基本地位。

第一节 近代学前教育发展的社会背景

文艺复兴运动将欧洲从愚昧、专制的基督教会统治下解放出来，一大批知识分子开始将目光从对基督教神学的敬仰转向对自身价值和潜能的审视，欧洲开始在政治、经济、科技和人文思想等方面高歌猛进，近代欧洲文化呈现出一片繁荣景象。

英国资产阶级革命之后，英、法、德、美等国通过不同的途径建立起资本主义制度。生产力的发展促进了社会各方面的进步，对教育的要求也相应提高，近代公共的、非家庭化的幼儿教育应时而生。伴随着教育学理论的日渐丰富，教育学终于成为一门独立的学科，教育理论家的著作中呈现出对学前教育更丰富的认识。

一、资产阶级革命

15 世纪末16 世纪初，美洲大陆的发现及环球航行的成功等，使英国的对外贸易迅速增长，进一步刺激了英国羊毛出口和毛织业的发展。英国出现了著名的"圈地运动"，资产阶级积累了大量的资本，工商业很快发展起来。随着英国资产阶级势力的逐渐强大，在 17 世纪中后期爆发了"光荣革命"，限制了国王的权力和影响，建立了君主立宪政权，这标志着欧洲资本主义制度开始代替封建专制制度，拉开了世界近代史的序幕。此后的两百多年里，欧美和亚洲的一些国家相继发生了资产阶级革命和改革，如 1789 年的法国大革命、19 世纪中叶的欧洲各国革命、1861 年的南北战争、19 世纪 60 年代的俄国农奴制改革和日本的明治维新运动等。这些革命运动使资本主义势力空前强大，也使得资产阶级政权在上述国家得以确立。

英国资产阶级革命

资产阶级政权取得决定性胜利之后，城市工业进一步发展，城市人口急剧增加，它同时也必然要求新的教育与之相适应，教育思想空前活跃，以致各资本主义国家几乎都在这一时期确立了资本主义教育制度。

二、欧洲的启蒙运动

18 世纪的启蒙运动是继文艺复兴后，欧洲历史上出现的第二次伟大的思想解放运动。早期的启蒙思想家如英国的培根、洛克及德国的莱布尼茨等，开启了启蒙思想的大门。18 世纪，启蒙思想在法国波及最广，持续最久，影响也最为广泛，其代表人物有伏尔泰、孟德斯鸠、狄德罗、卢梭等。

启蒙思想源自人们对欧洲中世纪基督教神学的信仰危机，主要有以下两大特点：

（1）反对宗教蒙昧主义，宣扬理性与科学。启蒙思想家们认为，宗教势力蒙蔽了人类的智慧，使人们长期处于愚昧之中。为改变这种局面，启蒙思想家树起理性和科学的旗帜。他们宣称：人的理性是衡量一切、判断一切的尺度；不合乎人的理性的东西就没有存在的权利，主张传播科学知识以启迪人们的头脑。

（2）反对封建专制制度，宣扬民主与法制。启蒙思想家们认为，封建专制制度扼杀了自由思想，导致社会不平等和文化经济落后。因此，他们宣扬“天赋人权”，主张人民参与政治，法律面前人人平等，要求以法律规范人的行为，以结束使人类陷于不幸的专制统治局面。

启蒙思想所宣扬的自由、平等、民主和法制的思想，对 1775 年的美国独立战争、1789 年的法国大革命，以及 19 世纪欧洲各地爆发的一系列资产阶级革命都产生了直接和深远的影响。它在人类历史上占有重要地位，对教育思想的发展和教育实践起到了启迪作用。

三、欧洲的宗教改革运动

在中世纪的欧洲，基督教会拥有至高无上的地位，控制着人们的思想。14 世纪至 16 世纪，西欧社会从中世纪向近代过渡，社会发生了一系列的变化：首先，在经济上，随着生产力的发展与技术的进步，新兴的资本主义开始萌芽，封建生产方式逐渐瓦解；其次，在政治上，资产阶级与新贵族开始形成，他们反对封建贵族的特权与分裂割据，推行工商业发展，奖励文化创造，有力促进了民族国家的发展；最后，在思想文化领域，出现了反封建、反神权的“文艺复兴”运动。新兴阶层宣扬个人的自由与平等，提倡竞争进取精神与科学求知的理论，极大地推动了人们的思想解放与观念更新，形成了对基督教神权的巨大冲击。在这样的社会背景下，16 世纪西欧的宗教改革都把矛头对准了罗马教会。

宗教改革运动起源于德国。1517 年 10 月 31 日，威登堡大学的神学教授马丁·路德贴出一张布告，这就是著名的《九十五条论纲》，它拉开了宗教改革运动的序幕。在德国宗教改革的影响下，欧洲各国的宗教改革也开展起来。到 16 世纪下半叶，宗教改革运动已遍及欧洲各地。新教摧毁了天主教会的精神独裁，打击了当时欧洲的封建势力，传播了资产阶级的意识形态，有力地促进了欧洲资本主义的发展。如果说文艺复兴运动唤醒了欧洲知识分子阶层的理性和潜能的话，那么16世纪的宗教改革运动则激发了普通民众的改革热情，客观上促进了欧洲各国社会的统一和融合。各国开始普遍重视教育，兴办学校，增加包括自然科学在内的学习科目，促进了西欧各国民族文化和教育事业的发展。

四、欧洲的工业革命

17世纪英国资产阶级革命完成以后，开始了大规模的殖民扩张，一度称霸世界各大洋。到19世纪中叶，英国的殖民地遍及世界各地，被称为“日不落帝国”。近2个世纪的海外扩张，英国从世界各地掠夺了大量财富，为其工业化积累了大量资金。18世纪后半叶，由于蒸汽机的发明等，英国开始了一场改变人类生活形态的工业革命，机器工厂代替了手工工场，英国成为“世界工厂”。这场工业革命对欧洲各国产生了巨大影响，在英国的带动下，欧洲主要国家逐渐进入工业化国家的行列。

英国的工业革命不仅引起了资本主义经济的大发展，也引起了社会政治生活的巨大变革，客观上促进了教育的迅速发展。首先，工业技术的变革迫切要求劳动者掌握相应的文化知识，使劳动者接受必要的教育训练成为资本主义经济发展的必要途径；其次，大工业生产的迅速发展，使得大批成人进入工厂工作，导致大量工人的子女无人照看或教育，从而引发了诸多社会问题。在这样的背景下，迫切需要发展儿童教育，给工人子女必要的教育以维护社会的安定，并为工业发展提供合格的劳动力。

五、科学与文化的发展

文艺复兴之后的资产阶级文化，形成了一种迥异于封建思想和天主教神学的价值体系。它以人性的解放为中心，颂扬和肯定“人”的个性价值，鼓励人类重新认识自己。这种新的世界观和价值观彻底打碎了封建思想和天主教神学的精神枷锁，使人们在自然科学、文学、艺术和哲学等诸多领域有所成就，从而产生了哥白尼的“日心说”、牛顿力学、细胞学、达尔文的进化论、能量守恒理论等一系列科学成就；产生了但丁、莎士比亚等著名的文学家；产生了达·芬奇、拉斐尔和米开朗基罗等美术家、雕塑家；还有康德、费希特、黑格尔等哲学家。

所有这些科学与思想文化方面的新成就都对近代教育的发展产生了重大影响，也使人们越来越重视学前教育的作用。

第二节 近代学前教育思想的发展阶段

17世纪到19世纪，随着启蒙运动和资产阶级革命的发展，各国的学前教育也逐渐发展起来，各主要资本主义国家通过政策或立法形式初步确立了本国的学前教育制度。与此同时，学前教育的理论研究也伴随着这一时期的学前教育实践得到了很大的发展。

众多的教育家和实践家，如洛克、卢梭、裴斯泰洛齐、赫尔巴特、福禄贝尔、斯宾塞、欧文等，为这一时期学前教育的发展做出了重要贡献，而夸美纽斯是连接新旧时代学前教育思想的奠基人。

由于生活的时代、国家不同，世界观和各自的教育实践经验也不一样，因而上述教育家们拥有不同的教育理想，形成了不同的教育观点和理论体系。这些教育家们对学前教育的目的和作用的认识有分歧。卢梭、裴斯泰洛齐和福禄贝尔等人具有资产阶级的民主思想，因而更关心广大民众对学前教育的需求；洛克、赫尔巴特等人则更维护现存的资产阶级政权。从教育家们所秉持的教育哲学来看，这些理论又都体现了他们各自的生活经验、教育经验和社会理想。

一、17世纪学前教育思想的孕育萌芽期

17世纪，欧洲社会的一系列变革对教育思想和教育实践产生了巨大影响。新兴的资产阶级教育家在教育的目的和作用、教育的内容和组织、教育管理和方法等方面进行了初步的实践探索和理论研究，提出了许多新的观点。其中最有代表性的就是洛克的绅士教育思想。

早在文艺复兴后期，捷克教育家夸美纽斯就在总结前人经验和自身教育实践经验的基础上提出了泛智教育思想，他认为应该“把一切事物教给一切人类”，使智慧得到普遍发展。资产阶级革命时期英国的政论家和诗人弥尔顿提出，教学要从儿童的智力水平出发，让古典主义的课程和自然科学的知识结合起来。威廉·佩蒂认为应让下层社会儿童都能进入学校，应该让儿童学习一些能为经济发展服务的、有实用价值的知识。资产阶级经济学家亚当·斯密指出，“在文明的商业社会，普通人民的教育，恐怕比有身份、有财产者的教育，更需要国家的注意”[①]。

17世纪后半叶值得一提的是英国哲学家、政治思想家、教育家洛克，他在批判封建传统教育的基础上提出了资产阶级的现实主义教育理论——绅士教育。绅士教育主张教育应该从现实社会的生活出发，培养身体健康、精神健全的绅士。在教育内容上，学习古典与现代文化中一切对现实生活有用的知识和道德规范；在教育方法上，从儿童的兴趣出发，运用直观教学形式促进儿童的学习；在组织形式上，以新型学园和传

① ［英］亚当·斯密著，郭大力、王亚南译：《国民财富的性质和原因的研究》（下卷），340页，北京，商务印书馆，1972。

统的家庭教育相结合的方式消弭旧学校教育的种种弊端。洛克的学前教育思想我们将在后面专章阐述，他的这种一切从现实社会出发进行教育的主张对 18 世纪和 19 世纪的教育思想产生了积极影响。

二、18 世纪学前教育思想的实践探索期

工商业的发展和资本的原始积累成为英国工业革命的滥觞，英国也成为整个欧洲为数不多的资产阶级民主国家。在工业革命的影响下，资本主义在欧洲各国都有不同程度的发展。在欧洲大陆，法国还处于封建专制统治的前夜，但启蒙思想家们已经开始为法国大革命准备思想武器了。伏尔泰、孟德斯鸠、狄德罗和卢梭等巨匠们纷纷举起反教会、反封建的旗帜，他们不论是在社会政治上还是在教育思想上都提出了新的思想、新的观念。这些新的教育思想为资产阶级学校的发展起了促进作用。

在 18 世纪的教育思想中，影响最大的当属卢梭的自然教育思想。卢梭大胆揭露了传统封建教育的弊端，明确提出教育要服从自然的永恒法则，遵循热爱儿童和尊重儿童天性的原则。在学习方式上，卢梭强调儿童要在活动中学习，让儿童使用大自然赋予他们的自然力量，完全自由地进行活动，并通过活动促进儿童的感官发展，以丰富他们的感觉经验，进而促进理性发展。在教育目的上，卢梭主张培养自然人，同时提出了许多新的教育方法以达成他培养自然人的教育目的。

瑞士的裴斯泰洛齐是这一时期学前教育思想的另一个代表人物。裴斯泰洛齐深受卢梭教育思想的影响，进行了长期的教育实践，他的教育理论正是在其教育实践中产生的。为了促使儿童各种天赋能力的和谐发展，热爱儿童成为其和谐教育的前提。在教育方法上，他提出“教育心理学化”，将儿童教育建立在心理学的基础之上。“教育心理学化”是裴斯泰洛齐教育、教学经验的总结，即教育应该符合儿童心理发展的规律，采用循序渐进的方法，从简单到复杂地教给儿童知识并训练儿童的行为和道德，使儿童一切天赋能力和力量得到发展。“教育心理学化”思想对 19 世纪的一些教育家产生重要影响，其中孕育了德国教育家赫尔巴特对科学的教育学的研究。

三、19 世纪学前教育思想的渐进成熟期

19 世纪是人类社会飞速发展的世纪，资本主义制度在西方基本确立，自然科学、文学、艺术和哲学诸领域均取得了前所未有的成就。人类对于科学与民主的认同超越了以往任何社会，这些都促进了学校教育制度的变革和教育思想的发展。

产生于 19 世纪的空想社会主义认为，教育是实现理想社会的主要工具，其主张教育与生产劳动相结合。空想社会主义教育家欧文于 1816 年创办了世界上第一所幼儿学校——苏格兰新拉纳克幼儿学校（Infant School），这是为 2 ~ 5 岁的儿童创办的公共

学前教育机构。

在德国，赫尔巴特依据裴斯泰洛齐“教育心理学化”的理念，通过自己的教育实践和理论探索，创建了一个完整的教育理论体系。赫尔巴特认为教育的目的是培养学生“完善”的道德，主张从观念心理学出发，把“知”放在首位，让统觉作用形成的观念作为人的心理生活的本源，他力图将教育学建立在心理学和哲学的基础上。在教学方式上，赫尔巴特主张以教师教授、学生听讲为主，围绕教材内容授课。他提出“教学的教育性原则”，把教学看成是教育的基本途径，认为只有通过教学才能使儿童既掌握一定的知识，又形成道德意识。赫尔巴特还特别强调教育过程中的管理，认为儿童管理是教学的基本条件，要发挥教师的权威和慈爱作用，要让儿童有事情做，用“课业”填补儿童的空闲时间，这是最有效的管理方法。除此之外，赫尔巴特还提出要加强学校与家庭、教师各方面之间的密切合作，使儿童不论在幼儿园还是在家庭都得到最好的教育。

德国教育家福禄贝尔是世界上第一位专注于学前教育研究的教育家，他一生致力于幼儿园教育的实践和理论探索，创建了世界上第一所幼儿园（Kindergarten），提出了完整的幼儿园教育思想体系。其学前教育思想的主要观点有：重视儿童的自我活动；重视儿童的兴趣、需要；重视游戏在幼儿教育中的独特价值；等等。福禄贝尔学前教育思想的产生及其在欧美各国的传播，极大地推动了学前教育的发展。19 世纪 50 年代，德国福禄贝尔模式的幼儿园开始在英国发芽、生根。几乎同一时期，在别劳夫人的努力和法国政府的支持下，福禄贝尔幼儿园运动在法国广泛开展起来。19 世纪 70 年代以后，进步主义教育家着手改革福禄贝尔教育的哲学基础，“新福禄贝尔主义”成为美国幼儿教育专业化的开端。而在 19 世纪末，福禄贝尔主义也在亚洲的日本生根并逐步传播至中国。

第斯多惠是受裴斯泰洛齐教育思想影响较大的又一位德国教育家。裴斯泰洛齐关于儿童“天赋能力”和渴望发展的“自动性”成为第斯多惠教育思想中的手段和目的。他进一步认为教育的目的就是协调和发展自然赋予人的各种潜在的能力倾向，把年轻一代培养成身心和谐发展的“全人”，并使其终生追求真、善、美。第斯多惠提出了“全人教育”的思想，主张所有儿童不分社会财富、地位及宗教信仰都能上学；他还在教育史上第一次提出了“发展性教学”的概念，认为教育的最高目的就是发展儿童的思维和语言表达能力，应当尊重人性和个性，激励发展儿童的感官能力，加强他们的器官，使他们自行探索和发现事物。

在英国，以斯宾塞和赫胥黎为代表的教育家认为科学知识最有价值，提倡科学教育，主张制定以科学知识为核心的课程体系。正是在他们的科学教育思想的影响下，欧美国家掀起了科学教育运动，促进了学校课程体系的变革。

关键概念

启蒙思想运动　　**资产阶级革命**　　**工业革命**　　**发展性教学**

思考与练习

1. 简述启蒙思想运动的主要特点。
2. 简述欧洲宗教改革的社会历史背景。
3. 结合 19 世纪学前教育思想的发展和成就，谈谈如何坚持以幼儿为本。

第六章　洛克的学前教育思想

【本章学习目标】

- 了解洛克的哲学思想，体会其对洛克的学前教育思想的影响。
- 掌握洛克提出的德、智、体三方面的教育内容。
- 运用洛克的学前教育思想思考实际教学行为。

【教师专业标准】

- 注重保教结合，培育幼儿良好的意志品质，帮助幼儿形成良好的行为习惯。
- 衣着整洁得体，语言规范健康，举止文明礼貌。

【本章内容引言】

英国资产阶级哲学家、政治思想家、教育家洛克在人类思想史和教育史上占有重要地位，其影响远远超越了他所处的时代和国界。洛克的教育思想比宗教色彩十分浓厚的夸美纽斯的教育思想更具有现实性，是资产阶级教育思想的一个起点。洛克关于儿童德行的培养、身体的养护、智力的发展及绅士教育的理论在学前教育史上有重要的参考价值。

第一节　洛克的生平及哲学观

一、生平简介

洛克

约翰·洛克（John Locke，1632年—1704年），英国经验主义的奠基者和第一个全面阐述宪政民主思想的人，近代英国最著名和最具影响力的哲学家与政治思想家之一。

洛克出生于英格兰萨莫塞特郡一个乡村律师家庭，从小就受到严格的教育。14岁前，他在家由父亲进行教育。1647年，在父亲友人的资助下，洛克被送至伦敦就读西敏中学。毕业后，20岁的洛克便前往牛津大学基督教堂学院学习。在牛津大学读书期间，他热爱学习、刻苦努力，对物理学、化学、气象学、法律、语言学、殖民地管理学、圣经评论、植物学、哲学、医学等都有比较深入的研究。不过，洛克对当时盛行于校园的经院哲学不感兴趣，反而比较喜欢笛卡尔的哲学及自然科学。1656年，洛克获得学士学位，接着在1658年获得硕士学位，后来还在1674年获得了医学学士学位。

1666年，洛克结识了辉格党领袖沙夫茨伯里伯爵，这成为他一生的转折点。沙夫茨伯里伯爵身为辉格党的创立者之一，曾被指派为英国大法官，洛克也随其参加各种政治活动。洛克曾做过沙夫茨伯里伯爵的秘书和家庭医生，并担任其孙子的家庭教师，从此成为这个家族中的常客。1682年，沙夫茨伯里伯爵因卷入一次政治动乱而逃往荷兰，洛克为躲避迫害也于1683年前往荷兰。流亡期间，他又担任了友人克拉克的儿子的家庭教师。这两次担任家庭教师的经历，使洛克积累了丰富的教学经验，他将自己所学的各领域中积极向上的观点应用于教育领域，从而形成了自己独特的教育思想体系。在荷兰期间，洛克隐姓埋名，完成了包括《人类理智论》在内的多部重要著作。

1689年，在结束了6年的流亡生涯后，洛克返回故乡英国，在政府担任要职。他还制定了“贫困儿童劳动学校计划”，主张为贫困儿童谋取利益，使贫困儿童也能接受教育。从1691年开始，洛克一直住在密友玛莎姆女士的家中，健康状况不断恶化，于1704年10月28日病逝。洛克终身未婚，也没有子女。

洛克所生活的年代正是英国资产阶级大革命时期，他深受革命胜利的鼓舞，陆续发表了很多有关政治、哲学、教育方面的著作。其中1693年出版的《教育漫话》曾引起巨大的反响，这本书系统阐述了新兴资产阶级在教育方面的要求，成功地架设起从西欧中世纪的宗教教育向为现实生活服务的世俗教育过渡的桥梁。

二、哲学观

洛克于1690年出版的哲学著作《人类理智论》，标志着经验主义哲学的诞生。他开创的经验主义被后人继承发展，最终成为欧洲的两大哲学主流思想之一。所以洛克的哲学思想除了影响他自己的理论发展以外，还对其他哲学家，甚至其他领域有着重大的影响。洛克的哲学思想主要分为两大部分：一是白板说；二是两种物性说。

（一）白板说

在洛克生活的时代，天赋论十分流行。该理论反对人的知识起源于后天之说，把宗教和道德的基本原则神圣化，坚持唯心主义和信仰主义，是一种阻碍科学发展、维护封建制度及其意识形态的理论。作为和天赋论的对立，洛克提出了著名的白板说，“我们可以假定人心如白纸似的，没有一切标记，没有一切观念”。在洛克看来，心灵本身或儿童心理的原始状态本来并无任何内容，它只是一个空无所有的能力的抽象；后来在它上面逐渐有的东西，只是纯由外力写上去或铭刻上去的。换言之，是后天经验在上面写着知识。而向这张“白纸”提供内容的正是经验（即洛克所谓的观念）。洛克将经验分为两种——感觉和反思。感觉是人的心灵通过感官对外界事物作用的感受，又叫“外部经验”，如我们对于黑、白、热、冷、软、硬、苦、甜和一切我们称之为可感性质者的观念；反思是人的心灵对于自己内心作用的感受，又叫“内部经验”，主要包括知觉、思维、怀疑、信仰、推理、认识、意愿及我们自己心灵的各种活动。

（二）两种物性说

按照洛克的观点，世界是由物质构成的，颜色、声音、气味等不是物质固有的性质，而是人心中的感觉。物质有第一性质和第二性质，第一性质包括形状、体积、运动等，第二性质是该物质引起我们颜色、声音、气味等感觉的能力。洛克认为第一性质就在物体里，第二性质只在知觉者中。物性说继承和发展的正是原子论哲学。

洛克哲学思想的产生有着深厚的自然科学背景。17世纪是近代实验科学产生的时期，人类对自然科学表现出空前的热情，一些国王和贵族甚至建立了自己的实验室，似乎自然的奥妙很快就会被全部揭开。这时候，原子论哲学受到科学界的欢迎并取代了统治已久的宗教神学。虽然很多科学家依然不否定上帝的存在，但与以往不同的是，过去他们相信上帝存在于整个历史长河中并且一直在起作用，现在他们相信上帝最初用原子创造了世界，然后就不再干预，世界依其自身规律变化发展，科学的任务就是发现上帝赋予世界的规律。洛克的哲学思想正是这些科学家哲学思想的集中反映。由于历史的原因及对世界起源认识的局限性，洛克也承认上帝的存在。当时太阳系起源说还没有出现，进化论也未诞生，似乎也只有承认上帝的存在，才能解释世界产生的最初原因。尽管如此，我们还是把洛克的哲学思想称为唯物主义哲学，哲学界通常称之为机械唯物论，因为它把原子或物质的机械运动看做是各种运动和变化的根本原因。

第二节　洛克的学前教育基本思想

洛克在哲学领域和政治领域做出了巨大贡献，被认为是17世纪后期英国最著名的政治理论家和哲学家之一。在教育领域，他的代表作《教育漫话》也堪称教育史上的经典论著。现在看来，洛克的教育思想带有浓厚的资产阶级精英主义倾向，但其中对于教育的认识，特别是他的儿童教育思想，在今天仍有借鉴意义。洛克的学前教育思想可以概括为两个部分：首先，他明确了教育的作用、目的和途径；其次，他从德、智、体三方面重点阐述了绅士教育的内容和方法。

一、学前教育的目的、作用和途径

洛克十分重视教育的作用，他认为良好的教育与训练能培养出生龙活虎的青少年，而不良的教育所培养出的儿童一定是矫揉造作和偷懒的。他论证了教育的目的和作用，并提出实施好的幼儿教育的途径。

（一）学前教育的目的

在《教育漫话》中，洛克明确表示，教育的目的在于培养绅士，具体表现在五个方面：一是要培养虔诚的、思想品德优秀的宗教徒。洛克认为儿童应该从小信仰宗教，并且信奉上帝的真实存在。二是要培养有智慧、做事有目的与有预见性的人。让儿童拥有正确的智慧，让智慧引领儿童向上发展。三是让儿童拥有良好的礼仪。洛克要求从小就培养儿童具有上流社会人群的基本礼仪。四是要培养有学问的人。洛克主张所培养的绅士应该上知天文、下知地理，通晓现代文明和社会常识。五是绅士要有健康的体魄。洛克早年曾在牛津大学研读医学，做过高级私人医生，而且本人身体羸弱，所以他对健康特别重视。他修订了儿童在健康教育中应该注意的事项，对儿童的健康成长提出了许多有益的见解 。

读一读

> 有些人，尤其是儿童，常常在陌生人或他们的长辈面前显出一种村俗的羞怯态度，他们的思想、言辞、容貌全都显得狼狈不堪，自己在紊乱中也失去了主宰，什么事情都做不成，至少做起来显得不自然、不优雅，不能因此受到人家的欢迎。医治这种毛病的唯一办法是使他们通过练习养成一种相反的习惯。
>
> ——洛克

（二）学前教育的作用

洛克从“白板说”出发，充分肯定了教育在人的成长过程中的作用。他尤其重视儿童时期的教育，认为儿童像一张白纸，怎么画、怎么做都会对儿童的一生产生至关重要的影响。他认为是教育使得儿童在长大以后千差万别，人们的信仰、道德品质、做事能力的大小、看待事物的角度和生活的态度等，都和教育息息相关。他认为教育上的失误就像配错药一样，后果是不可想象和弥补的。

（三）学前教育的途径

洛克认为绅士的培养不能通过学校教育，只能通过良好的家庭教育来进行。当时英国上层子弟所就读的文法学校不注意胆识的训练，不注重道德、礼仪和谦逊品质的培养，所学的内容很不实用。而且文法学校中的众多学生良莠不齐，其家庭习惯和父母的人品也非常复杂，儿童在这样的环境里不但不能养成良好的思想品质，而且会变得粗鲁、乖戾。加之文法学校学生人数众多，教师难以进行细致考察，不利于对学生因材施教。所以洛克极力主张，凡是有经济能力、请得起家庭教师的家庭，应不惜重金聘请具有良好的品格、丰富的社会经验和良好的文化素养的人作为家庭教师。

二、学前教育的内容和方法

洛克认为绅士应从小就开始培养，因此他的绅士教育方法大多涉及学前儿童的教育。在《教育漫话》中，洛克从体育、德育、智育三方面阐述了绅士教育的内容和方法。

（一）体育

洛克认为有健康的身体才有健全的精神，他把一个绅士能否“忍耐劳苦”同身体强健与否直接联系起来。拥有健康的身体，才能拥有幸福的生活，才能拥有事业的成功。为此，他提出一套保持健康的建议。他认为儿童的衣服不能过暖或过紧，儿童从小就应多进行户外活动，多呼吸新鲜空气，多运动，多睡眠，少吃药。他指出，儿童的饮食要清淡，最好的食物是牛奶、粥、面包、蔬菜和水果。儿童的床要坚硬，以锻炼身体。他说：“我们的身体只要从小养成习惯，它是什么都受得了的。”[①]

洛克在医学方面有很高的造诣，又有丰富的家庭教育经验，比较熟悉儿童的生理和心理特点，即便在《教育漫话》中所表述的一些体育思想有失当之处，但总的来说仍有可借鉴之处。值得注意的是，在《教育漫话》中洛克并未提出有关学校体育的具体内容，因为他本身主张的儿童教育是要在家庭中进行的。

---

① [英]洛克著，傅任敢译：《教育漫话》，25页，北京，人民教育出版社，1985。

读一读

> 健康是我们的事业和我们的福利所必需的，没有健康，就不可能有什么福利、有什么幸福。
> ——洛克

（二）德育

洛克认为，德育是绅士教育的核心，他提出了“人有远虑就是有德”[①]的著名论题。他认为：“一切德行与价值的重要原则及基础在于：一个人要能克制自己的欲望，要能不顾自己的倾向而纯粹顺从理性所认为最好的指导，虽则欲望是指向另外一个方面。”[②]在洛克看来，天赋的道德观念并不存在，只要能给人带来愉悦的感受和幸福的行为即为善，反之则为恶。但人类通常只会享受当前的快乐，而忘记长远的幸福，这是人类的通病。这往往会导致放纵自我、流于贪婪、人欲横行、不思进取，而这是绅士的品格所不容的。

因此，必须及早培养儿童的理性精神和自我克制能力。为了实现使欲望服从理智的教育理想，就必须在儿童身上培植“不把别人的东西据为己有”、“不违反公道”、“乐于赠与别人”、“不曲解事实”、“说话绝对要真实”等美德。在儿童心智混沌初开之时就要着手这些工作，将理智和自我克制精神牢牢“打进他们的心里”。“一个绅士的第二种美德是良好的礼仪。”因此，通晓世故、进退得当、举止文雅、气质温和等，是一个有教养的绅士必不可少的品质。洛克指出，那些违反礼仪要求，言行粗野，对别人无端蔑视、揶揄、非难甚至故意刁难的人，都是没有礼貌的。“有礼貌的人较之有用处的人更能受到别人的欢迎。”所以，洛克把礼仪看得比学问和知识重要得多。他甚至认为，对于未来的绅士来说，首要的品德就是礼仪，这是决定一个人有无价值的关键所在。基于此，洛克提出了德育上的具体方法：

1. 及早实践

洛克说：“我觉得一切德行与美善的原则当然在于克制理智所不容许的欲望的能力。这种能力的获得和增进靠习惯，而使这种能力容易地、熟练地发挥，则靠及早实践。”洛克认为，要培养儿童良好的行为习惯，仅靠死记硬背的办法往往收效甚微，因此，“应该利用一切机会，甚至在可能的时候创造机会，给他们一种不可缺少的练习，使它们（指规则等）在他们身上固定起来。”

2. 及早管教

洛克认为，对儿童不能采取放纵不管的态度，溺爱只会使儿童骄横纵欲、为所欲为，缺乏自我克制能力。儿童心智未开，缺乏判断是非的能力，且可塑性很大，因此，

---

① 转引自周采编著：《外国教育史》，219页，上海，华东师范大学出版社，2008。

② ［英］洛克著，傅任敢译：《教育漫话》，43页，北京，人民教育出版社，1985。

在儿童幼小时要及早加以管教，这不仅是可能的，而且是必需的。

3. 榜样示范

在教育儿童的方法中，洛克认为“最简明、最容易而又最有效的办法是把他们应该做或应该避免的事情的榜样放在他们的眼前”，“没有什么事情能像榜样这么温和而又深刻地打进人们的心里”。所以，父母和教师必须重视榜样的重大教育作用。作为儿童的直接教育者，父母和教师必须以身作则、言传身教，给儿童树立良好的榜样。

4. 以理说服

良好的道德教育是为了培养有独立人格的绅士而不是奴隶，因此，绝不可以用权威去强行制服儿童。人是有理性的动物，“说理是对待儿童的真正办法”。洛克认为，在通常情况下，温和的据理劝说往往比运用权威的效果要好得多。

5. 奖惩得宜

奖励和惩罚是教育儿童的又一种方法。这种方法能否取得好的效果，关键在于奖惩能否各得其宜。奖励是必要的，但应重在精神奖励而非物质刺激。尊重、称誉、赞扬是一种很好的奖励，多物质奖励会使儿童养成追逐物欲、奢侈、贪婪等心理品质，因而是错误的。在众多类型的奖励中，荣誉感是一种最有力量的奖励方式。

议一议

美德是精神上的一种宝藏，但是使它们生出光彩的则是良好的礼仪。你有类似的感触吗？

（三）智育

洛克的智育包括学问、知识及技能等方面。在洛克看来，绅士必须具有多方面的知识和学问，因而，智育之于儿童是很重要的。但是他认为，学问同德行相比居次要地位，德育必在智育之上，“学问是应该有的，但是它应该居于第二位，只能作为辅助更重要的品质之用”。这种“辅助”作用表现为学问和知识有助于发展理性，提升儿童处理事务的能力，使儿童的聪明、智慧和才干都得到发展。所以，洛克坚决主张智育的目的不仅仅在于传授知识，更重要的是借以发展儿童各方面的能力。智育必须同实用性相结合，教师的工作“不是把世上可以知道的东西全都教给学生，而是使学生爱好知识、尊重知识，使学生采用正当的方法去求知、去改进他自己”。

在智育的教学方法上，洛克提出了四点主张：

（1）教学必须注意启发儿童的求知欲望。教师不但应向儿童讲明学习的重要意义，而且应在教学中注意儿童的年龄特点，用各种恰当的方法使儿童对学习产生兴趣，产生轻快感和愉快感。另外，教材也应尽可能地具有趣味性和可读性，将学习寓于兴趣之中。

（2）要注意培养儿童的好奇心。儿童没有自制力，有了好奇心才会对知识表现出兴趣，且会主动去寻求真理。因此，对于儿童的好奇心，教师应予以引导和鼓励；要培养儿童的好奇心，使之沿着正确的方向发展。

（3）要注意培养和保持儿童的注意力。“教师的巨大技巧在于集中儿童的注意力，并且保持他的注意力；一旦办到了这一点，他就可以在儿童力所能及的范围之内，尽速前进了。”为了达到集中和保持儿童注意力的目的，要尽可能选一些有趣的故事，或用讲故事的形式进行教学。

（4）教学要由易到难，从简及繁，循序渐进。教学要从简易明白之处着手，一次教的分量不宜过多，对于年龄很小的儿童尤应如此。要等儿童完全掌握了所教的材料后，才可以再教新的内容，“应该从心理上已具有的知识入手，进而探求那些与它相邻、相关的知识，这样推演下去，使它从事物最简单、最单纯的可分部分去达到它的目的”。这样，儿童的“性情就可以开发，思想就可以进展”。

三、学前教育思想的影响及评价

从西方教育的发展史来看，18世纪法国唯物主义教育思想、自然主义教育思想及德国理性主义教育思想的重要源泉之一就是以洛克为主要代表的绅士教育思想。自然主义教育思想的倡导者如卢梭，虽然不同意洛克的某些观点，但在教育观上明显接受了洛克的很多东西。[①]德国哲学家、教育家康德的理性主义教育思想也间接继承了洛克的思想。美国教育史学家佛罗斯特在评价洛克时指出：“虽然洛克生活在17世纪，但是却对18世纪的欧洲和美国造成了无可匹敌的影响。他的著作讨论了社会政治与教育问题，其中所表达的思想被18世纪的许多伟大人物奉若神明。”[②]洛克反对封建制度下的旧教育，他从资产阶级新政权的需要出发，提出了系统的关于绅士教育的新理论，在学前教育史上是极有价值的。

由于受到所处时代的局限，洛克的教育理论还有很多的漏洞，比如他认为“绅士教育”理论是万能的，却没有意识到教育也受上层建筑和经济发展的制约。他也没有认识到遗传与环境对教育的影响。洛克十分看重家庭教育对儿童德育的影响，轻视学校教育，这反映了当时的资产阶级新贵族对学校教育存在偏见。但不论如何，洛克关于儿童教育的许多精辟见解至今仍有重要的参考价值。

---

① 参见单中惠主编：《西方教育思想史》，137页，太原，山西人民出版社，1996。

② 转引自单中惠主编：《外国教育思想史》，84页，北京，高等教育出版社，2000。

关键概念

经验主义　　白板说　　绅士教育

思考与练习

1. 试从德、智、体三个方面论述洛克的学前教育思想。
2. 结合洛克的观点并联系实际，谈谈为何要使儿童尽早养成良好的习惯。

第七章　卢梭的学前教育思想

【本章学习目标】

- 理解卢梭的启蒙思想和教育主张的关系。
- 掌握自然教育的年龄分段及各年龄段的教育原则、方法和内容。

【教师专业标准】

- 遵循幼儿身心发展特点和保教活动规律，提供适合的教育，保障幼儿快乐健康成长。
- 重视丰富幼儿多方面的直接经验，将探索、交往等实践活动作为幼儿最重要的学习方式。

【本章内容引言】

你知道吗？德国伟大的哲学家康德一生生活极其有规律，以致当地的居民在他每天下午 3 点半散步经过时来对表，唯一的一次例外是因为读卢梭的《爱弥儿》入迷，错过了散步的时间。这令康德着迷的究竟是怎样的一本书呢？这本书以小说的形式讲述了卢梭对于教育的主张，他的这些观点对以后世界各国教育家的思想都产生了深远影响。

第一节 卢梭的生平与事迹

让—雅克·卢梭（Jean-Jacques Rousseau，1712年—1778年），法国伟大的启蒙思想家、哲学家、教育家、文学家，18世纪法国大革命的思想先驱，启蒙运动最卓越的代表人物之一。

卢梭雕像

卢梭生于日内瓦一个钟表匠家庭，祖上是从法国流亡到瑞士的新教徒。他的母亲在生下他的第十天去世。他十岁那年，作为钟表匠的父亲因与权贵势力发生争执而被迫离乡。1724年，卢梭开始学习律师书记业务，后又转学雕刻手艺。由于匠师的虐待，16岁的卢梭弃业出走，离开自己的故乡。从此，他过着孤苦的生活，在法国开始了长期的颠沛流离。这期间，卢梭对贫苦人民有了深入的了解。同时，他又阅读了欧洲各国思想家的著作，从中汲取了思想养料。

《爱弥儿》

1740年，做了一年家庭教师的卢梭开始对教育萌生了强烈兴趣。1742年卢梭搬到巴黎，与德尼·狄德罗等启蒙思想家认识之后逐步建立自己的世界观。在巴黎期间，他参与了《百科全书》的撰写。1750年，卢梭在法国狄昂学会的以“论科学与艺术的复兴是否有助于敦风化俗”为题的征文中获头等奖。他认为科学和艺术的进步并不能提高社会的道德，反而加剧罪恶，主张用“自然”代替“文明”。为使自己的行为和提倡的原则相一致，他决定独立生活，坚决舍弃了代理人的职位，靠抄写乐谱为生。之后，他相继发表了《论人类不平等的起源和基础》（1755年）、《新爱洛伊丝》（1761年）等专著。

1762年，卢梭出版了对后世极具影响力的教育小说《爱弥儿》，阐述了他理想中的教育。此书的出版，轰动了整个法国和西欧的一些资产阶级国家，影响巨大。这部书不仅是卢梭论述资产阶级教育的专著，而且是他阐发资产阶级社会政治观的名著。卢梭的教育观念——自然教育思想，深深地影响了世界教育理论，被誉为新教育和旧教育的分水岭。卢梭尤为强调通过个人经验来学习，主张降低书面知识的重要性，建议儿童的情感教育先于理性教育。但是《爱弥儿》触犯了当时统治阶级的主流思想，卢梭受到迫害和打压。

1770年，卢梭终于回到巴黎。晚年的卢梭思想更加成熟，他在1770年完成的自传《忏悔录》是最早也是最有影响的自我暴露作品之一，对后世影响深远。后来，卢梭接受德·齐拉尔丹伯爵让他在埃尔默农维尔休养的建议，此时他的身体已非常虚弱，他在那里隐居了六个星期后逝世。

卢梭一生阅读了大量书籍，研究过洛克、笛卡尔、莱布尼茨等。他是18世纪法国哲学中承继洛克学派的代表人物之一，因此其教育思想、政治思想等都受到洛克思想的影响。

第二节 卢梭的学前教育思想体系

卢梭接受了洛克等人关于“自然状态”和“社会契约”的主张，认为在国家出现之前的“自然状态”下，人人都是自由和平等的。卢梭和狄德罗等法国启蒙思想家控诉宗教蒙昧主义的统治、神学思想的束缚及封建专制统治，号召打破传统的宗教观念，使人们的头脑从宗教神学的束缚下解放出来，并以理性作为衡量一切和判断一切的尺度，主张建立一个自由、平等和博爱的“理想王国”。

卢梭的学前教育思想包含在他的自然教育理论中，自然教育的对象主要是年幼的儿童。作为18世纪欧洲启蒙运动的先锋，卢梭对教育改革倾注了极大的热情。在西方教育史上，他明确、深入地阐述了教育应从人的自然本性出发，使人得到充分发展的思想。

一、论自然教育的目的

卢梭认为，自然教育的目的就是要培养自然人，即天性得到自由发展的人。卢梭最早是在《论人类不平等的起源和基础》中论述“人的自然状态”的，这种“自然人”是身心发达、体脑两健、不受传统束缚、天性发展的新人。他完全为自己而生活，不依从于任何固定的社会地位和社会职业，能适应各种客观发展变化的需要。“爱弥儿”就是这种“自然人”的典型：“他——体态匀称，身心两健，肌肉结实，手脚灵巧；他富于感情，富于理智，心地善良；他有很好的品德，有很好的审美能力，既爱美又乐于为善；他摆脱了种种欲念的支配和偏见的束缚，他一切都服从于理智的法则，他一切都倾听友谊的声音；他具有许多有用的本领，而且通晓几种艺术；他把金钱不看在眼里，他谋生的手段就是他的一双胳臂。不管他到什么地方去，都不愁没有面包。”①可见，这种“自然人”无论是在外形、心灵和心理方面，还是在理智、本领和谋生手段方面都是出类拔萃的。

从自然教育的目的来看，自然教育不是培养“野蛮人”，而是要培养自由的人；不是培养“公民”，而是要培养“自然人”，培养那种自由的、独立的、不依附于别人的人。在卢梭看来，“自然人”并不是一个孤独的人，而是社会的一个成员，并能够尽到社会成员的职责。在理性王国中，每个人都能很好地发展自己的天性，又能把自己看做是社会的一分子，这样的人既是自然人又是社会公民，两者也就统一起来了。卢梭

① [法]卢梭著，李平沤译：《爱弥儿》(下卷)，634页，北京，商务印书馆，1983。

认为“旧教育”的目的是依据“人性本恶”的观点提出的，它不顾儿童的心智发展，采用错误的教育方法，其结果只能培养出身体羸弱、失去天性、充满偏见和奴性的王孙公子与达官显贵。在卢梭的笔下，他们被描述成“傲慢的傻子”、“恶棍”、“暴君”等。而自然教育是依据“人性本善”的认识，遵循人的本性法则进行的教育。从与人的职业关系来看，自然教育培养的人不是依附于任何固定的社会地位和职业的人，而是能够适应所有环境的人。总之，卢梭所主张的自然教育是以儿童的自然倾向为基础，受儿童自身发展的法则所支配，能够适应一切环境、适应一切生活的自由人的教育。①

二、论自然教育的原理

卢梭认为，自然教育是所有教育中最重要的教育。为了阐明这一观点，他指出，人的本性是善良的。针对传统教育残害人性和违反自然的弊病，卢梭提出了教育要“顺应自然”的主张。他强调：“如果你想永远按照正确的道路前进，你就要始终遵循大自然的指引。”② 因此，对儿童的教育必须遵循儿童的自然发展顺序，符合儿童的天性，否则就不是一种良好的教育。卢梭在《爱弥儿》的开篇就指出：“出自造物主之手的东西，都是好的，而一到了人的手里，就全变坏了。”③ 在他看来，人生而具有自由、理性和良心，人的自然本性就是自由。在自然状态下，所有人的行动都是自由的。性善是人人相同的，并不因人的贵贱而异。他又认为，在人类社会进入文明状态之后，文明人违背了自然法则，滥用自己的自由，从而产生了人与人之间的不平等现象。因此，人必须遵循自然法则，正确地运用自己的自由。基于性善论的前提，卢梭认为要使人的自然本性得以发展，必须进行自然的教育。人生来是软弱的，需要力量，需要帮助，人的一切需要是通过教育得来的。他进一步认为，由于人的本性是善良的，如果让其自然发展，则必定趋于善。因此，教育应该放任人的本性自然发展。

读一读

> 做老师的只要有一次向学生撒谎撒露了底，就可能使他的全部教育成果从此为之毁灭。
>
> ——卢梭

除了本性善良之外，人还有另一个重要特点——理性。由于人类具有上帝赋予的理性，因此能够在感觉的基础上，通过理性活动形成复杂的观念和知识，并用来指导自己的行动。卢梭认为，通过“顺应自然”的教育，人的理性也得到了发展。我们在

① 参见单中惠、杨汉麟主编：《西方教育学名著提要》，131 页，南昌，江西人民出版社，2000。

② [法]卢梭著，李平沤译：《爱弥儿》(下卷)，58 页，北京，商务印书馆，1983。

③ 同上书，5 页。

出生的时候所没有的东西，我们在长大的时候所需要的东西，全都要由教育赐予我们。

卢梭明确指出，人的教育来源于三个方面，即“自然的教育”、“人的教育”和“事物的教育”。他说：“这种教育，我们或是受之于自然，或是受之于人，或是受之于事物。我们的才能和器官的内在发展，是自然的教育；别人教我们如何利用这种发展，是人的教育；我们对影响我们的事物获得良好的经验，是事物的教育。”① 在卢梭看来，这三方面的教育是相互联系的，因为我们每一个人都是由上述三方面教育培养起来的。如果在一个人身上这三种不同的教育互相冲突的话，他所受的教育就不好；如果这三种不同的教育是一致的，都趋于同一目的，他就能受到良好的教育，达到他自己的目标，而且生活得很有意义。然而，在这三方面教育中，自然的教育完全不能由我们决定，事物的教育只是在某些方面能够由我们决定，只有人的教育才是我们能够真正加以控制的。因此，必须以自然的教育为中心，使事物的教育和人的教育跟从于自然的教育，只有这三方面的教育完美地配合并趋于自然的目标，才能使儿童享受到良好的教育。

卢梭强调：“大自然希望儿童在成人以前就要像儿童的样子……儿童是有他特有的看法、想法和感情的；如果想用我们的看法、想法和感情去代替他们的看法、想法和感情，那简直是最愚蠢的事情。”② 由此他提出，真正的教育应当是顺应儿童天性的教育，既然人的天性发展是有秩序的，教育就必须适应不同时期儿童的天性发展。教育必须顺应自然，跟着它给你指引的道路前进。如果我们打乱了自然的次序，破坏了自然的法则，结果就是毁了儿童。

《爱弥儿》插图

教育在遵循儿童自然发展的同时，还要注意适应儿童的个性差异。卢梭指出，每个人的心灵都有它自己的形式，必须通过它这种形式而不能通过其他的形式去教育，才能使你对儿童花费的苦心取得成效。在卢梭看来，只有在很好地了解每个儿童之后，才能对他的天性发展给予正确的指导，使他合乎自然地成长和发展。当然，要适应儿童的个性差异，也包括适应男女两性的差异。

总之，卢梭的自然教育反对成人按照自己的意志强迫儿童接受教育，干涉和限制儿童的自由发展；强调对儿童进行教育必须遵循自然的要求，顺应儿童的自然本性和个性差异，让儿童在教育中主动、自由地发展，使儿童真正成为教育的主人。

①［法］卢梭著，李平沤译：《爱弥儿》（上卷），7页，北京，商务印书馆，1983。

②同上书，91页。

想一想

卢梭的“自然教育”中“自然”的含义是什么？

三、论自然教育的年龄分期及各年龄段的教育

卢梭指出：“每一个年龄，人生的每一个阶段，都有它适当的完善的程度，都有它特有的成熟时期。”[①] 他要求教育者按照儿童的年龄去对待儿童。他指出，自然教育就是“根据一个人在不同年龄时的能力，根据我们按他的能力所选择的学习内容进行的教育”[②]。根据儿童年龄发展的自然进程，卢梭把儿童教育划分为四个阶段，并提出了对不同年龄阶段儿童实施相应教育的原则、方法和内容。这四个阶段分别是：0 ~ 2 岁婴儿期的教育，以身体的养护为主；2 ~ 12 岁儿童期的教育，以体育锻炼和感官训练为主；12 ~ 15 岁青年期的教育，以知识教育和劳动教育为主；15 ~ 20 岁青春期的教育，以道德教育和宗教教育为主。本章只阐述前两个时期的教育。

（一）0 ~ 2 岁婴儿期的教育

卢梭认为在这一时期的教育主要是让儿童的四肢和各个器官得到自然发展，保证儿童的身体健康。其任务在于通过身体的养护和锻炼，促进儿童身体的健康发展，增强儿童的体质。卢梭指出，强健的身体是一切事业的基础，是个人幸福的源泉。因此，一个人出生后就应该顺应自然，通过合理的饮食、衣着、睡眠和游戏，接受正确的体育。

卢梭指出，在婴儿出生以后应该为其提供适宜其发育的健康的环境，这种环境就是自然的乡村环境。他说：“必须使人类得到更新，而能够更新人类的，往往是乡村。因此，把你们的孩子送到乡村去，可以说，他们在那里自然地就能够使自己得到更新的，并且可以恢复他们在人口过多的地方的污浊空气中失去的精力。”[③]

卢梭认为儿童的食品应该是简单、清淡的，应该注重儿童对于食物的自然选择能力，保持儿童的自然口味，养成儿童能吃任何食物的适应能力。卢梭说：“在自然状态下，我毫不怀疑的是，只要他按照他原始的食欲觉得最可口的食物，就一定是最有益于健康的食物。”“愈是自然的口味，就愈为简单。”

在着装方面，卢梭指出为了适应儿童身体的自然发育，一定要使儿童穿宽松的服装，让他们的身体和四肢绝对自由，切忌用襁褓捆缚婴儿的四肢，他认为这样做有碍

---

① [法]卢梭著，李平沤译：《爱弥儿》（上卷），202 页，北京，商务印书馆，1983。

② 同上书，257 页。

③ 同上书，43 页。

于婴儿身体的舒展，阻滞了血液循环，对婴儿的发育是不利的。卢梭还主张儿童不要穿太多，不要给他们裹头、戴帽，应该让他们习惯于暴露在寒冷的空气中，以养成适应天气变化的能力和抵抗能力。此外，卢梭还反对给儿童穿华丽的衣服，认为华丽的衣服会使儿童受到束缚、受到压抑，使儿童失去自由和快乐。

在睡眠方面，卢梭认为儿童的睡眠时间一定要充足，因为儿童好动，活动量很大，身体消耗自然也很大，充足的睡眠可以补偿好动的消耗。卢梭认可洛克有关儿童睡眠必须养成规律的说法，主张儿童睡眠应按照自然规律养成习惯。

在身体锻炼方面，卢梭借鉴了洛克的观点，主张应该使儿童在锻炼中养成抵抗疾病的能力，反对娇生惯养。他强调："经验告诉我们，娇生惯养的孩子比其他的孩子死得还多一些。只要我们不使他们做超过其能力的事情，则使用他们的体力同爱惜他们的体力相比，其危害还是要小一些。因此……锻炼他们的体格，使他们能够忍受酷烈的季节、气候和风雨，能够忍受饥渴和疲劳。"①

（二）2～12岁儿童期的教育

这一时期是"理性睡眠时期"，主要进行感觉教育。按照卢梭的看法，这个阶段的儿童在认识上只能接受形象而不能形成概念。因此，该阶段是不适合向儿童灌输知识和道德的，必须先锻炼儿童的各种感觉器官，使他们积累丰富的感觉经验，为在下一个阶段形成儿童的理智、发展他们的判断力打下基础。

卢梭认为，儿童总是先有感觉而后有观念的，有感性的理解做基础，理智才得以形成。他强调："由于所有一切都是通过人的感官而进入人的头脑的，所以人最初的理解是一种感性的理解，正是有了这种感性的理解做基础，理智的理解才得以形成，所以说，我们最初的哲学老师是我们的脚、我们的手和我们的眼睛。"②在他看来，真正的老师是经验和感觉，感官是获得知识的第一个工具。

卢梭重视发展儿童的感觉，在教育史上首次详细论述了如何训练儿童感官的问题，提出了许多有益的主张。卢梭将感觉分为五个方面：触觉、视觉、听觉、味觉和嗅觉。他认为应该首先发展触觉，因为触觉不但能提供事物的形象和表面，而且比其他感觉更为可靠。通过触觉，儿童可以获得事物的形状、硬度、温度等准确信息。训练触觉的方法一是使用触觉代替视觉，二是使用触觉代替听觉。其次是发展视觉，可通过几何形体和图画来训练儿童的视觉，培养他们的观察能力。但儿童的视觉容易发生错误，卢梭主张用触觉来辅助视觉的发展，用触觉来鉴定视觉所获得的印象。最后是发展听觉，通过唱歌和听有节奏的声音来发展儿童的听觉。但听觉的发展应该注意与语言的发展联系起来。为了丰富和发展儿童的各种感官，卢梭主张在日常的生活和游戏中，要尽可能地利用儿童的各种感官。

---

① [法]卢梭著，李平沤译：《爱弥儿》(上卷)，23～24页，北京，商务印书馆，1983。

② 同上书，149页。

由于此阶段儿童的理智还处在睡眠状态，因此，对这一时期的儿童不能直接进行智育，不要强迫他们去读书。卢梭说："读书是孩子们在儿童时期遇到的灾难，而你却单单要他们在读书中消磨他们的时间。"① 在卢梭看来，当儿童根本不喜欢读书的时候，读书对他是没有用处的。因此，宁可让儿童一个字也不识，也不要使他为了学到这些学问而把其他有用的东西都牺牲了。

卢梭指出，这一时期是人生最危险的时期，要特别防范儿童的不良行为，要采取摧毁儿童各种错误和恶习的手段，如果让这些错误和恶习发芽滋长并扎下根，那就永远也拔不掉它们了。由于儿童在 12 岁以前对一些道德观念还不能理解，所以卢梭不赞成洛克那种和儿童讲理的做法，他认为不能对儿童进行道德说教，但也反对实施体罚。他认为教育手段中最好的方法是使儿童服从于自然法则，结合具体事例使他们从自己的直接经验中受到教育。当儿童犯了错误和过失后，不必直接去制止他们或处罚他们，而应让他们在同自然的接触中体会到自己所犯的错误和过失带来的自然后果，这就是"自然后果法"。卢梭还强调："我们不能为了惩罚而惩罚孩子，应当使他们觉得这些惩罚正是他们不良行为的自然后果。"② 例如，儿童打碎了窗上的玻璃，不必立刻惩罚他，也不必马上配上新的玻璃，而宁可让他受寒着凉，这样他就会认识到自己的过失及其后果并加以改正。

读一读

> 教育手段中最好的方法是使儿童服从于自然法则。 ——卢梭

四、卢梭学前教育思想的影响和评价

卢梭是世界教育史上一位划时代的教育思想家，他的教育主张被视为新旧教育的分水岭。正如一位教育家所评述的："变抑制天性的教育为尊重天性的教育，是教育上的重大变革。在这个历史转折点上，卢梭是关键性人物。"③

卢梭的自然教育理论开辟了资产阶级教育理论的新阶段，他提出的把儿童作为教育主体的思想具有很强的反封建性，反映了新兴资产阶级的要求。另外，他从教育方法和内容上对封建教育的不合理性进行了全面声讨，倡导建立以保护儿童天性为目的的资产阶级新教育。卢梭的教育思想对欧美及亚洲国家教育理论的发展、深化产生了重要的影响。

---

① [法]卢梭著，李平沤译：《爱弥儿》(上卷)，135 页，北京，商务印书馆，1983。

② 同上书，109 页。

③ 转引自赵祥麟主编：《外国教育家评传》(第一卷)，600 页，上海，上海教育出版社，1992。

在教育史上，早在古代希腊，亚里士多德就首次提出了教育要适应人的自然发展的原则。文艺复兴时期，一些人文主义教育家也强调教育要顺应人的天性。例如：17世纪的捷克教育家夸美纽斯提倡并论证了“教育适应自然”的原则。因此，从历史的继承性来看，卢梭倡导的自然教育思想实际上是继承了前人的思想。但是，我们应该看到，卢梭的自然教育思想具有更完备的体系，更强调尊重儿童的天性。如果把卢梭所说的“自然”与夸美纽斯所说的“自然”作一比较的话，不难看出，夸美纽斯所说的“自然”包括了自然界的秩序和人的天性两个方面，而卢梭所说的“自然”特别针对人的天性。此外，无论是在政治观还是在哲学观上，卢梭深受洛克思想的影响，其自然教育思想与洛克的绅士教育思想也有一定的联系。①

和卢梭几乎同一时代的教育家裴斯泰洛齐基本同意《爱弥儿》所阐发的观点，认为人生来是好的，只是腐败的社会影响才使人变坏了，因此他主张儿童的教育要按照自然的法则进行。稍晚一点的德国教育家福禄贝尔，他所创办的幼儿园注重运动、游戏、手工等，让儿童自由发展，同样也是受到卢梭的启蒙。在18世纪反宗教、反封建的斗争洪流中，卢梭的自然主义教育理论既是那个社会的产物，也是那个时代的战旗。

关键概念

自然教育　　婴儿期教育　　儿童期教育　　自然后果法

思考与练习

1. 简述卢梭自然教育的年龄分期。
2. 试述卢梭的自然教育理论。
3. 比较夸美纽斯和卢梭的自然教育思想的异同。

① 参见单中惠主编：《西方教育思想史》，217页，太原，山西人民出版社，1996。

第八章　裴斯泰洛齐的学前教育思想

【本章学习目标】

- 了解裴斯泰洛齐的生平、主要的教育实践活动和教育代表作。
- 理解裴斯泰洛齐的教育思想，并作简单的分析和评价。
- 体会和学习裴斯泰洛齐把毕生精力奉献给教育事业的可贵精神。

【教师专业标准】

- 尊重幼儿权益，以幼儿为主体，充分调动和发挥幼儿的主动性。
- 热爱学前教育事业，具有职业理想，践行社会主义核心价值体系，履行教师职业道德规范。

【本章内容引言】

在外国教育史上，裴斯泰洛齐既是一位令人崇敬的民主主义教育家，又是一位享有盛誉的教育改革家。他终生致力于教育的实验和探索，并通过这些丰富的实践活动来充实自己的教育理论。他对教育事业的奉献精神，对教育革新的执著追求，以及在理论建树上（如自然教育、和谐发展、要素教育、教育心理学化等）众多独创的论述，不但为世界教育发展史做出了卓越的贡献，而且以其高尚的人格为历代教育工作者树立了榜样。

第一节 裴斯泰洛齐的生平和教育实践活动

裴斯泰洛齐

约翰·亨利希·裴斯泰洛齐（Johann Heinrich Pestalozzi，1746年—1827年），瑞士著名的民主主义教育实践家和教育理论家。他出生于苏黎世一位外科医生的家庭，5岁时不幸丧父。童年时期的裴斯泰洛齐常到当农村牧师的祖父家里玩，在其村庄里亲眼目睹了处在封建主义和资本主义双重压榨下的农民的悲惨生活，这在他幼小的心灵上留下了深刻的印象，并由此滋生了对农民的强烈同情。

中学毕业之后，裴斯泰洛齐进入卡罗林学院学习。诚如上一章所言，高举自然教育旗帜的卢梭无疑是那个时代很多人的精神领袖，年轻的裴斯泰洛齐也不例外。1762年，卢梭的名著《社会契约论》和《爱弥儿》相继问世，书中的政治哲学和教育思想深深打动了裴斯泰洛齐。在卢梭强烈的民主主义思想的影响下，同时又直接得益于卡罗林学院一些进步教授的教诲，裴斯泰洛齐的心里充满了一种自然的、有道德的和自由的生活理想。他大胆参与了挞伐政府的贪官污吏的活动，并发行刊物以启迪民众、改造社会，虽因此于1765年被短期监禁也毫不畏惧。获释后，他尽毁文稿，决定到农村去探求“教育救民”之路。他想通过民众教育的实验，使农民认识到自身贫困的原因，打开他们的眼界——“看到他们的使命，他们生活的价值，以及他们被埋没的心灵”，从而激励他们在清贫的环境中不断学习，提升道德素养，消除陈腐观念，解决精神与物质上的双重贫困。由此，裴斯泰洛齐迈出了坚定的脚步，并从未停止过追求和探索，直至生命的尽头，被后人尊称为“平民教育之父”。

裴斯泰洛齐认为自己终生从事的教育事业是在贫穷中教育穷人的教育。1768年，他在家乡购置了一块园地，办起一所名为“新庄”（New Hof）的示范农场。他试图通过改革，提高农民的耕作技术和管理水平，从而提高产量，改善农民的生活。但是，这个试验很快就失败了。

之后，裴斯泰洛齐转向对贫困儿童的教育活动。由于社会动乱，农民流离失所，造成不少孤儿和流浪儿。1774年，裴斯泰洛齐利用仅存的一点资产和朋友的捐款，在自己的住所办起了一所“贫儿之家”。学校最初收留了30名孤儿，至1776年便增至50名儿童。“贫儿之家”的办学方针与一般的孤儿教养院有所不同，它重视教育。为了使这些儿童拥有初步的文化知识，习得谋生能力，懂得做人的道理，裴斯泰洛齐请专人带领儿童在田间或纺织厂劳动。在劳动过程中或劳动之后，他亲自教孩子们学习读、写、算的知识。裴斯泰洛齐坚信，通过这种合理的教育，即一边学习知识一边从事劳动，一定可以使这些同样具备了人的一切才能和力量的贫苦儿童掌握一些可以谋生的手艺，将来能够自食其力，享受做人的尊严和快乐。他说：“我长年地生活在50个贫苦儿童中间，并与他们同甘共苦……我自己生活得像个乞丐，为的是让乞丐们生活得像个人。”经过精心栽培，孩子们的身体、智慧和道德都得到了明显的进步。但是，由于没有任何其他经济来源，“贫儿之家”的生活单纯依靠儿童的劳动所得来维持，这对于这个年龄段的教育对象来说实在是勉为其难。但是裴斯泰洛齐通过教育改革社会的信心并未动摇。此后18年间，他集中精力专心著作、总结经验。1780年，他以“隐士的黄昏”为题，在杂志上陆续发表教育格言180条，尖锐地批判了当时形式主义、专制主义的学校教育，主张教育要发展儿童的天赋能力，教育方法应是自然的，家庭是最理想的教育场所。这些思想后来都成为他的教育信条。1781年—1787年，裴斯泰洛齐发表了他的教育小说《林哈德和葛笃德》1 ~ 4卷。这部著名的社会政治和教育文艺著作，描写了贤惠的妇女葛笃德改良生产、改革教育、改造社会的故事，反映了裴斯泰洛齐的教育信念和理想。著作问世后获得巨大的成功，给裴斯泰洛齐带来了极大的荣誉。1792年，法国立法会议授予裴斯泰洛齐“法兰西共和国公民”的称号。

裴斯泰洛齐和孩子们雕像

裴斯泰洛齐在斯坦兹

1798年，瑞士在法国的影响下发生资产阶级革命，成立了共和国。裴斯泰洛齐接受新政府的委托，主持斯坦兹孤儿院，在这里开始了他的第二次教育实验。孤儿院收容了80个因战乱而无家可归的5 ~ 10岁的孤儿，这些流浪街头已达4个多月的孩子，初来孤儿院时大多数身心都有严重的创伤，他们的共同点是懒散、怠惰和知识贫瘠。有的甚至不知羞耻，习惯于乞求、伪善和欺骗；有的为不幸所折磨，变成猜疑、胆怯的人，完全缺乏感情；有的娇宠成性，显得自命不凡，不与别人来往。然而，这些丝毫没有降低裴斯泰洛齐从事这项工作的热情，因为他是一个“看到孩子无邪的眼睛就顿时找到活力”的人。他把全部情感和精神都倾注在这些孩子身上，用慈父般的爱去滋润孩子们的心田，既是孩子们的良师，又是他们的益友。

裴斯泰洛齐在“贫儿之家”的基础上强化了劳教结合的实践，力求对孩子们进行全面的“心、手、脑的教育”。他一面教孩子们劳动，一面教他们识字，他用形象、直观的教学方法启发孩子们的天赋智慧，激发他们的才能，努力唤醒他们的同情心，使他们成为热情、公正和亲切的人。经过裴斯泰洛齐的辛勤抚育，孩子们的身心状况大不相同，他们身体健康、爱好学习、聪明活泼、待人友善。可是，这项成功的实践并没有持续多久，就因孤儿院改作军医院而不得不中断。斯坦兹孤儿院虽然只存在短短的5个月，但对裴斯泰洛齐来说却具有极大的意义，是他一生活动的转折点。这次实践不但增强了他对教育工作的信心，而且让他探索了教育、教学的方法，其中的经验给裴斯泰洛齐指出了一条宽阔的道路，也使他更加明确自己的方向。

1799 年 7 月，裴斯泰洛齐来到布格多夫城，先在一所招收 5 ～ 8 岁儿童的市立幼儿学校任教，继续热情地从事教育、教学方法的实验研究。1800 年，鉴于裴斯泰洛齐在教育方面的成绩，地方政府支持他进行教学实验。他和志同道合者在布格多夫成立了一所新的、更大的学校，称布格多夫学院。裴斯泰洛齐负责领导学校的工作，在这所学校进行教学法的革新，开始了第三次教育实验。学校附设有师资训练部，还有寄宿宿舍，各种教学法得到了更加广泛的实验应用。可以说，这一时期是裴斯泰洛齐在教育实践，特别是在教育理论上最有成效的一个时期。《葛笃德怎样教育自己的子女》、《观察初阶》、《母亲读物》和《数的直观教学》等著作，就是在这一时期相继发表的。这些著作是他依照教育心理学化的原则，对改进学校工作研究成果的集中体现。正是在这些著作中，裴斯泰洛齐对简化教学问题作了较为详尽的阐述。

1805 年布格多夫学院迁到伊佛东，改称伊佛东学院，裴斯泰洛齐依然怀着通过教育帮助广大贫苦农民的初衷，进行教学改革及教育理论探讨长达二十多年，效果显著。前十年是伊佛东学院的全盛时期，学校成为蜚声欧美的“国际学园”，达官贵人、学者相继前来参观访问，其中就有德国的赫尔巴特和福禄贝尔。1808 年，26 岁的福禄贝尔在这里学习长达三年之久，他对裴斯泰洛齐极为钦佩，曾说：“裴斯泰洛齐将成为我一生的座右铭。”同年，普鲁士政府选派 17 名教师，用三年的时间研究裴斯泰洛齐的教育方法，回到普鲁士后进行广泛传播，并扩及整个德国。后来，裴斯泰洛齐的教育方法传至英国，并经英国传入美国。至 1860 年左右，欧美甚至出现了宣传、推广裴斯泰洛齐教育方法的运动，对很多国家的教育改革产生了巨大影响。

布格多夫学院

伊佛东学院

伊佛东学院的后期情况发生了变化。随着名气的增大，它吸引了越来越多的贵族子弟来此学习，学生中劳动人民的子弟日渐减少，这违背了裴斯泰洛齐为贫苦儿童办学的初衷。同时，教师队伍中的矛盾也日益加剧，致使后十年这所学校逐渐衰落。1825 年，裴斯泰洛齐怀着痛苦而沉重的心情离开了伊佛东学院，又回到他最初从事教育活动的地方——“新庄”。他回忆了自己的生活历程，写成总结自己一生教育工作经验的最后一本著作《天鹅之歌》。1827 年 2 月 17 日，这位为贫苦儿童教育事业奋斗了终生的老人与世长辞。

第二节 裴斯泰洛齐的教育思想

一、教育适应自然原则

基于民主主义思想，裴斯泰洛齐强调教育应该成为所有人的财富，人人都应接受教育。他认为当时社会腐败、人民贫困的原因，在于只有极少数有钱有势的人才能受教育，而广大人民群众根本无权得到合理的教育和正常的发展。他说：“就我所知，教学正如一座大厦，大厦的上层宽敞明亮、艺术高超，但是为少数人居住……中层，居住的人就比上层多得多，但是这里并没有上升的阶梯使他们能够合乎人性地爬到上层去……最后，在下层住着无数的人，他们和上层的人一样，有享受阳光和新鲜空气的同等权利。但是，他们不仅被放在令人作呕的黑暗中和没有光亮的洞穴里，而且被蒙住了双眼，他们即使仰望大厦的上层，也是不可能的。”对此，裴斯泰洛齐深为不满和愤慨。他始终相信，通过规劝、启蒙和教育，就可以从根本上改变贫苦人民的生活状况，社会也会因此得到改良和进步。

裴斯泰洛齐认为所有的人生来就蕴藏着各种能力和力量的萌芽：眼睛要看，耳朵要听，手要抓物，足要走路，心要信仰和热爱，智力要进行思维。这些人生而有之并以萌芽状态潜存于人体内部的各种能力，渴望得到发展，并具有发展的能动力量，而只有教育才能把它们发掘出来、发展起来。他说：“为人在世，可贵者在于发展，在于发展各人天赋的内在力量，使其经过锻炼能人尽其才，在社会上达到他应有的地位，这就是教育的最终目的。”因此裴斯泰洛齐认为，教育对人的发展的作用，就在于“促进人的一切天赋能力和力量全面、和谐的发展”。

读一读

> 教育使人成为有智慧、有德行、身体强健、能劳动、身心和谐发展的完人。而且，只有依赖于教育，人才能成为人。——裴斯泰洛齐

教育适应自然是裴斯泰洛齐的基本思想，他特别强调这一原则。他所说的教育适应自然，就是指教育必须基于儿童的天性，让其自由自在地发展。在人的本性中，智力、精神和身体三个方面是相互联系的，所以，“依照自然法则，发展儿童道德、智慧和身体各方面的能力，必须顾到它们的完全平衡”。一个人只有如此，才是个性“完整

的人”，“孤立地只考虑发展任何一种才能（头脑或心灵或手）都将损害和毁坏人的天性的均衡”。

裴斯泰洛齐认为可以通过以下几个方面的教育，实现教育适应自然，培养身心和谐发展的完人。

（一）体育

裴斯泰洛齐重视体育，认为它是和谐发展教育的重要组成部分。体育的任务是通过各种活动，把潜藏于人身上各种渴求发展的生理能力和力量充分发展起来。如先从手抓、脚蹬、走动、伸举等开始，再到打击、搬运、投掷、拖拉、旋转等。总之，通过各种活动促进身体的发展和生长。

（二）道德教育

道德教育是整个教育体系的关键问题，也是培养和谐发展的、完善的人的重要方面。道德教育的任务就是要发展潜藏于儿童心灵中的“信仰和热爱”的力量的萌芽，通过对儿童的抚养和教育，逐步地唤起儿童的道德情感，形成儿童的道德观念，进而使之养成道德习惯。

（三）智育

人生而具有思维能力，裴斯泰洛齐认为智育的最高目的在于不仅使儿童获得各方面的知识，还要发展他们的心智能力。发展心智包括发展思维能力，这种思维能力既包括思考的能力和判断的能力，又包括表达的能力和接受印象的能力。

（四）劳动教育

要培养既有知识又有能力的人，必须使教育与生产劳动相结合。裴斯泰洛齐把劳动教育看成儿童获得独立生活能力、改善贫困状况不可缺少的手段。他认为，把学校与工场结合起来、使功课与劳作合一是一个伟大的主张，抓住了人生的真正需要，因而是改革旧学校的关键。裴斯泰洛齐在自己创办的学校里就实行学习与工农业劳动相结合，让孩子们边纺纱、边读书认字，不仅提高了他们的文化水平，也培养了他们的劳动习惯，同时掌握了劳动技能。

二、教育心理学化

裴斯泰洛齐的教育适应自然原则无疑是接受和发展了卢梭的自然教育理论，强调教育必须按照儿童身心发展的特点，促进其内在各种能力积极主动的发展。这实际上是对那种横加干涉和强力压制儿童个性的封建教育的反抗，在当时具有极大的进步意义。据此，裴斯泰洛齐在教育史上第一个明确提出“教育心理学化”的口号并付诸实践，对教育学和心理学的发展产生了深远的影响。

首先，应将教育和教学工作置于儿童本性发展的自然法则的基础上，强调一切教学必须依照儿童心理发展的规律来进行，这是建立新式学校教育的关键所在。教育要得法，对各种能力的发展不可强制，重在引导。他说："要注意人的天性和人的天然能动性而投其所好，要以人的本能来引导他。"只有这样，才能实现教育目的。裴斯泰洛齐指出，专制主义和经院主义教育的弊端和危害，主要在于其违背了儿童的本性，采用了不适合儿童发展的方法，将一堆无用的知识充塞儿童的头脑。这种教育不仅无助于儿童内在能力的发展，实际上是戕害儿童的个性和智慧。教育心理学化，就是要找到根除这种教育弊病的"教学机制"，而且这种"教学机制"是基于人类本性的永恒规律。

其次，教育心理学化必须使教学内容的选择和编制适合各个年龄阶段儿童的学习心理规律，即教学内容心理学化。这一点已在我们当代幼儿园的教育中得到重视和贯彻。比如学前五大领域都分别根据小班、中班、大班幼儿身心发展的年龄特征拟定了各自的教学目标和教学任务。

再次，教学原则和教学方法的心理学化，这是裴斯泰洛齐毕生都在探讨的重要课题。他认为，教学艺术要遵循自然规律并与之相协调，即教学程序与学生的认识过程相协调。裴斯泰洛齐非常强调感觉经验在教学过程中的作用，他认为只有通过感官，才能获得初步的、正确的知识，因为"正确的看和听是获得实际知识的首要步骤"。当然，他所说的感官的感受，绝不限于视觉和听觉，而是包括所有感官的感受。因为，"你追究一个事物的性质或外表所用的感官愈多，你对这事物知道得也愈正确"。而所获得的观念清晰与否，首先取决于观察是否真切。"你的观念的清晰或模糊，绝对地、主要地依赖于外界事物接触你的五官的远近。"因此，他强调直观性是教学的基础，并将它确立为教学最基本的原则。他曾一再要求，给予儿童的知识，既要"确切"、"清晰"，又要"透彻"，便于彻底理解。

最后，要让儿童成为他自己的教育者。裴斯泰洛齐说："人自身有一种力量，用许多方式按照本人意愿控制和影响这种力量。一旦他这样做，就会影响对他的教育和对他发生作用的环境。"因此，教育者不仅要让儿童接受教育，还要让他成为教育的动因。裴斯泰洛齐在此强调了人的自觉性这一心理要素。人一旦唤醒内心深处的自觉性，就会产生主动性行为，教师要善于利用儿童的自觉性让其进行自我教育。

三、要素教育思想

为使教育心理学化，裴斯泰洛齐开始了教育新方法的研究和实验。他根据儿童心理的特点，寻找对儿童进行教育、教学最容易、最简单的方法，以改进学校的教育工作。在此基础上，他提出了要素教育论。他强调："最复杂的感觉印象是建立在简单要素的基础上的，你把简单的要素完全弄清楚了，那么，最复杂的感觉印象也就简单了。”他认为在一切知识中，都存在着一些最简单的要素，儿童的教育、教学工作就要从这些最简单、最基本的，易于为儿童所理解、所接受的要素开始，然后由易到难、由简及繁、由近到远，循序渐进，使教育、教学方法简单化、容易化。

要素教育思想实际上已经深入课程领域，把课程“要素化”的意义在于：首先，简化了方法，便于儿童学习。如果儿童掌握了这些最简单的要素，就能够认识他们周围的世界，从而使他们内在的各种才能和力量顺利地、完善地发展起来，成为和谐发展的人。其次，运用这种被简化了的方法，既省时间，又省精力，“使得即使是最普通的人，也有可能自己教他的孩子”、“教学方法被简化得使每一个母亲，不需要其他帮助就能够教育自己的孩子”，从而有利于教育的普及。裴斯泰洛齐把探索、研究简化的教育、教学方法作为一切工作的出发点，经过长期的实验和探讨，他找出了各方面教育最基本的要素。

体育最基本的要素是各种关节活动。自然赋予儿童关节活动的能力，它是体力发展的基础，也是进行体力活动和体育运动的基础，具体表现为最简单的搬、推、捡、摇等基本动作。这些基本动作结合起来，可以构成站、行、跑、跳、掷等各种复杂的动作。

道德教育的基本要素是家庭中亲子间的情爱，道德的自我发展经由亲子之间的自然关系而展开。裴斯泰洛齐认为，爱的种子是天生的，道德精神的萌芽是儿童对母亲的爱。当儿童得到母亲无微不至的照顾、关怀和帮助时，爱、信任和感激的种子就会在儿童的心中萌生和发展，并从对母亲的爱很快扩展到那些与母亲亲近的人身上；再在爱母亲和亲人的基础上，扩展到对周围人的爱，直至爱全人类和爱上帝。随着这种爱的进一步发展，一个人的道德力量逐步形成，“这是道德自我发展的基本原则”。至于道德教育的方法，裴斯泰洛齐反对口头的道德说教，强调重视教师的示范作用和儿童道德行为的实际练习，而不崇尚空谈，也不能求助于体罚。通过具体、生动的事例，激发儿童的道德情感，培养其道德观念，使之形成道德习惯。

智力要素是整个要素教育的核心。裴斯泰洛齐在其实验中着重研究了智育的要素，并在这方面作了精辟的论断。他认为，人的认识是从感觉开始的，由感觉获得的模糊印象通过理解力的加工而形成观念，并使之逐渐明晰地发展起来。如何使感觉印象清晰起来呢？裴斯泰洛齐确信，使一切通过感觉印象而获得的认识得以清晰起来的手段来自数目、形状和语言，因为数、形、词是一切事物所共有的3个基本特征。儿童在感知事物时，要注意下列三点：（1）在他面前有多少物体？有哪几种物体？（数目）（2）它们的外貌或轮廓是怎样的？（形状）（3）它们叫什么名字？怎样用一个声音或一个字表达每一种物体？（语言）儿童若要获得清晰的概念，必须以这3个基本特征作为手段去认识事物。

可见，智育最简单的要素就是数目、形状和语言。为了使儿童抓住事物的基本特征，必须使他们具有与数、形、词这3种手段相对应的3种能力，即计算能力、测量能力和说话能力，智育必须从培养这3种能力入手。裴斯泰洛齐断定，这样的教学才符合儿童的心理特点，才能使儿童对事物获得准确、清楚、明晰的认识，即能从感觉印象上升到明确的观念，从而达到发展心智的目的。

显然，裴斯泰洛齐的要素教育思想依然是围绕着个体成长的自然心理规律而提出的，他的着眼点在于人的和谐发展主要依托于德育、智育和体育这三大要素的循序渐进及完美协调。

四、爱的教育

早在斯坦兹孤儿院，裴斯泰洛齐就力求将其办成一个充满亲子之爱的大家庭式的教育机构，而他就是这个大家庭中的父亲、家长。他曾深情而形象地表达了与孩子们共同生活和学习时的感人情景：“从早到晚，我一个人和他们在一起，是我的双手供给他们身体和心灵的一切需要。他们都是直接从我这里得到必要的帮助、安慰和教学……我的手在他们的手中，我的眼也停留在他们的眼里。他们生病的时候，我在他们身边；他们健康的时候，我在他们身边；他们睡觉的时候，我也在他们身边。我最后一个睡觉，第一个起床……”裴斯泰洛齐对儿童的无比热爱溢于言表、跃然纸上。他以惊人的毅力，把这些性格、脾气和兴趣完全不同的孩子们团结在“和睦、融洽的家庭”中，虽然生活非常简朴，但“充满了信任和兄弟般的友爱”。这种爱，对孩子们的健全人格培养起到了重要的作用，孩子们的身心得到了健康发展。

裴斯泰洛齐始终坚定地认为，儿童之为恶、欺骗，都非他们的本性。“所有人性的纯洁和仁爱……都活生生地存在于人的心灵深处。”而重拾纯真的本性，只有依靠爱的滋润；缺乏了爱，一切罪恶就接踵而至。裴斯泰洛齐不但在著作中处处阐释爱的真谛，而且在其一生的教育实践中也身体力行，将爱的理论融合于爱的实际中来教育和感化儿童，发展他们的道德力量，激发他们爱的思想感情。为此，他强调：

（1）让儿童感受到教师好比园丁，教师要以爱的实际行动来照顾儿童，犹如园丁耕耘他的花园一样。

（2）儿童的行为有必要陶冶，但不应对儿童施暴。教导儿童应靠言行来赢得他们的心，身教胜于言教。

（3）爱具有包容性。“在你把一个人带到什么地方之前，你必须首先到他目前站的地方。”只有根据儿童的起点行为，才能进行指导。裴斯泰洛齐在一篇日记中记录了一个孩子的一句话：“妈妈，我没有破坏它，我只是想看个仔细。”他认为这句话意味深长。不少师长不体谅儿童的言行，仅从自己的立场出发，遇到儿童弄坏东西只会简单地加以责备，却不了解儿童将东西弄坏只是出于好奇和探究心理。

（4）无须一味盲从教师权威。鼓励儿童质疑问难而不动气，这是教师更为重要的一种涵养。裴斯泰洛齐指出："反对，可以带来更多的真理，也是力量的运作。"在裴斯泰洛齐生活的那个年代，能具备如此合乎民主和科学态度的教学精神，是相当难能可贵的。

议一议

"我的主要办法，首先是通过孩子们对共同生活的初步感觉和在发展他们初步能力的基础上，使他们产生姊妹兄弟般的友爱，把整个团体融化于一种大家庭的朴实精神中；并且就在这种基础上，以及由此而产生的情感中，鼓舞他们一般的义务感和道德感。"这种说法对我们有什么启示？

五、影响和评价

裴斯泰洛齐的全部教育活动和教育理论，都贯穿着如何通过教育来发展人性，进而推动社会改良、消除贫困这一宗旨。虽然把教育当做人民获得幸福的根源有点过于理想化；要素教育理论也不可避免地带有时代局限性，不可能全部符合科学的逻辑；把德育与宗教联系起来，认为道德品质是上帝赋予的，道德教育的最高目标是爱上帝等也是很极端的，但裴斯泰洛齐的很多教育思想和理念仍是教育史上的无价之宝。裴斯泰洛齐强调教育对个体发展的重大作用；重视通过德、智、体等教育的相互协调使儿童获得和谐发展；坚持教育与劳动相结合、教学与实际生活相联系的重要性。他第一个明确提出"教育心理学化"的口号，强调直观教学，提倡要素教育，推崇进行家庭化的爱的教育等，对当时的西欧各国乃至欧美其他许多国家的教育发展产生了深远的影响。许多著名的教育家，如赫尔巴特、福禄贝尔等都曾受其影响。当然，也应当指出的是，裴斯泰洛齐的教育思想主要还是针对学龄儿童的。

裴斯泰洛齐是我们每个教育工作者的学习典范。1846 年，在这位举世闻名的大教育家一百周年诞辰之际，世人为他建立了纪念碑，碑文涵盖了裴斯泰洛齐一生的实践与奉献精神：

…………

在涅伊霍夫　你是贫民的救主，
以《林哈德和葛笃德》教诲人民，
在斯坦兹　你是孤儿的慈父，
在布格多夫　你是新式学校的创立人，
在伊佛东　你是人类的教育家，
你是一个真正的人，

一个真正的公民，

毫不为己，一切为人！

关键概念

贫儿之家　　教育心理学化　　要素教育　　伊佛东学院

思考与练习

1. 简述裴斯泰洛齐的教育适应自然原则。
2. 简述教育心理学化。
3. 结合《幼儿园教师专业标准（试行）》中的相关内容，谈谈你对裴斯泰洛齐的爱的教育的理解和体会。

第九章　赫尔巴特的学前教育思想

【本章学习目标】

- 了解赫尔巴特的教育思想。
- 掌握赫尔巴特的学前教育思想。

【教师专业标准】

- 为人师表，教书育人，自尊自律，做幼儿健康成长的启蒙者和引路人。
- 认同幼儿园教师的专业性和独特性，注重自身专业发展。
- 建立班级秩序与规则，营造良好的班级氛围，让幼儿感受到安全、舒适。

【本章内容引言】

历史上的教育家，夸美纽斯和裴斯泰洛齐是两座丰碑，他们的功绩及有关儿童教育的主张前面已有阐述。法国资产阶级革命爆发后至18世纪末，整个欧洲的资本主义处于上升时期，德国的资产阶级刚刚诞生并逐渐成长，在思想领域出现了多位划时代的人物，如康德、黑格尔、费希特等，他们的见解对德国的教育产生了巨大影响。而教育史上的另一座丰碑——赫尔巴特也出现在人们的视野中。不过赫尔巴特在世时，他的思想并没有得到广泛传播，与费希特、黑格尔如日中天的声名相比，赫尔巴特在当时的德国并未获得他应有的声誉。但是20年后，在其弟子齐勒尔和斯托伊等人的宣传下，赫尔巴特的教育思想很快异军突起，名扬天下。

第一节 赫尔巴特的生平、活动和世界观

赫尔巴特

约翰·弗里德里希·赫尔巴特（Johann Friedrich Herbart，1776 年—1841 年），生于德国西北部普鲁士王国的小城奥尔登堡。其祖父是一所文科中学的校长，父亲是当地的律师兼议员，母亲出身于医生家庭，极有智慧和教养。赫尔巴特的母亲很重视儿子的教育问题，聘请了一位有才干的牧师担任家庭教师。赫尔巴特的家庭教育注重培养其思维的清晰性、明确性、连续性及广泛的兴趣。受到全面而严格的早期教育的赫尔巴特从小就发展了哲学的禀赋和思辨的才能，并具有良好的音乐、古典语言及自然科学教养。

赫尔巴特 18 岁时遵从父命进入耶拿大学学习法律，由于对哲学的浓厚兴趣，他放弃学习法律而转攻哲学。耶拿大学当时的哲学气氛十分浓厚，费希特、谢林、莱布尼兹和康德的著作对赫尔巴特产生了重要影响，使他在哲学、伦理学、美学等方面都有较高的造诣。在大学学习期间，他还参加了“文学会”，信奉新人文主义。

1797 年，赫尔巴特大学毕业到瑞士一个地方长官的家庭担任三个年龄分别为 8 岁、10 岁、14 岁男孩的家庭教师。由于主人要求赫尔巴特每 2 个星期呈交一份报告，介绍他的工作计划和学生的进展，遂使他仔细地思考自己的教学方法并致力于教育理论的探讨，这为他后来教育思想体系的形成奠定了实践基础。赫尔巴特认为，这个时期他虽然只是个家庭教师，但已创造了“自己的学校”，取得了教育经验。同时，出于对教育问题的关心，赫尔巴特与远在瑞士的裴斯泰洛齐相识，并在 1799 年到布格多夫访问裴斯泰洛齐，参观了裴斯泰洛齐正在从事的“要素教育”及用“直观教学”发展儿童智力的实验。裴斯泰洛齐的“我要使教育心理学化”的伟大目标给赫尔巴特以强烈的启迪，但他同时也认为裴斯泰洛齐的思想缺乏科学性和逻辑性。于是，他从学习和审视的角度写了不少关于裴斯泰洛齐研究的著述，如《裴斯泰洛齐直观教学 ABC》（1802 年）、《对于裴斯泰洛齐教学方法的评价》（1806 年）等。

赫尔巴特 1800 年辞去家庭教师的职务，回到德国继续深造，潜心于哲学和教育学研究。1802 年他获得哥廷根大学博士学位，并被聘为讲师，主讲哲学、教育学。1804 年，他升为教授，主讲伦理学、心理学等课程。大学教授是赫尔巴特最典型的身份，也是他与同一时期其他学者有显著区别的地方，这一职位使他能够安下心来严谨、清晰地思考一系列理论问题。1806 年之后是赫尔巴特的黄金时期，他的教育代表作《普通教育学》出版。

拿破仑入侵德国后，哥廷根大学受到影响，但赫尔巴特的理论研究不辍。1809年，赫尔巴特应哥尼斯堡大学之聘，接任康德继任者的席位，担任哲学和教育学讲座。这是赫尔巴特向往已久的职务，他深感兴奋和责任重大。在后来工作的24年间，他除了讲授哲学和教育学外，还创立了教育研究所和实验中学。赫尔巴特亲自为几个经过挑选的儿童上课，给这些儿童做示范，然后让这些儿童运用他的教学原则和方法讲课。在此期间，赫尔巴特又撰写了大量著作，如《心理学体系》(1814年)、《心理学教科书》(1816年)、《科学心理学》(1824年)、《关于心理学应用于教育学的几封信》(1831年)等。

1833年，赫尔巴特辞去哥尼斯堡大学教授的职务，回到哥廷根大学讲授哲学和教育学。他晚年的重要著作有《教育学讲义纲要》(1835年)，该论著进一步发展了《普通教育学》中的思想，把教育理论和心理学理论更明确地联系在一起。赫尔巴特于1841年8月因病逝世。

第二节 伦理学基础上的教育目的论

赫尔巴特认为，教育学只有建立在科学理论基础之上才能成为一门科学。在他看来，实践哲学（伦理学）和心理学应是教育学的基础。他说："教育作为一种科学，是以实践哲学与心理学为基础的，前者指明目的，后者指明途径、手段及对教育成就的阻碍。"①

一、伦理学思想

赫尔巴特的伦理学和心理学是与其哲学紧密相连的。在哲学上，他是一个客观唯心论者。赫尔巴特把他的哲学思想应用到社会实际中去，提出了自己的伦理学体系。他重视人类的道德规范，强调培养道德观念，认为人们之所以趋善避恶，主要是由于确立了道德观念。赫尔巴特把如何处理人与人之间的关系，确定为五种道德观念，以此作为他伦理学的基本原理。这五种道德观念为：

其一，"内心自由"的观念。要求个人的意见和行为摆脱外在的干扰，服从内心理性的判断，真正认识到个人行为的意义，使意见与行为协调一致，确定人的行为方向。

其二，"完善"的观念。当意见和行为之间发生矛盾且无法调和时，则依靠"完善"的观念加以解决，即用多方面理智能力加以协调，使行为完善起来。

其三，"善意"的观念。当"完善"的观念还不能解决意见与行为的矛盾，两者仍然无法协调时，就要用"善意"的观念，即"绝对的善"的观念去解决。这就是要求个人的意志与他人意志相协调，能为他人谋利益，保持与人为善的态度，而不与任何人发生"恶意的冲突"，从而维护安定的社会秩序。

其四，"正义"的观念。在现实生活中，人与人之间会发生冲突，这就要求用"正

① 转引自张焕庭主编：《西方资产阶级教育论著选》，288页，北京，人民教育出版社，1964。

义”的观念予以调节，即要求安分守己，互不侵犯，遵守法律，从而巩固社会秩序。

其五，“报偿”的观念。假如上述各种观念仍然不能约束一个人的行为，他还会发生破坏社会生活秩序的错误行为，则用“报偿”的观念对损害社会生活的恶行给予惩罚，对好的行为予以褒赏，做到赏罚分明。

以上五种道德观念是赫尔巴特的伦理学信条，其中“内心自由”和“完善”是个人的道德修养，而“善意”、“正义”、“报偿”是个人与社会产生关系时应遵循的原则。赫尔巴特坚称五种道德观念是巩固社会秩序的永恒真理，如果教育在人的头脑里确立了这些观念，任何骚乱都不会出现。

二、论教育目的

赫尔巴特依据其上述伦理学思想，论述了教育目的。在他看来，教育目的可分为两部分，即“选择的目的与道德的目的”。选择的目的又称“可能的目的”，它是指培养和发展儿童多方面的能力与兴趣，以便其将来选择职业。赫尔巴特认为，培养和发展儿童多方面能力与兴趣，是人类社会发展的需要。因为人类社会分工日益细化，社会生活也越来越多样化，“每一个人须爱一切的活动而专精于一种”[①]。教育必须使儿童做多方面的努力，培养多方面的兴趣，实现各种能力的和谐发展，为将来选择职业做好准备。

赫尔巴特认为，选择的目的固然重要，但也仅居于次位，最重要的是道德的目的。所谓道德的目的，就是培养五种道德观念。在赫尔巴特看来，这个目的最为重要，因为无论将来从事何种职业、干什么工作，都必须具有“明辨的识见及与它一起的相应的意志力”。这样才能够“把所有任意的冲动推回去”，维持现存的社会制度。所以，道德的目的是教育的最必要、最高的目的。赫尔巴特说：“教育的唯一工作和全部工作可以总结在道德这一概念之中，道德普遍地被认为是人类的最高目的，因此，也是教育的最高目的。”

第三节　心理学基础上的教学过程论

除了在伦理学基础上建立教育目的的主张之外，赫尔巴特还强调在心理学基础上建立教学法。在这个问题上，他受到裴斯泰洛齐的很大影响。裴斯泰洛齐未能使丰富的实践上升到理论高度，而赫尔巴特毕生致力于心理学研究，并努力把教育学建立在心理学基础上，寻求教育、教学规律。

---

① 转引自张焕庭主编：《西方资产阶级教育论著选》，250页，北京，人民教育出版社，1964。

一、心理学的基本观点

赫尔巴特认为，心理学是教育学最重要的理论基础，是建立科学教育学的首要科学。赫尔巴特依据他的哲学思想，认为人的灵魂也是宇宙中无数实在的一种，它是脱离肉体而独立存在的，最初是一无所有的，当其和肉体结合时，必然和各种各样有组织的物质发生关系，开始获得感觉，进而形成表象或观念。

赫尔巴特断定，观念是人的心理活动最基本的要素，是人的全部心理活动的基础，人的一切心理活动，都不过是观念的活动而已。他认定心理学是研究观念的科学，即研究观念的出现、结合、消失的科学。例如，一些观念相互协调便产生愉快的情感，相互抵触则产生不愉快的情感。某一观念的力量超出了另一观念，则为欲望或愿望。愿望和达到愿望的观念相结合，就是意志。记忆是各种观念的活动或游戏。回忆是被抑制的观念重新呈现于意识阈限之上。遗忘是观念被抑制到意识阈限之下。注意和思维是把许多观念集中于某一事物上面。观念的积极活动则产生兴趣。

赫尔巴特把任何一种心理现象都归结为观念活动，因而他认为，教育必须不断扩大儿童的观念，而要扩大儿童的观念主要通过教学传授知识。通过知识的传授，不但可使儿童获得多方面知识、发展思维能力，而且可以增强其感情、培养其意志。赫尔巴特认为，观念有同化作用。也就是说，人们心灵中已有的旧观念可以同化、吸收新的观念，使自己得到补充、丰富，并在原有观念的基础上形成新的观念。他把这个过程称为“统觉”。统觉在教学过程中具有重大意义，整个教学过程主要是统觉的过程。

在赫尔巴特那里，复杂的心理过程完全归之于观念的活动过程，归结为观念的沉浮、聚散。因当时的心理学发展水平有限，赫尔巴特的理论并没有正确揭示人类心理现象的规律，故他的心理学还没有成为科学。但我们也必须看到，赫尔巴特的观念和统觉心理学理论，较之洛克具有教育理论上的意义。他摧毁了在心理学领域占统治地位的“官能心理学”的观点，即认为人的心灵生来就有各种官能，能孤立地加以训练。在赫尔巴特看来，人的心理能力是一个长期发展的结果，而非先天已存在。因此，他要求把教学牢固地建立在心理学基础上，这对于推动教育心理学化运动、促进心理科学的研究作用巨大。在今天看来，赫尔巴特的“观念心理学”虽已过时，但他所提出的一系列心理学问题，如意识阈限、下意识、观念、统觉等，仍然为现代心理学所广泛运用。

读一读

> 兴趣意味着自我活动。兴趣须是多方面的，因此，要求多方面的活动。
>
> ——赫尔巴特

二、教学过程论

赫尔巴特根据他的心理学理论，认为教学过程无非是各种观念的频繁活动。教师在讲解或提示新的课程时，必须和儿童的原有经验联系，使儿童在这个基础上形成新观念。教学是激发兴趣、形成观念、传授知识、培养性格的过程，实际上就是塑造儿童心灵的过程。他把教师比作“建筑师”或“园艺师”，主张教师应通过一种“艺术”——教学程序，有计划、有步骤地来建造儿童的心灵。赫尔巴特用大部分精力来探求符合儿童心理规律的教学程序，他依据其假设的观念及统觉的心理学理论，研究了教师向儿童传授新知识、形成观念体系的具体进程和方法，提出了教学“形式阶段”的理论。

赫尔巴特的教学阶段论是以其多方面兴趣理论为基础的。他认为人在吸收新知识、形成新观念的过程中，都有与之相适应的兴趣。刚开始“兴趣是在注意中展开的”，随后“荡漾于期望之中”[①]，然后再进入探索新事物本质阶段，最后表现为实际应用新观念的行为。赫尔巴特指出，教学过程就是儿童兴趣的产生和发展的过程。与兴趣的产生和发展过程相适应，他提出了教学的四个阶段，即明了、联想、系统、方法。

第一阶段：明了 (Clearness)。这个阶段主要是让儿童清楚、明了地感知新教材，儿童在心理上处于静态的专心活动中，兴趣处于注意阶段。教学上应采用叙述教学 (或称单纯提示的教学)，教师通过实物的观察、图片的演示、简练而清晰的讲述，提示新教材，让儿童通过集中注意力观察、感知、分析每一个单一的感知对象，获得明晰的观念。赫尔巴特十分重视叙述教学的简练性，他说：“开始时特殊要点的清楚是主要的，所以简短的语句是最适宜的。”但更为重要的是直观，他说：“真正感觉的观察比单纯的描述更为可取。”

第二阶段：联想 (Association)。这个阶段主要是把新获得的观念与旧有的观念联系起来，形成新的观念。这时儿童在心理上处于动态的专心活动中，兴趣处于期待阶段。教学上应采用分析教学，教师在儿童已有知识的基础上，与儿童进行无拘束的谈话，唤起儿童已有的观念，使之与新观念建立联系。

第三阶段：系统 (System)。在教师的指导下，儿童对已获得的知识进行综合、归纳、概括、作出结论，使之概念化、系统化，并纳入原有的知识系列，以形成组织严密的、更加完整的知识体系。这时，儿童在心理上处于静态的审思活动，兴趣则处于探求阶段，教学上应采用综合方法。

第四阶段：方法 (Method)。儿童通过独立作业或按教师的指示进行改正作业等练习，把系统化了的知识应用到“个别情况”中去，运用到实际中去。这时，儿童在心理上已进入动态的审思活动，兴趣正处于行动阶段。

赫尔巴特的教学阶段论较为细致地考虑了儿童的学习心理状态，在一定程度上反

① 转引自张焕庭主编：《西方资产阶级教育论著选》，296、298 页，北京，人民教育出版社，1964。

映了那个时代的教育学家对教育、教学规律的探知。教学阶段论后来为他的追随者齐勒尔和赖因所发展，变成五段论，即预备、提示、联想、总括、应用，在教育史上被称为“五段教学法”。五段教学法在 19 世纪下半叶曾广泛流行于世界各国中小学，影响极为深远。

读一读

> 人类的自然本性就好比以最高技术建造与布置的大船，能经得起一切风浪，只等待舵手按照环境指导它的航程，指挥它到达目的地。 ——赫尔巴特

第四节 论儿童的管理和训育

赫尔巴特认为，一个完整的教育过程，应包括儿童管理、教学和道德训育。在赫尔巴特的整个教育体系中，教学是中心。他对教学问题的研究，对后世有极大影响，这在前文已有阐述。本节专门分析赫尔巴特的儿童管理和道德训育思想，这部分内容与学前教育的关系更为紧密。

一、儿童管理

赫尔巴特重视儿童管理，视其为顺利开展教育、教学的重要条件。他认为，“只教不管”会使教育工作变成徒劳；相反的，如果只管不教，则会导致对“心智的压迫”。在赫尔巴特看来，管理是教育上的一根缰绳，教师必须“坚强而温和”地抓住它。

赫尔巴特之所以重视管理，主要是因为他认为儿童有一种“不驯服的烈性”，它是不守秩序的根源，既会扰乱教育者的教育、教学计划，也会“把儿童的未来人格置于许多危险之中”，甚至走向“反社会的方向”。因而，必须自幼加以管理，使儿童在幼年时期就能够克服他的“不驯服的烈性”，“养成一种守秩序的精神”。管理儿童的方法，主要有下列几种：①

（一）惩罚的威胁

赫尔巴特说：“一切管理制度首先采取的是惩罚的威胁”。所谓“惩罚的威胁”，就是事先警告儿童不守纪律必受惩罚，强迫他们就范。但这种方法可能导致两种危险：一种是一些本性顽强的儿童蔑视一切威胁，仍然为所欲为，使威胁不发生效用；另一种是数目更多的本性软弱的儿童承受不起威胁，这也会产生不良后果。

① 参见张焕庭主编：《西方资产阶级教育论著选》，257 ~ 259 页，北京，人民教育出版社，1964。

（二）监督

监督也是不可缺少的方法，但必须运用得当，否则必然造成极大的危害。赫尔巴特说：“拘于细节与经常监督，对于监督者和被监督者而言均是一种负担，因此双方易于以欺骗相结合。”同时，在经常监督的压力下成长的儿童必然缺乏创造的能力、果断的精神、自信的行为和多才多艺。

想一想

“在经常监督的压力之下成长的人们，不能希望他们多才多艺，不能希望他们有创造的能力，不能希望他们有果敢的精神，不能希望他们有自信的行为。”你认为目前幼儿园教师与幼儿的关系有需要改进的地方吗？

（三）命令和禁止

这要与惩罚的威胁、监督配合使用。无论命令或者禁止都应明确、具体，发出之后不再收回，要求儿童绝对服从。

（四）惩罚

在实践中，违反禁止和命令的事情是难以避免的，这时要采用惩罚，如剥夺自由、禁止用餐、关禁闭、打手板、使用惩罚簿等。

（五）做功课或进行活动

赫尔巴特说：“无论如何，儿童一定要有事做；懒散会导致做坏事与不受约束。”他认为，功课是最好的管理方法。此外，手工劳动、野外活动也可使儿童不再去做无谓的事情。

（六）权威和爱

赫尔巴特重视权威的作用。他说：“人心屈服于权威；权威能拘束心的出乎常轨的活动，因此在压制一种倾向于邪恶的、正在成长的意志，权威可以有很大用处。”爱可以减少管理工作，具有教育意义，因此教师应当慈爱地对待儿童，使师生之间的情感和谐。

赫尔巴特为了克服存在于儿童身上“不驯服的烈性”和“盲目冲动的种子”，为了防止儿童的意志倒向“反社会的方向”，提出了一整套管理儿童的方法，以培养维护社会秩序的人，这在后世也引来了较多的批评。然而，我们也应该注意到，他对惩罚的威胁和监督可能产生的弊端的深刻分析，对于我们研究管理和教育方法仍有启发意义。

二、儿童的训育

赫尔巴特认为，训育是培养道德品质不可缺少的过程，因而将其作为教育学体系的第三部分。依据赫尔巴特的看法，训育与管理和教学既有联系又有区别。管理培养儿童遵守秩序的精神，保证教育、教学的顺利进行；教学通过提供观念塑造儿童的心灵，培养道德观念，而训育则直接在儿童情感上发生作用。管理与训育都有助于教学，使教学成为可能，但前者是一种外部手段，后者则能促使儿童情感发生变化，有助于其性格的发展。训育与教学的目的相同，但教学重在道德观念的培养，训育则能使道德观念变为行动，它的道德力量更加持久。训育应贯穿于整个教育、教学过程及儿童的日常生活，以培养儿童善良的情感和道德行为习惯。训育的方法具体有以下几种①：

（一）陶冶

所谓陶冶，即逐渐地对儿童的心灵和情感施加影响，而不是采取压制手段。赫尔巴特说："当训育与管理使用同样的方法时，我们须注意不要使两者混淆，它们在使用的形态上还有更精细的区别。"比如，"当管理一度求助于压制的手段，它是要使人感觉到这是一种力量"，"使用时教育者须冷静、简明、无感情，事件过了之后好像忘记了似的"。但是，"训育的调子完全不同——不是短促而又尖锐的，而是持续不断的、坚持的、慢慢渗透的，并且是逐渐停止的，因为训育被感觉到是一种陶冶的原则"。

渗透于教学过程的训育

（二）赞许和谴责

当儿童遵守行为规则时，教育者给予他应得的赞许，使之产生快乐的情感。赫尔巴特认为，这是"训育的优美艺术"，应多加运用。相反，当儿童不听训话时，则要进行谴责。这是"一种不愉快的艺术"，但常常是不可缺少的。只是在运用这种"艺术"时，"自始至终"需用"温和的感情、耐心的嘱咐、宽宥的态度"，"避免傲慢、严厉"。

（三）健康生活

健康生活是进行完善训育的基础。儿童良好的健康状况，能使训育产生充分的效果，而在"健康不良的情形下，就不能有什么训育"。

① 参见张焕庭主编：《西方资产阶级教育论著选》，285～287页，北京，人民教育出版社，1964。

此外，教师的人格对训育也具有重大意义。赫尔巴特要求教师在实施训育时态度冷静、气氛愉快，从而使儿童形成善良的性格。

在赫尔巴特看来，训育是实现教育目的不可缺少的手段。他希望通过训育来培养儿童对他人友善的感情、自我克制的意志、遵守并服从既定法制的道德行为，最终能维护现存的社会秩序。由此可见，赫尔巴特的道德训育是为其保守的政治立场服务的。

第五节 赫尔巴特及其学派的历史地位

赫尔巴特是西方近代史上有重要影响的教育家，是教育科学奠基性的人物。从19世纪六七十年代起，赫尔巴特的教育思想在德国受到重视，并形成了以齐勒尔、斯托伊和赖因为代表人物的赫尔巴特学派。他们通过建立协会、出版著作和发行刊物，使赫尔巴特的教育学说很快传播到其他国家和地区。到19世纪90年代，赫尔巴特学派运动的中心开始由德国移向美国，其代表人物是曾经在德国留学的德·加谟、麦克默里兄弟及哈里斯等。1892年，他们成立"赫尔巴特俱乐部"（后几经改名，1910年改名为"全国教育研究会"），翻译、出版赫尔巴特的著作和阐述赫尔巴特教育学说的论著，使得赫尔巴特的教育思想在这一时期成为美国教育界的主导思想。

由于赫尔巴特所建立的理论体系是由一套严格的概念体系所构成的理性主义教育学体系，特别重视概念的清厘和知识之间的逻辑联系，人们批判他忽视鲜活的教育实践。另外，由于过分强调教师的地位和知识的作用，人们批判他不重视儿童、教学过程刻板。但是从某种程度上说，赫尔巴特之后的教育学发展就是对其教育学的反叛和复归、再反叛和再复归的过程，或与他有着无法摆脱的更为复杂的联系。我们重读赫尔巴特的文献，仍然可以发现其中关于"教育学不能停留在理论上，必须加以示范和实践"之类的论述。

20世纪初，赫尔巴特的教育思想以日本为媒介传入中国。可以说，最早在近代中国传播的西方教育理论就是赫尔巴特及其学派的理论。在赫尔巴特的教学阶段论之上发展起来的"五段教学法"，曾对近代中国的学校教育实践产生过广泛的影响，对当时中国的废科举和兴学堂及近代师范教育的发展都有极大的推动作用。

教育学大师赫尔巴特一生努力把教育学建成一门科学，他延续了裴斯泰洛齐"教育心理学化"的思想，充分重视心理学在教育研究中的地位。尽管赫尔巴特的功绩主要表现在"普通教育学"学科大厦的建立上，他的学说并不专门针对学前教育，但他对学前教育的影响仍然是巨大的。

关键概念

统觉　　教学阶段论　　道德训育

思考与练习

1. 试评述赫尔巴特的儿童管理思想。
2. 试比较赫尔巴特教育目的论中的“选择的目的”和“道德的目的”。
3. 简述赫尔巴特的教育理论及其对后世的影响。

第十章　福禄贝尔的学前教育思想

【本章学习目标】

- 了解福禄贝尔的生平与事迹。
- 理解福禄贝尔的学前教育思想。
- 运用福禄贝尔的学前教育思想指导幼教工作。

【教师专业标准】

- 尊重幼儿权益，以幼儿为主体，充分调动和发挥幼儿的主动性。
- 遵循幼儿身心发展特点和保教活动规律，提供适合的教育，保障幼儿快乐健康成长。
- 了解 0 ～ 3 岁婴幼儿保教和幼小衔接的有关知识与基本方法。

【本章内容引言】

在我们成长的道路上，总会发现有一个人是我们的“偶像”，他会指引我们前进的方向。据说福禄贝尔就是因为在报纸上看到裴斯泰洛齐努力奋斗办学校的故事，被其深深吸引，于是决定追随裴斯泰洛齐的脚步，从事教育工作。福禄贝尔在工作实践中深感儿童入学前的教育有很大不当，于是他独辟蹊径地展开学前幼儿的教育工作，并形成了自己的学前教育思想体系，最终成为“幼儿园教育之父”。

第一节 福禄贝尔的生平

弗里德里西·福禄贝尔 (Friedrich Froebel，1782年—1852年)，近代德国著名的教育家，幼儿园的创始人。他创办的幼儿园和提出的幼儿教育理论，对后世学前教育的发展有广泛的影响。

福禄贝尔

福禄贝尔出生于德国乡村吐林根，其父是位虔诚的牧师。在福禄贝尔9个月大时，他的母亲病故。在他4岁时，父亲续弦。福禄贝尔与继母感情淡漠，得不到家庭温暖，常独自流连于树林、田野间，这种生活环境使福禄贝尔养成了沉思的习惯，并且对他之后幼儿园教育思想的形成也产生了重大影响。

中学毕业后，福禄贝尔跟随一位林务官做学徒，学习土地测量，这使他对植物学和数学产生了兴趣，自学了植物学方面的知识。1799年，他在林业主的资助下进入耶拿大学哲学院学习。当时的耶拿大学是德国的文化和学术中心之一，著名的哲学家费希特和谢林在该校任教，他们对于福禄贝尔的思想都有重要影响。2年后，福禄贝尔因无力交纳学费而中途辍学。此后几年，他在家乡做过土地测量员、林务员、会计和私人秘书等工作。

1805年，福禄贝尔到法兰克福模范学校担任校长助理，开始了自己的教育生涯。在这所学校中，福禄贝尔首次接触到瑞士教育家裴斯泰洛齐的教育著作。同年8月，他前往伊佛东学院拜访裴斯泰洛齐。1808年至1810年，福禄贝尔再次访问伊佛东学院，并在那里学习和任教，进一步研究裴斯泰洛齐的教育理论和教育实践。他接受了裴斯泰洛齐关于母亲和家庭在儿童教育中具有重大意义的主张，并开始研究游戏对儿童身心发展的作用。

福禄贝尔出生地

1811年，福禄贝尔进入哥廷根大学深造，后又转入柏林大学，学习自然科学和谢林的哲学思想。

1817年，福禄贝尔在家乡开办学校，力图实施裴斯泰洛齐关于儿童天性发展的教育原则。1826年，他以这所学校的工作经验为基础，撰写了《人的教育》一书，系统阐述了他的哲学观与教育观。1834年至1835年，他在瑞士布格多夫担任一所孤儿院院长。其间，他一面执教4 ~ 6岁的孤儿，一面组织训练教师。这些工作让他深感忽视学前儿童的教育乃是教育上的极大不当。在这期间，福禄贝尔接触到了夸美纽斯有关“母育学校”的思想，认为对母亲进行训练是十分必要的。

1836年，福禄贝尔返回德国，转而从事学前幼儿的教育工作。1837年，他开始专门研究幼儿教育问题，并在勃兰登堡开办了一个幼儿教育机构，招收 3 ～ 7 岁的幼儿。1840 年，福禄贝尔把这个幼儿教育机构正式命名为“幼儿园”(Kindergarten)，这是世界上第一所幼儿园。福禄贝尔之所以使用“幼儿园”这一名称，是因为他认为幼儿生活在幼儿教育机构中就像花草虫鸟生活在园林中一样，幼儿园就是幼儿的花园。福禄贝尔在幼儿园的工作实践中，逐渐形成了自己的教育体系。

1843 年，福禄贝尔出版了他的幼儿教育专著《慈母曲及唱歌游戏集》；翌年又出版了《幼儿园教学法》、《幼儿园书信集》。此外，他还创办《星期日读物》和《福禄贝尔周刊》，广泛宣传幼儿园教育思想。

1852 年，福禄贝尔与世长辞。1861 年，他的有关幼儿教育的著作经友人编辑，被命名为《幼儿园教育学》正式出版。

第二节　福禄贝尔学前教育思想的基本原则

福禄贝尔学前教育思想的哲学基础是德国古典哲学，尤其是费希特、谢林和克劳泽的哲学。从福禄贝尔的人生经历和学说的基本内容来看，他还受到卢梭、裴斯泰洛齐和达尔文等的影响，在此基础上形成了他有关学前教育的基本原则。

一、生命统一的原则

福禄贝尔的世界观深受谢林的影响。谢林把“宇宙精神”（即神）看做是自然界和精神生活的基础，宇宙间的万物都是神创造的结果，它们的发展都服从统一的规则。福禄贝尔接受了谢林的观点，认为整个宇宙是统一的整体，其中心是神，自然界的万物和人无不包含着神的本源。神是万物之源，她掌管万物、支配万物。人类和别的动物又有所不同，人是有自觉和自决意识的最高生灵，他能感受、理解和认识存在于自身的上帝精神。通过教育使人能够自由和自觉地表现他的本质，即上帝的精神，这就是教育的本质。

二、顺应自然的原则

福禄贝尔接受了裴斯泰洛齐关于教育要适应自然的思想，但他把“自然”理解为潜藏在人身上的力量和能力的发展，理解为神的本源的自我发展。他认为，人的天性表现为四种基于人性、源于神性的观点，人性是善的，它表现为四种本能，即活动的本能、认识的本能、艺术的本能和宗教的本能，它们都是“神的本源”的体现和活动要求。在这四种本能中，福禄贝尔特别重视儿童的活动本能，认为只要循序渐进地对儿童施加教育影响，他们善良的天性就会发展起来。

福禄贝尔还深受卢梭自然教育理论的影响，他以修剪葡萄为例指出，“葡萄藤应当被修剪，但修剪本身不会给葡萄藤带来葡萄，相反地，不管出自多么良好的意图，如果园丁在工作中不是十分耐心地、小心地顺应植物本性的话，葡萄藤可能由于修剪而被彻底毁灭，至少它的肥力和结果能力被破坏”①。在福禄贝尔看来，对儿童的教育也要遵循同样的原则，除了自然赋予人的身体内部的那些东西外，教育是不可能再添上什么新的东西的。也就是说，教育只能以个人的天赋力量和能力为基础。

三、连续发展的原则

福禄贝尔受谢林的哲学思想和达尔文的进化论的影响，认为自然界的万物都在无限地发展着，不能把人看做是一种已经充分发展的和完全形成的、一种静止的和固定的东西，而应该看做是一种不断成长着、发展着和永远活着的东西，它从一个阶段不断向下一个阶段前进；人在其整个生命中，也在不断发展。人和自然一样会经历一个从不完善到完善、从低级到高级、从简单到复杂的过程，并且这种发展是分阶段进行的，前后相继、相互联系。婴儿、幼儿、儿童、少年、青年、成年、老年等人类发展阶段是连续的，换句话说，幼儿是婴儿的延续，儿童是幼儿的延续，以此类推。每个人在儿童期像儿童、在少年期像少年，才是正确的。生命的发展乃是连续的整体，生命体的发展应该按照每一阶段的发展任务自然地发展。每个阶段都应该发展好本阶段的任务，而不是拔苗助长。

四、自我活动的原则

福禄贝尔继承了裴斯泰洛齐重视自我活动在教育过程中的作用的观点，认为活动是主体能动性的表现，是连接主体与客体的桥梁。德国古典哲学家费希特的“行动哲学”对福禄贝尔的学前教育思想也起到了很大的影响作用，费希特解释了自我活动的基本原理，认为自我是独立存在的，人类的经验不是依靠从外面接受或吸收的东西，而是更多地依靠他自己所展开和表现的东西。福禄贝尔认为自我活动是一切生命的基本特征，个体由此认识自然、认识自我。在他看来，人类生存和生长的法则在于人类可以通过自我活动自动地向外表现存在于自身的“神的本源”。

第三节 福禄贝尔的学前教育思想体系

虽然福禄贝尔的学前教育思想带有明显的宗教神秘色彩，但他的学前教育实践和教育思想仍然具有开创性，为近现代学前教育走上科学的发展道路起了奠基和引领作用。

① [德]福禄贝尔著，孙祖复译：《人的教育》，6页，北京，人民教育出版社，1991。

一、论幼儿园的意义与任务

在福禄贝尔看来，幼儿期是人生的一个重要阶段，这个阶段的生活方式和所受的教育会影响人的一生。一个人成年之后的品格，如勇敢、怯懦、乐观等，大都与其幼儿期的经历有关。他指出，如果幼儿期的教育不当，会阻碍儿童的本性和各种天赋潜能的发展，给儿童以后的教育和发展带来困难。它所造成的不良后果，在以后的教育和生活中常常需要花费极大的努力才能弥补。基于上述看法，福禄贝尔将幼儿教育看做人生发展的重要内容，并要求把学前教育作为人的教育的组成部分。他认为学前教育是人的教育的开始，是儿童以后各阶段教育和发展的基础；他呼吁父母和教育工作者重视幼儿时期的教育，以使儿童的本性和各种天赋潜能得以顺利发展。

受夸美纽斯和裴斯泰洛齐的影响，福禄贝尔也十分重视家庭教育在儿童发展中的作用，重视家庭和父母在幼儿教育中的作用。但他意识到仅靠父母本能地、自发地教育自己的孩子是不够的。家长往往缺乏必要的训练，无法教育好年幼的孩子。因此，像裴斯泰洛齐一样，福禄贝尔也意识到必须采取有效的措施来帮助母亲教育自己的孩子，有必要设立专门的对儿童进行教育的机构——幼儿园，它可以帮助父母担负起理性教育儿童的职责。他详细地研究了当时在西欧国家流行的幼儿教育理论，在此基础上创立了一个完整的幼儿园教育思想体系。

福禄贝尔的学前教育思想并非要以幼儿园教育来代替家庭教育，而是力图以幼儿园教育来补充家庭教育。他坚持认为幼儿园教育和家庭教育的目标是一致的，幼儿园的设立有利于完善学前教育的体系和力量。

幼儿园的主要目的是加强对儿童的照管和教育，通过各种适当的活动，增强儿童的体质，锻炼他们的外部感觉，发展他们的智力和语言，使他们初步认识自然和人类社会，养成集体生活的习惯，从而做好升入小学学习的准备。[①] 训练有素的教师能够承担起教育儿童的职责，让儿童在幼儿园自由成长。福禄贝尔认为幼儿园应该是为所有儿童提供教育的公共保育机构，所有的儿童，不论家庭、社会地位和经济情况，都可以平等接受教育。

想一想

> “对儿童进行教育，就是通过各种活动，使这种内在的力量得到发展。”福禄贝尔所说的这种“内在的力量”指的是什么？

幼儿园的教育任务主要是通过游戏与活动达成的。首先，设计游戏与活动的目的在于培养和指导儿童，帮助他们在幼儿期获得良好的发展，最终成为社会群体中真正

① 参见单中惠主编：《西方教育思想史》，366页，太原，山西人民出版社，1996。

的一员；其次，游戏与活动的设计应遵循人类认识的规律和自然发展原则，由低级向高级、由简单向复杂，并形成一个完整的体系；最后，儿童可以通过游戏与活动发展自我意识、习得必要的知识及人际交往能力，为他们成为独立的个体打下基础，并最终成为聪明的、富有想象力的人。① 除此之外，福禄贝尔认为幼儿园还应承担培训幼儿教师和推广幼儿教育经验的职责。

福禄贝尔式幼儿园

二、论教育分期及各时期的发展任务

福禄贝尔把人的发展分成若干阶段，认为每一个阶段不是由年龄所决定的，而是由某种显著的特征所决定的。根据儿童发展的特点，福禄贝尔把儿童教育的过程分为三个阶段：婴儿期、幼儿期和少年期。

（一）婴儿期

福禄贝尔认为婴儿期是婴儿感官发展的重要时期。这一时期，婴儿会“吸收”外界各种事物，并依靠这些“吸收”使自己成长。这个时期婴儿所具有的“吸收”功能，不仅体现在会吸吮母乳上，还体现在对于外部事物的“吮吸”上。婴儿会通过听觉、视觉及身体运动获得对外界事物的感知，从而在内心形成对事物的认识。在婴儿期，人体各器官的发展居于主要地位。为促使各种感官的发展，福禄贝尔非常注重婴儿的身体、感觉和四肢的运用，主张要经常让婴儿运用他的手脚、嘴唇、眼睛等，借此促进婴儿的感官发展和心理发展。

（二）幼儿期

幼儿期即儿童早期，通常在儿童3岁左右，“真正的人的教育就开始了”②。福禄贝尔非常重视幼儿期的教育，重视儿童早期生活对人的一生的重要影响。他说：“人的整个未来生活，直到他将要离开人间的时刻，其根源全在于这一生命阶段。”③ 他认为一个人对自然的认识，与父母及社会的关系，主要取决于这一时期的生活。在这一时期，儿童开始自动地向外部表现其内在本性，一些最基本的本性开始觉醒，并遵循自然法则逐渐发展。福禄贝尔指出，在这一时期，儿童通过观察、与周围的人和事物接触及游戏等

① 参见单中惠、杨汉麟主编：《西方教育学名著提要》，220页，南昌，江西人民出版社，2000。
② 曹孚编：《外国教育史》，347页，北京，人民教育出版社，1979。
③ ［德］福禄贝尔著，孙祖复译：《人的教育》，34页，北京，人民教育出版社，1991。

活动获得经验和体验，并试图用语言表达自己的内心世界。如果说父母和教育者对于婴儿的主要职责是保育的话，那么对于幼儿期的儿童则应该较多地注意其“心智”发展。父母或教师应该让儿童背诵儿歌、小诗或复述故事等，借以发展他的语言。

（三）少年期

少年期即学生期，是儿童在7岁左右开始的学校学习阶段。在这一时期，儿童主要学习事物及事物之间的相互关系，以便他们以后能从中引出事物内在的统一性，从而将外部的事物内化。因此，教学应占据统治地位，可借助于实例和语言进行教学，以达到上述目的。担负这一时期儿童教育任务的主要是学校。福禄贝尔认为，学校教育的任务是使儿童本性的各个方面继续发展，教育的内容应包括宗教教育、认识自然、学习数学、发展语言、艺术教育、手工和劳动等。

三、论幼儿园的教育内容与方法

（一）论“恩物”

按照福禄贝尔的看法，“恩物”是神恩赐给儿童的活动玩具，取名“恩物”意为上帝的恩赐。实际上，“恩物”是福禄贝尔为儿童设计的一系列游戏活动的玩具，在家庭和幼儿园都可以使用。在福禄贝尔看来，大自然包罗万象，要观察和研究自然界的神奇与奥妙，必须仿照大自然的性质、形状及法则，制作简易的玩具，作为儿童认识万物和理解自然的初步手段。因此,“恩物”是一种适合儿童特点的游戏活动玩具。“恩物”可以帮助儿童由易到难、由简到繁、循序渐进地认识复杂、多样的自然法则，是儿童了解周围世界和形成对万事万物观念的媒介。

福禄贝尔设计的各种“恩物”

1836年到1884年，福禄贝尔共设计出10余种“恩物”，最被认可的有6种。第一种是6个色彩各异的绒球，球上各系一条线。母亲或教师可以让儿童观看各种颜色的绒球，以发展其辨色的能力；也可以提着绒球做各种动作，如将绒球向各个方向摆动，以发展儿童的空间观念，培养儿童的注意力和独立活动能力，发展儿童的语言，帮助他们理解一些抽象的概念。第二种是木制的球体、立方体和圆柱体。球体是运动的象征，立方体是静止的象征；球体是单一的表现，立方体则是多样、复杂的象征。通过运用这些物体的各种活动，儿童会认识物体的各种形状和几何图形，并理解运动与静止、单一与复杂的对立关系。第三种是由8个同样大小的小立方体组成的1个大立方体。通过这些立方体的组合，可以培养儿童整体和部分的概念，并锻炼他们的组合能力。第四种、第五种、第六种都是一个可以分割的大立方体，它们可以分割成大小和数目不等的小立方体、小长方体及小三角形等，向儿童展示更多样的几何形体，对发展儿童的认识能力、想象力和创造力都是有益的。

想一想

结合你所学过的学前教育理论，思考“恩物”的合理性及教育价值。

（二）论“游戏”

福禄贝尔对游戏作了系统的阐述。他认为，游戏是幼儿时期最纯洁、最神圣的活动，是儿童创造性本能和活动本能得以发展的手段。游戏为儿童的生活提供了丰富的内容，锻炼了儿童的身体，发展了他们的语言，培养了儿童的主动性和创造性，为儿童认识世界积累了经验。通过各种游戏，儿童可以全面地表现他们的内部世界和感受外部世界，把内部世界和外部世界作试探性比较，达到对上帝这个统一体和对生活本身的认识，从而获得愉快、自由和满足，并保持内在与外在的平衡。

福禄贝尔认为游戏是儿童生活的一个重要组成部分，是人类在童年时期的生活中最快乐的一种活动。他把儿童的游戏分成两种最基本的形式[①]，即精神性游戏和运动性游戏。精神性游戏可以帮助儿童认识世界的基本特征，如重量、形态、颜色、大小等，从而使儿童形成对外部世界的思考和判断，发展儿童的智力。运动性游戏则是为了锻炼儿童的体力，训练儿童的感官并培养他们的合作意识。两种游戏共同为儿童认识自然、同伴和自我搭建了桥梁。

1. 精神性游戏

在幼儿教育中，精神性游戏主要是通过“恩物”来进行的。在玩第一种“恩物”游戏时，儿童可以通过抓握绒球感知球体的形状、软硬等特征；也可以跟着滚动的绒球跑或者抛绒球，以锻炼他们的四肢与肌肉；还可以在绒球上拴线，成人通过使绒球进行多种形式的运动，让儿童形成来回、上下、左右、高低等概念，以获得有关物体的时间、空间意识。

此外，儿童还可以将绒球想象成与生活密切相关的事物，通过假想这些事物间的关系，培养想象力。在使用绒球开展游戏的过程中，要伴随通俗易懂、含义丰富且形象化的语言和歌曲。

在玩第二种“恩物”时，成人可以先将立方体藏在手中，让儿童寻找，然后展开手心让儿童发现立方体，体会立方体的形状；也可以将球体放在手心或托盘里滚动，

---

① 参见单中惠、杨汉麟主编：《西方教育学名著提要》，222页，南昌，江西人民出版社，2000。

配上歌曲以增加游戏的趣味性；儿童也可以将立方体想象成许多物体，如椅子、房子等，从多角度理解和观察事物。

在玩第三种“恩物”时，成人可以先整体呈现一个大的立方体，让儿童观察它是由 8 个小的立方体组成的；儿童也可以以不同的方式组合小立方体，从而感受整体与部分之间的关系；儿童还可以把立方体想象成砖块等，以发展想象力。

通过第四种、第五种和第六种“恩物”，儿童可以进行各种不同的排列、组合和搭建活动，加深对整体与部分关系的理解，发现存在于生活中的多种多样的几何图形并掌握分数的概念，为将来学习数学与几何打下基础。

2. 运动性游戏

运动性游戏主要包括三种。第一种是行走游戏，儿童可以进行直线运动，也可以进行曲线运动。在行进过程中，儿童可以边走边唱歌，并注意观察身边的事物，同时将所见所闻加以想象，形成有趣的故事相互交流。这种游戏发展了儿童的活动能力、智力及想象力，锻炼并丰富了儿童的感觉与经验，发展了他们的语言表达能力。第二种是表演游戏，儿童可以围成圈，手拉手，通过不同的运动方式感受运动的节奏变化、位置变化；儿童还可以排列成各种形状的队形进行运动，以理解个人与集体的关系。第三种是跑步游戏，让儿童在操场、花园、草坪或宽敞的房间进行跑步游戏，既可锻炼儿童的体力，也可加深儿童间的联系。

议一议

游戏是儿童的内在本能尤其是活动本能的自发表现，也是幼儿时期最纯洁、最神圣的活动。活动本能日后将会逐渐发展成创造本能。你认同“游戏”对于幼儿的价值吗？

福禄贝尔非常重视游戏的社会内容，主张把幼儿园变成社会的缩影，经常让儿童扮演木匠、铁匠和农夫，以培养儿童温顺、忍耐、节制等品质。他还重视动作、唱歌和语言的训练，并且经常把它们结合起来进行练习。例如，儿童用语言来复述教师讲的故事，并进行唱歌和动作的表演，或用图画、纸张等材料制作简单的物品，以发展其语言表达、建造和审美能力。[①]福禄贝尔强调，成人要关心和指导儿童游戏，他呼吁：“母亲啊，培养儿童游戏的能力吧！父亲啊，保卫和指导儿童的游戏吧！”[②]

---

① 参见单中惠主编：《西方教育思想史》，367 页，太原，山西人民出版社，1996。

② 转引自张焕庭编：《西方资产阶级教育论著选》，313 页，北京，人民教育出版社，1964。

读一读

> 儿童有着强大的驱动力和创造力，教师的任务就是管理和引导他们，把他们的驱动力和创造力用于值得从事的活动中。——福禄贝尔

总之，福禄贝尔强调儿童的游戏需要进行合理的、有意识的指导，游戏必须是有目的的活动，否则就不能为儿童注定要承担的那些生活职责做准备。

（三）论幼儿作业

福禄贝尔不仅观察和研究了儿童的游戏，还认为作业也是幼儿园的一种教育形式，主张通过作业对儿童进行初步的教学。作业有很多种类，如绘画、拼图、串小珠、刺绣等。在福禄贝尔看来，作业不但可以扩大儿童对于各种图形的认识，而且可以帮助儿童认识点、线、面，并利用它们去组成整体。除此之外，幼儿园的作业还包括一些劳动，比如照料植物等。福禄贝尔主张为儿童开辟劳动园地并组织儿童进行栽种，让儿童观察植物的生长。在作业的方法上，福禄贝尔要求从简到繁、循序渐进。

四、论从幼儿园向小学过渡

长期的幼儿园教育使福禄贝尔意识到幼小衔接的重要性。他认为以游戏和活动为主要内容的学前教育，对于新入小学的儿童是不利的。突然改变的比较抽象的教学内容会令儿童难以适应，并给小学教育带来严重的困难。

福禄贝尔认为从幼儿园到小学应该有一个中间阶段，使儿童有时间做好适应小学生活的准备，逐步地适应新的环境和新的教学方法。他进一步提出建立“中间学校”的主张，以实现幼儿园与小学之间的平稳衔接。

第四节　福禄贝尔学前教育思想评价

福禄贝尔是近代学前教育史上一位有着重大贡献和广泛影响的教育家。他一生致力于幼儿园教育的实践和理论研究，在借鉴他人教育经验的基础上，总结出一套完整的幼儿教育新方法，提出了完整的幼儿园教育思想体系，创立了幼儿教育学。在幼儿教育实践的基础上，他使对幼儿的教育工作成为一个独立的社会职能部门，第一个创立了幼儿园。虽然他的幼儿园教育思想体系带有比较浓厚的宗教色彩和形式主义的局限性，但却包含着许多合理的因素，如他强调教育要遵循自然，要以儿童的自我活动作为教育过程和教学方法的出发点。

福禄贝尔的教育活动顺应了当时社会要求发展学前教育的趋势，他的幼儿园教育实践和教育理论体系对19世纪后半期乃至今天全世界的学前教育都产生了积极的影响，他为幼儿教育所设计的玩具和游戏至今仍有参考价值。美国教育史学家佛罗斯特指出："19世纪的欧洲出现了三位伟大的教育巨匠：裴斯泰洛齐、福禄贝尔和赫尔巴特。他们的教育理论及方法，不仅从许多方面改变了欧洲学校的面貌，而且在很大程度上奠定了我们今天称之为现代教育和进步教育的基础。"[①]福禄贝尔幼儿教育思想中的某些基本观点也是美国实用主义教育家杜威的教育思想的源泉。美国教育史学家孟禄也指出，福禄贝尔的教育哲学在很多方面与当今流行的心理学和科学思想是相符的。

福禄贝尔的幼儿教育思想和实践曾对世界各国幼儿教育的发展产生深远的影响。19世纪中叶，幼儿园传入英国；1855年，传入美国；1876年，传入日本；20世纪初，传入中国。1903年秋，我国湖北武昌开设了第一所私立幼儿园。1923年，我国现代教育家陈鹤琴在南京创办了我国第一所国立实验幼儿园。

关键概念

幼儿园　　恩物　　教育分期　　幼小衔接

思考与练习

1. 简述福禄贝尔关于幼儿园教育的意义。
2. 我们该如何运用福禄贝尔的游戏理论？
3. 试评福禄贝尔的学前教育理论及其历史地位。

① [美]佛罗斯特著，吴元调等译：《西方教育的历史和哲学基础》，北京，华夏出版社，1987。

第十一章　欧文的学前教育思想

【本章学习目标】

- 掌握欧文的“性格形成学说”。
- 了解欧文的“新拉纳克幼儿学校”。

【教师专业标准】

- 注重保教结合，培育幼儿良好的意志品质，帮助幼儿形成良好的行为习惯。
- 科学照料幼儿日常生活，指导和协助保育员做好班级常规保育和卫生工作。
- 善于倾听，和蔼可亲，与幼儿进行有效沟通。

【本章内容引言】

随着英国工业革命、法国资产阶级革命，以及“天赋人权”、“三权分立”等民主思想的传播，以法国的圣西门、傅立叶和英国的欧文为代表的空想社会主义学说应运而生。他们揭露和批评资本家对劳动者的残酷剥削，呼吁建立自由、平等、博爱的资产阶级“理性王国”，并希望通过教育来启迪愚昧、培养新人，从而实现他们的理想社会。空想社会主义者在学前教育问题上提出了很多在当时来说极有进步性的见解，特别是欧文的学前教育实践和教育思想，在学前教育发展史上具有显著的进步意义。

第一节 欧文的生平和教育实践活动

欧文

罗伯特·欧文（Robert Owen，1771年—1858年），出生于英国北威尔士蒙哥马利郡的一个小镇，其父是马具师兼小五金商。欧文从小家境清贫，5岁上学，9岁时就离开了学校，在一家杂货店当帮工，开始自谋生计。在当店员期间，欧文每天要从早晨8点工作到晚上10点多，接着还要整理货物，常常要到深夜2点才能休息。尽管如此辛苦，他还是坚持每天都抽出时间来读书，以弥补自己知识的不足。

1800年，欧文接管了苏格兰的新拉纳克纺织厂。他既是该厂的经理，也是股东。当时工厂里的工人每天工作时间长达14个小时，而且工资微薄，居住环境恶劣。这种贫苦、没有安全感的生活环境使得身处其中的工人粗野、道德堕落，打架、酗酒、盗窃经常发生。这种环境也给工人们幼小的孩子造成负面的影响，使他们从小性格扭曲、心理压抑。

欧文认为，儿童一出生就具有天赋的能力，并且有发展这种天赋能力的可能性。人先有天赋的能力，然后通过社会环境的作用形成性格。恶劣的环境使人的理性和性格不能得到正常发展，但是只要通过良好的教育，人的思想就能够改变，性格就能够重新塑造，这就是欧文的"性格形成学说"。从这一认识出发，欧文自接管新拉纳克纺织厂起就通过给工人修建住宅、缩短工人的工作时间、提高工人的工资等手段改变工厂和工人的工作环境。他还特别重视工人子女的教育。他认为，儿童从一两岁就开始学会一些知识、养成某种脾气和个性。而工厂的工人大多忙于生计，没时间照顾子女；工人的生活环境恶劣，他们的子女生活在其中也会受到不良影响；大多数工人对子女进行恶劣且错误的教导。鉴于此，欧文于1816年在工厂里成立了"新拉纳克幼儿学校"（又译为"新拉纳克性格陶冶馆"或"性格形成学院"）。

苏格兰的新拉纳克

幼儿学校招收2 ~ 5岁的儿童，是英国第一所也是世界上第一所幼儿学校。学校设有幼儿游戏场，孩子们可以在游戏场游戏，上课前和放学后也可以在那里集合，进行军事操练。在幼儿学校里，有专门的育儿保姆照看孩子们。孩子们除了快乐地学习一般课程，获得初步的知识外，还要学习舞蹈、唱歌和乐器演奏。孩子们在欧文开设的幼儿学校里生活得非常愉快，"父母简直很难把他们领回去"。

欧文的"新拉纳克幼儿学校"办学成果显著。那个工人区的居民"从懒惰、肮脏、酗酒、愚蠢和不道德变得非常勤勉、不饮酒、积极和有道德"[①]，受过幼儿学校教育的

① [英]欧文著，柯象峰等译：《欧文选集》（第一卷），58页，北京，商务印书馆，1979。

儿童“比任何一洲同一阶级的儿童都好得多”，甚至“高于任何一个社会阶级的儿童”。许多参观者看到这些儿童的举止、风度后，感动得流下了热泪，说：“这是一个全新的世界和全新的人类。”①

第二节 论幼儿的性格形成

性格形成学说是欧文从事社会改革和教育实验活动的出发点。在他看来，一个人的性格不是由他自己形成的，而是在“外力”的作用下形成的。“外力”来自两方面：一方面是遗传因素，一个人的品质和志趣从胚胎时期在母亲的肚子里就形成了，这样就产生了气质、才能上的差异；另一方面是社会环境，一个人的成长过程、居住地点和生活环境影响了这个人性格的形成，这是影响人性格的主要因素。在欧文看来，运用适当的方法，通过改变环境，可以塑造任何一种性格，不论这种性格是好的还是坏的。这种改变环境的方法就是教育，“儿童经过教育可以养成任何习惯和情感，这些习惯和情感同每个人身心两方面的天性倾向和能力，以及他所处的一般环境结合起来就形成一个人的全部性格”②。对于儿童培养来说，这种教育要尽早实施。欧文在一系列著作和演说中反复强调儿童教育应当从小开始，在襁褓时就应该开始，让儿童在良好的环境中受到良好的教育，养成各种良好的品行。“人们在幼年时期和儿童时期被培养成什么样的人，成年后也就是什么样的人。现在如此，将来也永远如此。”③给儿童一个优良的环境，才会为他们形成合理的性格打下基础。

读一读

> 许多好的或坏的脾气和性情都是两岁以前养成的，许多深刻、难忘的印象则是在一岁以前甚至半岁以前获得的。——欧文

第三节 论幼儿学校的教育原则

欧文的幼儿学校有一个原则：要尽力使孩子们快乐。这不仅是幼儿教师要遵守的教育原则，也是幼儿园的孩子们要遵守的行为准则。

与此同时，欧文还详细规定了幼儿学校的 10 条指导原则④：

第一，不责骂或处罚儿童。

第二，每一位受聘教师应当亲切地对待所有的儿童，无论在口气、表情、言语和

① [英]欧文著，柯象峰等译：《欧文选集》（第一卷），96 页，北京，商务印书馆，1979。

② 同上书，93 页。

③ 同上书，344 页。

④ 参见[英]欧文著，柯象峰等译：《欧文选集》（第三卷），364 ~ 366 页，北京，商务印书馆，1984。

行为上都要表现出对儿童的爱，以便在教育者与被教育者之间产生真挚的爱和充分的信任。

第三，运用直观的方法进行教学，允许被教育者经常提出他们自己的问题，并通过教育者和被教育者之间无拘无束的交谈作出解释。

第四，必须用和蔼可亲与合情合理的态度回答儿童提出的问题，当问题的内容超出教师的知识范围时，教师应当立刻承认自己对这个问题缺乏了解，而不要把儿童的思想引入歧途。

第五，没有固定的室内上课时间。当受教育者或教师自己的脑力因室内上课而疲倦时，如果天气晴朗，就应当把室内的课改为室外体育活动；如果天气恶劣，就应当改为室内体育活动或音乐练习。

第六，除音乐外，教师还要对这些工人的子女进行军事训练，以使他们养成遵守秩序、服从指挥和严格要求自己的习惯，改善他们的健康状况和仪态举止。同时，教师还要指导他们学习舞蹈并跳得很熟练，以增进他们的仪表、风度。对男女儿童适当进行军事训练及让他们学习舞蹈和音乐，是形成一种善良、合乎理性和幸福的性格的有力手段；在每一所为了陶冶性情而合乎理性地管理的学校中，这些活动应当成为教育和训练内容的一部分。

第七，当儿童的军事训练、舞蹈和音乐练习已相当熟练并享受到其中的乐趣时，这些活动就不再继续进行。当他们流露出倦意时，就应当让他们回到室内学习智力方面的功课。如果指导得法，儿童总是以愉悦的心情去学习这些功课。他们受到教师合情合理的对待时，总会心满意足地接受体力或智力方面的训练和教育。

第八，把儿童带到室外，熟悉花园、果园、田地和树木，熟悉家禽、家畜和一般的自然史，这是教育工人子女的一个重要部分。

第九，训练工人的子女理性地思考和行动，使他们获得一生中都有用的重要知识。

第十，把工人的子女置于比其他任何阶级的儿童更为优越的环境之中，即白天把他们安置在最完美的学校中，使他们养成最优良的性格。

第四节　论教育内容及教育方法

在智育方面，欧文认为应该让儿童学习实际、有用的知识。当时的英国教会学校教儿童死记硬背神学内容，“通行的儿童读物所传授的东西是一些不应当在他们那种年龄教给他们的东西”①。这种脱离实际的教学，损害和摧残了儿童的智力。欧文提倡顺从儿童的兴趣爱好，让他们多去认识平日里接触得最多的周围环境里的事物，学习对生活有用的知识。这就要求教师能敏锐地察觉出儿童感兴趣的事物，并及时把这些事物教给他们，让他们把学习当做一个游戏的过程。欧文提倡开放性的教学形式，主张

① [英]欧文著，柯象峰等译：《欧文选集》(第一卷)，51页，北京，商务印书馆，1979。

儿童从小应多在室外活动。幼儿学校里没有固定的室内活动时间，他说："只要天气和幼儿学校的孩子们体力允许，就应该让他们在户外的新鲜空气中玩耍。在游戏场里玩够了，再把他们带到教室里，由教师向他们展示和说明一些他们能够理解的、有用的事物。"① 欧文还提倡实物教学，他反对让儿童坐在教室里学习枯燥无味、不知甚解的书本知识，主张让儿童通过鲜明的形象获得知识。在幼儿学校教室的墙上，贴满了各种以动物为主的图画，教室里还经常放着一些从花园、田野和树林中采集来的自然界的实物，供直观教学使用。

在德育方面，欧文认为幼儿学校的德育主要是培养儿童遵守纪律的习惯，培养儿童的集体主义精神，培养儿童正义、正直、诚实、有礼貌、守秩序等良好品格，让儿童学会和小朋友友好相处。

除了智育和德育以外，幼儿学校还设置了体操、体育、乐器、唱歌和跳舞等课程。欧文认为，对儿童进行体操训练，既可以锻炼身体，又可以使其养成集中精力和遵守纪律的好习惯，同时也为适应以后的军训打下基础。为了成为"祖国未来的保卫者"，儿童还需参加由游戏场管理人员教导的军训。在进行军训时，可以使用重量和大小合适的仿真武器。欧文指出，为了儿童的健康和心灵美，无论男孩或女孩，都要学习舞蹈。儿童从 2 岁开始学习舞蹈，4 岁开始学习唱歌。这些课程的学习，可以使儿童体态优美、精神愉悦，同时能培养儿童对美的感受，形成良好的性格。

为了使儿童得到良好的训练和教育，教师绝不应当让儿童听到愤怒的斥责或看到怒目而视的表情。在对儿童进行教育的时候，教师不应该有任何形式的惩罚。责骂或惩罚儿童就像在儿童的食物里下药一样，是不可饶恕的。对待无论怎样调皮捣蛋的儿童，教师都应该和颜悦色、语言亲切、态度和蔼，绝对不可以威胁或者咒骂儿童。

综上，欧文从性格形成的观点出发，特别重视对儿童的早期教育和全面教育。他尝试把工人阶级的孩子放到好的教育环境里，通过集体游戏、直观实物教学、教师人道主义态度等教育方式对儿童进行德、智、体等全面教育，以使他们形成合理的性格。欧文创办的幼儿学校对工人阶级子女的幼儿教育进行了最早的尝试，为近代学前教育的发展开了先河，推动了 19 世纪上半期英国幼儿学校运动的兴起，对英国学前教育体制的建立产生了深远的影响。但是，欧文的幼儿学校毕竟只是学前教育的初步尝试，由于当时对儿童心理的研究还未引起充分重视，它在课程、游戏、活动、教具等方面还没有进行深入、全面的设置。19 世纪前后，欧文的幼儿学校模式被福禄贝尔的幼儿园模式所取代。

---

① 转引自梅根悟主编：《世界幼儿教育史》，87 页，长春，吉林人民出版社，1986。

关键概念

新拉纳克幼儿学校　　性格形成学说　　实物教学

思考与练习

1. 简述欧文的性格形成学说。
2. 评述欧文幼儿学校的教育内容和方法。

第四编

外国现代学前教育思想

第十二章　外国现代学前教育思想概述

【本章学习目标】

- 理解20世纪学前教育发展的社会历史背景。
- 了解20世纪学前教育发展的基本情况。
- 尝试把儿童中心主义教育思想应用到实践中。

【教师专业标准】

- 遵循幼儿身心发展特点和保教活动规律，提供适合的教育，保障幼儿快乐健康成长。
- 掌握不同年龄幼儿身心发展特点、规律和促进幼儿全面发展的策略与方法。
- 了解关于幼儿生存、发展和保护的有关法律法规及政策规定。

【本章内容引言】

进入20世纪，伴随着两次世界大战的爆发及第二次工业革命，人们开始逐步认识到教育的重要性；社会财富的不断增加与科学的迅猛发展也为学前教育的发展奠定了良好的基础，各国的学前教育事业得到长足发展。教育思想家们在继承前人思想并结合自己实践经验的基础上，提出了儿童中心主义等教育思想，在欧洲大陆出现了以改革传统教育理论和方法为目的的“新教育运动”，并出现了蒙台梭利等杰出的幼儿教育家。

第一节 现代学前教育发展的社会背景

进入20世纪，伴随着资本主义制度的扩张，人类社会发生了巨大变化。两次世界大战使各国都充分意识到，教育是现代社会发展的重要基石，是国家走向富强的必经之路，于是各国纷纷开始重视发展教育事业。第二次工业革命极大地提高了社会生产力，社会财富的增加、人口数量的激增、人类的思维观念和对世界的认识的转变，都为学前教育事业的发展奠定了良好的社会基础。

一、发展教育成为各国共识

20世纪前半叶是人类发展史上最具变革性的时期。第一次世界大战以后，新的国际秩序建立起来，欧亚的政治版图也得到了很大的调整，世界上第一个社会主义国家苏联诞生，英、法等帝国主义国家的力量略有衰减，美国成为第一经济强国。战争使得各个国家开始重视科学技术、经济发展和军事实力，并意识到这些都是教育和人才培养的产物，于是纷纷兴办新式教育，大力进行教育改革。

1939年，第二次世界大战爆发，惨烈的战争使得几乎整个世界都处在硝烟战火之中。二战削弱了欧洲强国的实力，美苏争霸的局面逐步形成。战后，世界各国为了实现国民经济的增长，提高生产效率，纷纷重视教育事业。

二、发展学前教育有了契机

19世纪70年代至20世纪初的第二次工业革命使得资本主义经济得到快速发展，生产力提高，社会财富急剧增加。与生产力发展相一致，世界人口数量倍增，20世纪50年代到60年代中期，世界人口增长率达历史最高值。工业革命为教育事业的发展奠定了坚实的物质基础，人口数量的增加也使得民众对学前教育的需求越来越迫切。在此基础上，各国开始加大资金投入兴办幼儿园，并实行部分免费教育，同时对幼儿教育的师资及设备等提出明确的要求。此外，工业革命的发展也促进了儿童玩具及幼儿园教具的改进，儿童能够获得丰富而有教育意义的教学材料，在一定程度上促进了学前教育事业的发展。

在政治制度上，民主和公民自由的资本主义政治制度形成，人们的竞争意识与参与意识不断增强。人们思想观念的改变，也为学前教育领域先进思想的产生和发展提供了良好的社会条件。

第二节 现代学前教育发展的学科背景

社会生产力及科学技术的飞速发展，催生了很多新的学科，使得人们能够从多个角度更加全面地认识生命现象。生命科学和社会科学，尤其是科学心理学的产生与发展，为学前教育思想的发展奠定了坚实的理论基础，并提供了科学的研究方法。

一、生命科学和社会科学的发展

19 世纪末，生命科学得到飞速发展，使得人们可以从胚胎学、遗传学、进化学等多个角度认识生命现象。生命科学的发展不但大大降低了儿童的死亡率，而且促进了学前儿童卫生学的产生和发展。生命科学中的分支——脑科学是研究神经细胞如何产生行为，周围环境如何影响脑的活动的学科。脑科学的研究成果显示，儿童的大脑具有优于成人的、巨大的发展潜力，从而为学前教育事业的发展指明了方向并提供了方法论基础。此外，细胞学说、生物学等自然科学的发展也为学前教育思想的发展提供了理论基础。

社会科学是研究各种社会现象及人与周围环境关系的学科。19 世纪，经济学、政治学、历史学、伦理学、社会学、人类学等学科的相继出现，标志着社会科学的诞生。20 世纪，社会科学的发展呈现出专门化、多学科相互补充和合作等趋势，并与自然科学相互交叉、渗透，学前教育的研究也广泛吸收和借鉴了社会科学的先进理论和研究方法。

二、科学心理学的产生与发展

在科学心理学产生之前，由于理论和研究方法的局限，人们对儿童的关注仅限于生理健康和凭空想象的“观念心理学”层次。这些心理学思想在赫尔巴特和福禄贝尔等人的作品中可以看到。1879 年，冯特建立了世界上第一个心理学实验室，宣告科学心理学的诞生。在这一时期，初等义务教育已经开始普及，入学儿童日益增多。为了进一步提升教育质量，教育学家广泛借鉴实验心理学的研究方法和科学理论，开展各种教育研究与实验，研究教育对象心理发展的特点和规律，力图建立“科学的教育学”。实验心理学的诞生和发展为学前教育革新提供了科学依据和方法论基础，研究者们开始运用基于实验的科学的心理学和它所带来的测量方法，发掘儿童心理、人格等内在的成长，研究儿童生长的规律及影响因素。

第三节　各国学前教育发展的基本情况

两次世界大战后，出于战后恢复的需要及对战争的反思，人们开始重新审视教育的社会地位和重要作用，教育为本、教育兴国成为很多国家的国策。20 世纪，随着生理学、心理学及社会科学的发展，人们越来越深刻地认识到 6 岁以前儿童教育的重要意义。此外，人口数量倍增，0 ~ 6 岁儿童数量的增加，也为学前教育事业的发展提供了有利条件。世界各国都从各自的社会、政治、文化特点出发，对学前教育进行了一系列改革。

一、英国的学前教育

第二次世界大战前，英国政府为解决 5 岁前儿童的教育问题建立了保育学校，并在保育学校进行“做中学”、“设计教学法”等改革实验。1918 年，英国国会通过《费舍教育法》，正式将保育学校列入国民教育制度中，并对保育学校的管理做出了明确规定。1933 年，以哈多爵士为主席的调查委员会发布《关于幼儿学校及保育学校的报告》(简称《哈多报告》)，对英国幼儿教育机构的设置及教学内容等提出了一些建议。

玛格丽特·麦克米伦（英国保育学校创始人）

1944 年的《巴特勒法案》延续二战前英国的学前教育传统，将 5 岁以前儿童的保育学校和 5 ~ 7 岁儿童的幼儿学校分为两个阶段，幼儿学校作为义务教育的初始阶段被包括在初等教育之内。20 世纪 60 年代，英国开始提供经济援助以扩大 5 岁以下儿童的教育。1967 年的《普洛登报告书》大力呼吁发展保育设施，注重幼小衔接。1972 年的《教育白皮书》制定实施计划，要在 10 年内实现幼儿教育全部免费，并扩大 5 岁以下儿童的教育。

二、美国的学前教育

在第二次工业革命及垄断组织等因素的共同推动下，美国的工业总产量在 1894 年跃居世界第一位，并在第一次世界大战后接替欧洲掌握了世界经济霸权。经济和社会的发展对学校教育提出了新的要求，同时也为学校教育的发展奠定了坚实的基础。20 世纪上半期，由杜威领导的美国进步主义幼儿园运动兴起，从新的哲学、心理学和教育学的观点出发，要求加强教育与社会之间的联系。1913 年前后，蒙台梭利的教育思想在美国得到短暂的传播。20 世纪 20 年代，美国开始效仿英国建立保育学校。

第二次世界大战后，美国开始改革中小学教学内容和教学方法，开展“幼儿智力开发运动”。受此影响，蒙台梭利的教学方法在20世纪50年代再次受到美国人民的重视。1965年，美国在全国范围内实行“开端计划”（Head Start Program，又称“先行计划”、“提早计划”），为贫困儿童提供教育补偿。政府投入大量资金，实现学前教育机会均等。20世纪80年代，美国开始进行综合性、整体性的教育改革，加强教育立法、增加财政拨款、完善学前教育管理制度，社会和政府进一步介入学前教育。开端计划等举措及立法，都表明美国已认识到发展学前教育的必要性及长远社会效益。

三、法国的学前教育

20世纪上半期，法国政府沿袭历史，形成了包括母育学校、幼儿班、幼儿园三种形式的幼教机构。在幼儿教育的教学内容上，倾向于教授传统文化；在教学方法上，运用有利于儿童发展的新的教学方法。1905年，法国心理学家比奈和西蒙一起编写出了第一份针对3～13岁儿童的智力测验量表——“比奈—西蒙智力量表”，倡导针对儿童思维的差异进行有针对性的教育。

20世纪后期，特别是第二次世界大战以后，法国政府强调学前教育改革，使之更适应社会及儿童身心的发展。1976年，法国政府颁布《哈比教育法》，肯定了母育学校在整个教育系统中的重要地位，并对母育学校的教学内容、方法及管理等提出了一系列要求。20世纪80年代后，法国将幼儿教育看做是影响国家和社会发展的重要因素，通过中央、省、市（镇）三级分摊经费，以保证学前教育发展具有可靠的资金来源。由于政府重视、措施得力，法国的学前教育事业在发达国家中位居前列。

四、德国的学前教育

德国传统上将幼儿教育视为家长的权利与义务，政府所办的幼儿教育机构属于社会福利事业，交由教会、慈善团体和私人机构管理。第一次世界大战前，德国的学前教育机构沿袭19世纪末的传统，呈现多元化的趋势；第一次世界大战后，魏玛共和国于1922年先后制定了《青少年法》和《幼儿园条例》，对德国幼儿教育机构的形式、管理方式、教学内容和教学方法等都做出了细致而明确的规定。受福禄贝尔学前教育思想的影响，德国的学前教育机构多采用半日制，不强调读、写、算，注重通过游戏促进儿童身心发展。

第二次世界大战结束直到20世纪60年代末，德国幼儿教育的主要责任在家庭，幼儿教育不属于国家义务教育的范围。20世纪70年代，在美国等发达国家的影响下，联邦德国决定将整个教育体系分为初等教育、中等教育、继续教育三个领域，并将3～4岁的幼儿教育纳入基础教育部分，5～6岁的儿童教育纳入义务教育部分。

五、日本的学前教育

第二次世界大战前，日本颁布了历史上第一部完整而独立的学前教育法令——《幼儿园令》，这标志着日本学前教育制度的建立。在教育思想方面，受西方先进教育思想的影响，日本教育家开始呼吁自由主义保育思想，倡导教育联系儿童的生活实际，遵循儿童的自然发展，以游戏为主要活动形式，禁止一切课业。①

第二次世界大战后，日本颁布了《教育基本法》和《学校教育法》，这标志着民主主义教育观开始成为日本幼儿教育的发展趋势。1948 年的《保育大纲》及 1956 年的《幼儿园教育大纲》的颁布，标志着战后初期日本学前教育整顿改革基本完成。20 世纪 50 年代后期，日本的学前教育事业蓬勃发展，国立、公立、私立的学前教育机构纷纷出现，这一时期的学前教育内容和方法开始随着国际、国内形势的变化不断调整和改革。1964 年、1989 年、1999 年，日本先后三次修订《幼儿园教育大纲》，一再强调幼儿教育应当注重发挥幼儿的主体性，注重幼儿的可持续发展和创造性的发挥，强调家庭教育的重要作用。①

六、苏联的学前教育

十月革命之前，俄国的学前教育一直处于萌芽阶段。十月革命之后至 1944 年，苏联先后颁布了《幼儿园规程》、《幼儿园规则》，对幼儿园的教育目的、对象、内容、方法做出详细规定，有苏联特色的学前教育制度基本形成。

20 世纪 60 年代的苏联幼儿园

20 世纪 50 年代至 60 年代，苏联学前教育改革的重点在于幼儿园和托儿所的一体

① 参见李季湄：《从日本幼儿园教育大纲的修订看日本幼教的发展趋势》，载《学前教育研究》，2000（5）。

化，在原有幼儿园和托儿所的基础之上新设了“托儿所—幼儿园”，招收6岁以下儿童。20世纪60年代末，苏联着手改革学前教育的内容和方法，使之适应儿童心理发展规律，加强幼小衔接，注重儿童智力开发。20世纪70年代末到80年代的苏联学前教育改革，主要强调儿童个性的全面发展，改善儿童生活条件及教师工作条件，保证学前教育各个领域的协调性。

第四节 现代西方学前教育思潮

由于传统旧势力的强大及儿童发展心理学理论的不完善，19世纪中叶前关于儿童教育的思想没有取得很大突破。直到19世纪中叶，随着资本主义经济的不断发展，传统教育的弊端日益显现，教育改革的呼声日益强烈。心理学、生物学等相关学科的产生和发展，也为人们更好地研究儿童身心发展提供了学科基础。20世纪前后，欧美兴起了儿童中心主义教育思潮。这种教育思潮在各国教育思想中占据主导地位，并引发了各种新的教育思潮和理念。①

一、儿童中心主义教育思潮

西方教育史上最早重视个人内在发展潜力的首推古希腊雅典的教育。古希腊思想家亚里士多德在教育实践的基础之上，提出教育应当依靠自然发展儿童内在潜能的思想，开创了后人阐发儿童心理发展学说的先河。欧洲文艺复兴时期的人文主义思想家基于对人的崇拜，提出了“儿童是正在成长中的新人”的观点，认为教育应关爱儿童的身体、发展儿童的个性，在教学方法上要注重儿童的差异性、调动儿童的积极性。近代法国教育家卢梭继承和发扬了前人重视儿童的思想，提出儿童天性善良，成人应当重视儿童的个性、研究儿童的需要、顺应儿童自然的发展的观点。卢梭的“儿童本位论”为19世纪末西方教育史上的“儿童中心主义”教育思潮奠定了基础。继卢梭之后，裴斯泰洛齐、福禄贝尔等人对儿童本位思想也做出了巨大贡献，为“儿童中心主义”教育思潮的产生提供了丰富的思想养料。

杜威作为“儿童中心主义”教育思潮的代表人物，提出书本、教师应为儿童服务的主张，要求把教育的重心转移到儿童方面来，使儿童成为教育的主宰。他指出，要彻底改变当时压制儿童自由和窒息儿童发展的传统教育，应从儿童的现实生活进行教育，激发儿童的学习需要和兴趣，要围绕儿童组织一切教育措施，教师应是儿童生活、生长和经验改造的启发者与指导者。

---

① 参见卢清编著：《中外学前教育史研究》，7页，贵阳，贵州人民出版社，2008。

读一读

> 教育必须从心理学上探索儿童的能量、兴趣和习惯，它的每个方面都必须参照这些考虑加以掌握。
>
> ——杜威

二、欧洲的新教育运动

“儿童中心主义”教育思潮在欧洲表现为新教育运动。新教育运动始于1889年英国教育家雷迪创办的阿博茨霍尔姆乡村寄宿学校。雷迪强调学校应当与生活相通，教育要发挥儿童的天性，学校的办学宗旨是将儿童培养成为合格的社会人。1900年，瑞典教育学家艾伦·凯在《儿童的世纪》一文中宣称20世纪是儿童的世纪，她认为儿童天性至善，教育要发挥儿童的潜能，使儿童成为独立、自由的个体。此后，意大利的女教育家蒙台梭利创办了著名的“儿童之家”，她在丰富的教学实践经验的基础之上形成了自己的教学方法。蒙台梭利强调儿童个性的自由发展，教育的作用就是要发现儿童生活的法则，为儿童的成长准备适宜的环境。比利时教育家德可乐利在布鲁塞尔创办了包含幼儿园与小学在内的“隐修学校”（又称“生活学校”），他认为学校教育即为儿童的生活做准备，主张以儿童的本能和兴趣作为教育的基础，尊重儿童内在倾向性。上述新教育思想的共同之处在于反对旧教育脱离生活、压制儿童个性发展的弊端，主张教育联系生活实际，培养社会需要的“新人”，注重儿童的全面发展，在教育原则上强调儿童的自由与兴趣，注重启发、直观的教学方法。

读一读

> 兴趣是一个水闸，用它开启注意的水库，并使注意有了方向。它也是一种刺激，脑力依赖它而冲出。
>
> ——德可乐利

三、美国的进步主义教育运动

19世纪70年代，美国“进步主义教育”之父帕克为了改革旧式教育，在马萨诸塞州创办了昆西学校，主张学校教育要适应儿童发展，教学过程应以儿童为中心，注重各门课程之间的联系。帕克开创了美国进步主义教育运动的先河。20世纪初，在昆西学校教育实验及儿童研究的影响下，美国的进步主义教育运动开始蓬勃发展。其中有代表性的教育实验活动有约翰逊的有机教育学校、帕克赫斯特的道尔顿制、华虚朋的文纳特卡制、沃特的葛雷制及克伯屈的设计教学法等。美国教育学家杜威提出的“教育即生活，教育即生长，教育即经验的不断改造”、“儿童中心”、“社会中心”的教育主张及他的儿童教育改革实验，极大地推动了进步主义教育运动的开展，也使其成为美国进步主义教育运动的领袖人物。进步主义教育运动强调儿童中心的教育观，主张教育要根据儿童的需要提供适当的材料，教育内容要基于儿童已有的生活经验，在活动和游戏中进行教学，淡化教师的权威，强调合作教学。

关键概念

费舍教育法　　比奈—西蒙智力量表　　隐修学校

思考与练习

1. 你如何看待艾伦·凯所宣称的 20 世纪是儿童的世纪？
2. 简述“儿童中心主义”教育思潮。
3. 试评价美国 19 世纪末的进步主义教育运动。

第十三章　杜威的学前教育思想

【本章学习目标】

- 了解杜威教育思想的理论基础。
- 理解杜威教育本质论的基本内容。
- 能运用儿童中心论的观点分析幼儿教育工作。

【教师专业标准】

- 信任幼儿，尊重个体差异，主动了解和满足有益于幼儿身心发展的不同需求。
- 重视丰富幼儿多方面的直接经验，将探索、交往等实践活动作为幼儿最重要的学习方式。

【本章内容引言】

美国现代教育思想家、哲学家中，恐怕没有一个人能够比得上杜威对美国及世界教育思想与实践的影响。杜威的进步主义教育思想体系博大精深，论证审慎周密，反映了美国资本主义工业化和民主化的必然要求。杜威从实用主义经验哲学、心理学和社会改良的观点出发，提出并实施了儿童、活动、经验三中心的教育理想，将教育视为儿童生活、生长及经验的改组和改造，强调学校的社会改造功能，打破了传统的教师、学科、教材三中心，开创了关注儿童发展的现代教育改革新路。

第一节 杜威的生平和实践活动

杜威

约翰·杜威（John Dewey，1859年—1952年），美国哲学家、心理学家、教育学家、伦理学家，实用主义哲学的创始人之一。杜威出生于美国佛蒙特州柏林顿镇一个杂货店商人家庭，1875年考入佛蒙特大学。在大学的后两年，他开始对哲学和社会问题产生浓厚兴趣，于1879年获得学士学位。毕业后，在宾州南油城一所中学任教。一年后又回到佛蒙特州，在夏洛蒂镇乡村学校任教，同时跟佛蒙特大学托瑞教授学习哲学。1882年，杜威在托瑞和《思辨哲学杂志》主编哈里斯的鼓励下，到霍普金斯大学做研究生。在这期间，他在著名学者皮尔斯、霍尔等人的指导下，学识有了很大长进。但对杜威影响最大的是黑格尔主义者莫里斯教授。通过莫里斯，杜威接受了黑格尔的哲学。[①] 1884年杜威写成博士论文《康德的心理学》，获哲学博士学位。

1884年，杜威到密执安大学（现密歇根大学）任讲师。1888年至1889年，在明尼苏达州立大学任哲学教授。1889年，杜威回到密执安大学任哲学系主任。这期间，他对心理学产生兴趣，出版了《心理学》、《应用心理学》、《数之心理及其在教学法上之应用》（后两本书与麦克莱伦合著）等书。1890年，著名的实用主义者詹姆斯的《心理学原理》出版，使杜威放弃了黑格尔主义，成为一名实用主义者。

1894年，杜威赴芝加哥大学任教。在这期间，他组织一批志同道合的同事共同从事哲学研究，于1903年结集出版了《逻辑理论研究》一书。该书受到詹姆斯的赏识，詹姆斯曾预言，该书所提出的观点将支配以后25年的美国哲学界。之后，杜威很快成为美国实用主义的代表人物，他和芝加哥大学的一些学者形成了美国实用主义哲学的芝加哥学派。1904年，由于在实验学校问题上与芝加哥大学当局存在分歧，杜威离开了芝加哥大学，到哥伦比亚大学任哲学教授，并一度担任系主任。杜威通过在哥伦比亚教师学院讲授教育哲学，使他的思想很快传播到世界各国。[②] 在哥伦比亚大学期间，他与一批教育史学家、比较教育学家和教育心理学家共同铸造了哥伦比亚大学教师学院的黄金时代，使哥伦比亚大学成为全球教育学最有名的学府之一。

杜威1930年从哥伦比亚大学退休。此后，他仍积极从事社会政治活动和写作，出版了许多重要著作。1932年，他被选为美国教育协会名誉主席。1938年，他当选美国

① 参见李日章著：《科学与人文的护法——杜威》，1～20页，台北，允晨文化实业股份有限公司，1982。
② 同上书，23页。

哲学协会终身名誉主席。1952 年 6 月 1 日，杜威在纽约逝世。

杜威几乎一生都在学校从事教育工作，他认为教育理论研究应同哲学和心理学有效地联系起来。他于 1896 年创办的“芝加哥大学实验学校”（又称为“杜威学校”）举世闻名，对教学问题进行了实验研究。“芝加哥大学实验学校”的教育教学活动不仅使杜威已形成的教育理论得到检验，还为杜威新的教育理论的产生起了奠基作用。“芝加哥大学实验学校”的教育经验和理论集中反映在杜威 1899 年出版的《学校与社会》一书中。

1919 年杜威访华时留影

在中国的新文化运动时期，杜威应胡适等人的邀请到中国讲学。1919 年，杜威先后到北京、上海、山西、南京、济南等 11 个省市，作了上百次讲演。杜威的学生整理并出版了他的讲演集《杜威五大讲演》，于 1920 年由北京晨报社发行，对中国教育界产生了很大的影响。杜威还曾到日本、土耳其、墨西哥、苏联等国讲学，协助这些国家进行教育改革。

杜威一生著述很多，涉及政治、哲学、心理、教育、伦理、宗教、社会学等领域。他的主要教育著述有《我的教育信条》（1897 年），这是杜威早期的纲领性教育著作，阐述了实用主义教育思想的基本观点；《学校与社会》（1899 年），这是杜威对“芝加哥大学实验学校”学生家长和赞助人的工作汇报演讲集，也是他所有著作中影响最大的一本，论述了教育中的各种问题，尖锐抨击了传统教育，提出应把教育的重心从教师转到儿童生活；《民主主义与教育》（1916 年），探讨了民主、科学、进化论和工业制度对于教育的意义，是其理论最系统、最深刻的体现；《经验与教育》（1938 年），进一步阐明其以经验哲学为基础的教育理论，强调必须研究教材的循序组织，即重视知识性教材的选择和组织。①

杜威除了从事哲学、教育理论研究以外，还关心各种社会、政治问题，并写了不少著作，如《我们怎样思维》（1910 年）、《哲学光复之必要》（1917 年）、《哲学的改造》（1920 年）、《经验与自然》（1925 年）、《确定性的寻求》（1929 年）、《自由与文化》（1939 年）、《人的问题》（1946 年）、《认知与所知》（1949 年，与班特里合著）等。

杜威的一生是辛勤著述、不断探索的一生，他以富于创造与睿智的大量论著，影响了当时与以后的学术界，享誉美国甚至世界。

第二节 杜威学前教育思想的理论基础

杜威学前教育思想的理论基础主要包括实用主义哲学、机能主义心理学及民主主

① 参见李海燕主编：《外国教育发展概论》，383 ~ 396 页，广州，广东人民出版社，2007。

义社会观。

一、实用主义哲学

实用主义是在美国特定的历史条件下形成和发展起来的一种主观唯心主义哲学，它早期的代表人物是皮尔斯、詹姆斯，后继者有杜威和胡克等。皮尔斯是实用主义哲学的创始人，他于1878年在《我们怎样使观念明确》一文中首次提出实用主义哲学的基本思想——任何一个观念最本质的意义在于它能引起人的有效的行动。因此，"有效"成为使人的观念、概念清晰的基础，这一观点可以进一步归结为"存在就是有用"。其后，哥伦比亚大学教授詹姆斯继承并发展了皮尔斯的观点，在皮尔斯"存在就是有用"的基础上，进一步提出"有用就是真理"。詹姆斯使实用主义哲学通俗化。

杜威接受了实用主义的哲学观点，积极倡导并给予新的发展。他创造性地把实用主义哲学应用到教育上，强化教育和人的行动的联结，这为他之后阐发儿童经验课程论奠定了哲学基础。

二、机能主义心理学

机能主义心理学产生于19世纪末20世纪初，由詹姆斯首创。机能主义心理学认为儿童的成长就是自身通过能动的活动，与环境相互作用而进行的。所以，教育的基本方式就是让儿童通过直接参与社会的各种活动，学会适应环境、参与社会的合作过程。

杜威倡导和发展了机能主义心理学，他主张用"适应"和"效用"的观点来研究儿童的活动。他把儿童直接参与社会生活的各种活动看做是使他们适应社会环境并富有成效地与社会取得合作的基本手段。因此，他认为教育就是为儿童本能的生长和儿童活动的开展创造条件。从上述思想出发，杜威强调儿童在教育过程中的中心地位，提出了完全不同于传统教育的"儿童中心论"。①

三、民主主义社会观

杜威是典型的资产阶级社会改良主义者。面对资本主义社会的矛盾和危机，杜威认为民主主义的缺乏是一个很大的问题。他认为，应促进民主在社会生活各个领域的实现。

杜威认为社会的发展是逐步进化的，需要一点一滴地去改良。社会改良不是靠斗争，而是靠教育，通过培养各个社会成员的民主精神使现实社会逐步得到改良。只要人人都有了民主的精神和生活习惯，社会上的矛盾、国际上的争端也就会随之消失，

① 参见袁锐锷著:《新编外国教育史纲》，222～225页，广州，广东高等教育出版社，2005。

整个世界就能变成一个和睦的大家庭。在杜威的教育思想体系中，民主主义和教育是统一而不可分割的。

第三节　教育本质论

杜威的教育理论以生活环境中的儿童活动为出发点，站在儿童与生活环境一体的角度阐述教育本质观。杜威说："唯一的真正教育是通过对儿童能力的刺激而来的，这种刺激是儿童自己感觉到所在的社会情境的各种要求而引起的。这些要求刺激他，使他以集体的一个成员去行动，使他从自己行动和感情的原有的狭隘范围里显现出来，而且使他从自己所属的集体利益来设想自己。"①

一、教育即生活

"教育即生活"，是杜威对教育本质的全新解释。

杜威的教育理论，以生活环境内的活动为出发点，以人类与生活环境的相互作用为最终目的。杜威频频提及的社会生活、学校生活、儿童生活，首先是指宏观的社会生活，其次是指微观的个人生活，尤其是儿童的生活。杜威对生活和环境的理解不是固定的，而在不断地发展。对于教育与生活、环境的关系，他指出，教育就是"使人类的生活继续存在于社会的一种手段"，人与环境的交互作用过程就是教育过程，儿童本能的生长就是在生活过程中展开的。

杜威主张生活、环境与人的关系为一体的教育，反对忽视此种联系的教育方式。他反对斯宾塞把教育看做是"生活的准备"的观点，认为教育是儿童现在生活的过程，教育必须忠实反映现实的生活。因此，他主张将儿童的生活与教育融合起来，教会儿童适应现在的生活环境。他认为，人类将儿童的教育从间接的社会教育转移到直接的学校教育是值得称颂的，但是对于学校教育因此而丧失了生活中原有的人与人、人与自然之间生动的关系给予了强烈的批评。杜威主张将学校教育与生活合而为一，他说："学校并不是为了学习各种学科而被隔离的场所，学校应该是造就生动的社会生活之纯粹器具。"② 因此，杜威从生活主义、经验主义出发，提出了"教育即生活"的观点。

杜威理解的"教育即生活"包括两层含义：其一，教育是社会生活的一种形式，"教育乃是社会生活延续的工具。"其二，教育对儿童来说也是生活，而且是现实的生活。最好的教育就是在生活中学习，以生活情景作为学习的主要内容，而不是简单地对既有科学知识的系统学习。

杜威认为，当时美国的学校生活恰恰既脱离社会生活，又脱离儿童生活；既不符

---

① ［美］杜威著，赵祥麟、王承绪译：《杜威教育论著选》，22页，上海，华东师范大学出版社，1981。

② 转引自李园会著：《杜威的教育思想研究》，120～121页，台北，文史哲出版社，1977。

合学校和美国社会发展的需要，又不符合儿童身心发展的规律。因此，他主张改革不合时宜的学校教育，使学校生活成为社会生活与儿童生活的契合点。与这两种要求相应，杜威提出“学校即社会”以克服学校与社会生活的分离，同时抨击“生活准备说”以克服学校与儿童生活的脱离。

二、教育即生长

杜威受达尔文生物进化论和詹姆斯机能心理学的影响，对于儿童生长的认识形成了独特的见解。杜威所谓的生长，是指人与环境相互作用的过程和结果，是一个历时漫长的过程。杜威认为，不仅儿童在生长，成人也在不断生长，生长并不是儿童的专利。儿童与成人之间不是生长和不生长的区别，而是生长方式的差异。

杜威认为，儿童的心理内容基本上就是以本能活动为核心的习惯、情绪、冲动、智慧等天生心理机能的不断生长过程。从这个角度来说，教育就是促进儿童本能生长的过程，在这个过程中必须要顾及儿童的需要与兴趣，使儿童在教育和生长的过程中享受种种乐趣。生长是儿童的心理与环境相互作用的过程和结果，生长不能离开社会环境而独自进行。

杜威认为，传统教育的最大缺点就是从外在环境对儿童施行强迫教育，无视儿童心理的本能和倾向。传统教育单方面填鸭式地灌输知识，不但不能调动儿童的内在学习动力，而且是对儿童天性的摧残。杜威指出，教育的任务就是解放儿童，释放儿童的天性，使儿童不走人类发展的歪路、老路，儿童个体的发展并不需要严格遵守人类发展的阶段。只有在现实生活中针对儿童的天赋进行教育和训练，既使儿童感觉到学习的乐趣和兴趣，又让儿童产生学习的自觉性和积极性，进入自愿学习状态，才能让儿童真正理解生活中的事物的意义。这种教育才是真实的、生动活泼的，才不是残害儿童心智的。

杜威指出，生长不仅指体格方面，也指智力方面和道德方面。这是一种新的“发展”观，描绘了工业化、民主化的现代社会对人的生长与发展内容的新要求。杜威指出，教育不应遵从固有、机械的模式，不应使现在和未来去适应过去，而应展望未来，把利用过去作为走向未来的重要手段。因此，生长不是保守地面向过去，而是积极地面向现在和未来。

议一议

“教育与生长的目的在于过程。这个过程并不是单纯生物学中生长的过程，而是一个需要教师、家长指导的社会化的过程。”你是如何理解杜威说的这句话的？

三、教育即经验的不断改组和改造

在杜威的教育理论中，经验占有举足轻重的地位。经验的内涵包罗万象，外延更加宽泛。杜威认为，经验是人与环境相互作用的结果。杜威曾给教育下了这样一个定义：“教育就是经验的改造或改组。这种改造或改组，既能增加经验的意义，又能提高指导后来经验的进程的能力。”① 在他看来，一切学习都来自经验，教育必须从个人的实际生活的经验出发。

可以说，杜威赋予了“经验”全新的时代内涵：

首先，调和了经验与理性的冲突。在西方传统哲学中，理性是占主导地位的，经验作为理性的对立面而受到轻视，通常被认为是人通过感官获得的一些散乱的感觉印象。相反，理性则是一个抽象的完整体系。杜威化解了这一对立关系，他认为，理性是一种使经验更富有成效的智慧，不再凌驾于经验之上，而是寓于经验之中，并在经验中不断修正；经验不再是感官获取的散乱印象，而是一种过程，是一个试验、运用智慧和理性的过程。

其次，拓展了经验的外延。在近代哲学中，经验被视为认识的一个阶段，具有不稳定性、不确定性，通常与感性认识相联系。杜威拓展了经验的外延，认为知识固然重要，但仍然从属于人与环境相互作用这一过程。“教育即经验的不断改组和改造”说明教育不只是知识的积累，而是构成儿童身心的各种因素的全面改造、全面发展和全面生长。

最后，在经验过程中，强调发挥人的主动性。杜威认为，经验是一个主动的过程，个体在适应环境的过程中也对环境进行主动改造。

杜威相信，一切真正的教育从经验中产生，教育是在经验中、由于经验、为着经验的一种发展过程。既然经验是一种人与外部环境间的交互作用，那么经验的改组和改造就是双方的交互作用的改造，就是二者关系的优化。

在教育上，经验的改造主要是指对儿童身心的改造，既包括身体的改造，也包括内心的改造。因此，教育中经验的改造主要是指对儿童身心各个方面的改造。实际上，经验改造的过程也就是儿童身心诸方面全面、充分生长的过程。

总之，经验的改造过程是一个连续性的交互作用的过程，经验的改造不仅是个人的，而且是社会的。学校中经验的改造主要塑造儿童新的经验，即新的知识、能力、品德、态度等精神要素，而不仅仅是积累知识。塑造新经验需要一定的内部与外部条件，而塑造的目的则在于改造社会。

---

①［美］杜威著，赵祥麟、王承绪译：《杜威教育论著选》，160页，上海，华东师范大学出版社，1981。

议一议

“一个年级的固定科目只是阅读和写字，而较高的年级里却开设阅读、文学或科学，这是不正确的。进度不是在于各门科目的连贯性，而是在于对经验的新态度和新兴趣的发展。”杜威的这句话中包含了怎样的课程观？

第四节 教学理论

杜威教育思想的核心部分是他的教学理论。就学前教育而言，他试图在方法论上改造传统教育，并通过“以儿童为中心”的教学理念来实现他的教育理想。他指出，儿童未进学校之前的几年，学习进行得快速而且稳定，因为这时的学习是和他们自身能力所提供的各种动机及自身处境所促成的各项需要密切关联的。可见，杜威特别注重儿童未进学校前那种“活动中的学习”。

一、关于教材和课程

传统的观念认为，教学就是向儿童传输各科的知识，课程和教材就是将人类长期积累的知识经过提炼、组织、编纂而形成的现成品，是条理清晰、内容完整的东西，是可供儿童学习的分门别类的、成熟的思想理论。

杜威对这种传统的教学论进行了批判。首先，他认为传统的课程与教材脱离儿童的生活、生长和经验，是非常专门化的、片面的、狭隘的，是许多年代科学的产物，而不是儿童经验的产物，超越了儿童生活的实际，不适合儿童的现有能力，是他们力不能及的，也不是他们需要和能够理解的东西。

杜威学校的孩子们在做作业

其次，他认为传统的课程与教材满足了学术观念所支配的教育，投合人们“静听”的需要。杜威说：“这是一种几乎完全为中世纪的学术观念所支配的教育。”①这种做法投合了人们研究、积累和掌握科学知识的愿望，严重忽视了人们制造、做、创造和生产的冲动与倾向。在这种教育观念的指导下，教学过程基本上就是向儿童灌输教材知识的过程，缺乏对儿童创新意识和创造能力的培养。

最后，他认为传统的课程与教材还有一个重要弊端，就是知识的条块分割，割裂了儿童生活和经验的统一性与完整性。儿童到学校接受的课程是经过逻辑顺序编排的，很少顾及儿童的心理，不能被儿童适应。杜威指出，儿童的生活是一个整体，而学校

① [美]杜威著，赵祥麟、王承绪译：《杜威教育论著选》，46 ~ 47 页，上海，华东师范大学出版社，1981。

多种多样的课程将他们的世界割裂和肢解了。因此，他认为学校的课程与教材应该围绕儿童的社会活动展开，而非具体科目知识的传承与研究。[①]

在理性批判的基础上，杜威提出了自己对课程与教材的见解：

首先，课程与教材的组织应该围绕儿童的社会生活。杜威强调，学科仅从本身出发，脱离了与社会生活的联系，学校的教学应该打破这种局限，使课程和教材适应社会的需要，并同社会生活联系起来，使儿童了解社会，过好社会生活。同时他指出，课程与教材必须具有十分广泛的性质，必须能够全面反映社会生活的实际面貌，符合社会价值的标准。

读一读

> 课程与教材是从日常生活经验中产生的，与社会生活不可分离，儿童的教学应该由儿童的社会活动来统帅。
>
> ——杜威

其次，教材应该统一于生动、直观、引人入胜的经验，并以儿童的心理为基础。经验生长的过程并非完全是分门别类的数学、物理、历史、地理等具体学科知识的增长，而应是儿童身心的成长。课程与教材的组织应以儿童的心理为基础，这就是杜威提出的教材心理化的要求。[②]

教材心理化，也就是向儿童提供教材必须以儿童的内部动机为前提，必须与儿童的兴趣相关联，必须以儿童易于接受的方式和形式进行。这一心理化的过程由教师指导完成，先将系统的教材转化为儿童的直接经验，然后对直接经验加以组织、抽象和概括，以免经验支离破碎、混乱不堪。杜威拟订了一套以社会性作业为中心的课程与教材。在他的芝加哥大学实验学校中，其课程由种种活动作业的计划构成，这些活动是以社会生活特别是美国的社会历史生活为主线而贯穿起来的。他的活动作业课程主要以活动形式进行，提倡“做中学”，偏重于儿童目前的兴趣和经验，强调从操作和行动中学习，把儿童本身的社会活动作为学校科目相互联系的真正中心。

二、从做中学

在教育即经验的改组和改造的基础上，杜威提出了“从做中学”的教育基本原则，并把它作为教学理论的中心原则。杜威相信关于“怎样做”的知识是人们最容易理解的知识，也是保持得最牢固的知识。儿童从听课和课本获取的知识是虚渺的、不牢固的，不能算作真正获取了知识。他认为，儿童是在自己的活动中求取经验、获得知识

① 参见刘世民著：《西方的教育：历史·现状·理论·技巧》，258～274页，兰州，甘肃文化出版社，1999。

② 参见褚洪启著：《杜威教育思想引论》，240页，长沙，湖南教育出版社，1998。

的，获取直接经验就是获取知识，学的过程就是做的过程，要在做的过程中发展儿童自身的需要，做的过程要与儿童自身的活动相联系。

杜威所理解的“从做中学”与儿童在家庭生活中普遍采用的学习方式相一致，即儿童从自身的活动中学习、从自身的经验中学习，实际上就是“从活动中学”、“从经验中学”。因此，他认为学校教学就应该从儿童的经验和生活出发，应采取与家庭中儿童从事活动类似的形式。

杜威比较了传统读书学校与生活学校的区别。他指出，传统读书学校在教学过程中将儿童排列在教室的固定位置上，要求其安静地听取教师的讲授，熟练背诵课本内容，儿童完全处在被动接受和消极等待的地位，所获取的也是与他们自身生活无直接联系的教条，虽然暂时记住了，但是不理解，更谈不上感兴趣和主动接受。这种教学方式不能调动儿童的兴趣，反而抑制了儿童的活力与创造性思维的发展。相反，生活学校在教学时则采用活动的方式，让儿童在活动过程中通过接触、观察、操作、运用而学习知识。儿童参与活动是自主的而非外力强迫的，是他们探索改造经验的过程而非教师填鸭式的灌输过程。①

杜威认为应以活动性、经验性课程代替分科教学，强调应使用各种材料与工具，有意识地使用让儿童在活动中获得经验的技巧。这种活动性、经验性课程包括任何形式的表现活动和建造活动，任何形式的艺术活动和手工活动。杜威认为，随着儿童心智的成长，这种活动不仅成为一种愉快的事情，而且越来越成为理解事物的媒介、工具和手段。

在杜威看来，如果坚持“从做中学”这个基本原则，使工作活动适合那些主要兴趣是做事和工作的儿童的话，那么学校所施加的影响就会更加生动和持久，并含有更多的文化意义。具体来说，它能使儿童主动、活泼，而不是被动、呆板；它能使儿童体格健全、道德完善，对于国家和他的邻居有正确的态度；它能使儿童更有用、更能干，并在某种程度上为他们对未来生活的实际责任做好准备。

想一想

“从经验中学习，从只是跟经验有关的书本或别人的言论中学习，这并不是一句空话。但是学校却同社会生活的通常情况和动机如此隔离，以至于儿童被送去受训练的地方正是世界上最难得到经验的场所。”我们如何从杜威的话中理解教学活动？

---

① 参见杨捷主编：《外国教育史》，4～82页，开封，河南大学出版社，2010。

三、教学五步法

杜威认为课程论与方法论是互相联系的，课程与方法是从经验中产生的，二者是同一事实的两个方面。但在二者之中，杜威更重视方法，认为教学方法是安排教材并使之发挥最大效果的方式。对传统的教学方法，杜威持尖锐的批判态度，他反对教师讲授、学生静听的教学方式，支持师生共同活动、共同获取经验的教学方式；他把课本作为次要的方式，活动作为主要的方式。

杜威认为，儿童经验的发展是以有趣的日常经验为基础而展开的，只有儿童遇到的问题才能诱发儿童发展经验。而这些问题是儿童在自主参与解决自我感兴趣的生活中遇到的问题，对儿童来说，是与他们自身生活相关的问题。所以，成功的学习指导应该参照儿童的日常生活，使他们很自然地在日常生活中进行学习。杜威指出，儿童在活动中遇到感兴趣的问题时，他们的好奇心就会产生，于是就会进行反思。为解决疑惑，他们需要观察眼前的状况，回想与该状况有关的经验，收集相关的资料，从而积累经验。解决问题过程中的困惑、确定、暗示、推理、验证等阶段，就是杜威提出的“思维五步骤”。①

杜威将“思维五步骤”直接运用到教学方式上，提出了“教学五步法”。②

第一步，教师给儿童准备一种与实际经验相联系的情境，并给予一些暗示，使儿童在暗示中有兴趣要了解某个问题，以便获得某种现实生活所需要的经验。教师在准备各种暗示时，应根据儿童的需要和既有经验。

第二步，给儿童足够的资料，使他们得以应对情境中产生的问题。这些资料应是儿童本人已有的经验、活动或事实。

第三步，儿童从资料的应用中产生对解决疑难问题的思考和假设。这种思考和假设应是“有创造性的”。

第四步，儿童自己负责把设想出来的解决问题的方法加以整理和排列，使其秩序井然。

第五步，为了验证这些假设的价值，儿童要根据这些假设亲自动手去做，在做的过程中自己去发现这些假设的真实性和有效性。

这五个阶段的顺序并不是固定不变的，有时可将两个阶段合并，有时又要特别强调某一阶段。在具体的教学情境中，可根据实际情况进行必要的调整，如何把握完全依靠教师的敏感性和处理技巧。杜威认为这样的教学方法才具有灵活性，不至于机械、呆板。

---

① 参见中国教育史研究会编：《杜威、赫尔巴特教育思想研究》，55～69页，济南，山东教育出版社，1985。

② 参见刘世民著：《西方的教育：历史·现状·理论·技巧》，258～274页，兰州，甘肃文化出版社，1999。

第五节 师生关系论

在师生关系问题上，杜威批评传统教育片面强调教师的权威和教师的主导地位，主张在教学过程中应该让儿童积极参与，学校的教育应该围绕儿童来运作，教师只是儿童活动的指导者，这就是他的“儿童中心论”。[①]

在杜威看来，儿童是一个生动、活泼的人，有自己的感情、意志和认识，不能把儿童等同于成人，或者把成人的标准强加给儿童。卢梭曾说：“儿童自有儿童的思想、见解和感情。”杜威主张公平地对待儿童，尊重儿童的人格、兴趣和个性。杜威坚信，儿童的生活，就他的时代和生活的范围来说，其重要性并不亚于成人的生活。杜威指出，“传统教育”就是一种“静听”的教育，学校里的一切都是为“静听”准备的，消极地对待儿童，机械地使儿童在一起。概括地说，重心在教师、教科书及其他地方，唯独不在儿童直接的本能和活动上。这种方式已经不能适应现代社会儿童的发展，必须进行彻底的变革，将教育的重心转移到儿童的生活中来。

杜威主张以“儿童中心”取代“教师中心”，认为教师应是儿童生长、生活及经验改组和改造的引发者与诱导者。杜威提出要重视儿童自身的能力和主动精神，以儿童个人经验作为教育的现实基础，并且把它们看做是教育的素材和出发点，作为学校教学活动的中心。一切教育的材料和方法都需要从儿童自身的经验、活动中引申出来，而不是外部强加给儿童，使教育过程变成儿童自愿的、内发的生长过程，变成儿童自己的事。教育的中心就是儿童自身，而不是任何异己的材料或外部力量。[②]

读一读

> 教师在学校中并不是要给儿童强加某种概念或形成某种习惯，而是作为集体的一个成员来选择对于儿童起作用的影响，并帮助儿童对这些影响作出适当的反应。
>
> ——杜威

杜威指出，以“儿童为中心”并不是削弱教师的意义和作用。相反，教师的责任更加重大。在尊重儿童、以儿童的经验为基础的原则下组织教学材料，对教师的要求更高，更难以实现。首先，教师要作为一个平等的伙伴，和儿童共同参与活动，而不是作为一个权威者，这就需要教师转变思想，转变教学观念，改变自己在活动中的地位。其次，教材的组织以儿童既有的经验为前提，在此前提下挖掘材料、梳理材料、组织教学，这需要教师用更多的时间进行创造性工作。最后，教师需要注意儿童的不

---

① 参见李海燕主编：《外国教育发展概论》，383 ~ 396 页，广州，广东人民出版社，2007。

② 参见王定华、田玉敏主编：《中外教育史》，452 ~ 463 页，天津，天津社会科学院出版社，1991。

同个性，关注每个儿童的特点，利用不同的方式、方法引导儿童不断向前发展。因此，教师的工作难度和责任都进一步增强。

杜威以其特有的洞察力和哲人的智慧，看到了教育发展的新要求，批判了不适合科学新发展和工业化需要的传统教育思想，提出了教育要合乎儿童生长特点、教育要合乎社会生活的主张。他找到了传统教育的最大弊端，那就是忽视儿童的主体性。他提倡以儿童的亲自体验代替僵硬死板的课堂静听，以儿童的积极主动及与教师的配合代替教师的绝对权威，这在教育史上是划时代的革命。

当然，由于历史的局限，杜威的学说也有其片面性，如他把儿童的学习过程和科学家研究过程相提并论等。尽管如此，杜威的理论仍然是世界教育思想宝库中特别重要的一个组成部分，对于学前教育理论和实践有着深远的影响。

关键概念

实用主义　　经验　　生活　　生长　　思维五步骤

思考与练习

1. 简述杜威关于教育本质的观点。
2. 试评述杜威的儿童中心论。
3. 根据杜威的理论，阐述“做中学”的教育原则及其对儿童学习的意义。

第十四章　蒙台梭利的学前教育思想

【本章学习目标】

- 了解蒙台梭利的儿童观。
- 掌握蒙台梭利感官训练的原则、内容和教具。
- 了解教育自由与纪律之间的关系。

【教师专业标准】

- 尊重幼儿权益，以幼儿为主体，充分调动和发挥幼儿的主动性。
- 创设有助于促进幼儿成长、学习、游戏的教育环境。
- 充分利用与合理设计游戏活动空间，提供丰富、适宜的游戏材料，支持、引发和促进幼儿的游戏。

【本章内容引言】

蒙台梭利，一位伟大的女性，继福禄贝尔之后最有影响力的幼儿教育家。她所创立的独特的幼儿教育方法，风靡整个西方世界，深刻地影响着世界各国的幼儿教育。蒙台梭利十分重视儿童的早期教育，她为此进行了半个多世纪的教育实验与研究；她的教育方法——从智力训练、感官训练到运动训练，从尊重自由到建立纪律，从平民教育到贵族教育，为西方工业化社会的持续发展提供了优秀的人才基础。她被誉为“20世纪赢得欧洲和世界认可的、最伟大的、科学与进步的教育家”。

第一节 蒙台梭利的生平和教育实践活动

蒙台梭利

蒙台梭利（Maria Montessori，1870年—1952年），20世纪教育史上杰出的幼儿教育家。蒙台梭利生于意大利安科纳省的一位军官家庭，中学毕业以后，她不顾家庭及世俗的反对，进入罗马大学医学院，成为意大利史上第一位学习医学的女性。1896年，蒙台梭利完成了关于精神病例的毕业论文，成为意大利史上第一位女医学博士。

毕业后，蒙台梭利进入罗马大学附属精神病诊所做助理医生，主要负责治疗智力缺陷儿童。由于工作的需要，她开始深入研究法国医学家伊塔和教育家塞贡的思想和教育方法。经过一段时间的实践，蒙台梭利得出这样的结论：儿童智力缺陷主要是教育问题，而非医学问题。根据伊塔和塞贡用感官训练活动医治身心有缺陷儿童的方法，蒙台梭利总结了一套用于低能儿童的特殊观察法和教育法。她获得了巨大的成功，不仅使低能儿童学会了读和写，而且使他们成功地通过了正常儿童的公共考试。

1898年，蒙台梭利参加了在意大利都灵召开的教育学会议，并在会议上阐述自己对低能儿童的看法，她强调低能儿童并非社会之外的人，他们应当得到与正常儿童同等的受教育权利。此主张在会议上引起强烈反响。不久，蒙台梭利被教育部部长任命为“国立特殊儿童学校”校长。蒙台梭利以极大的热情投入特殊儿童的教育工作中去，她继承并发展了伊塔和塞贡的教育方法，发明了很多教具，在教育低能儿童方面取得了很大的成就。蒙台梭利后来回忆说，在特殊儿童学校的实践工作是她的第一个真正的教育学学位。①

蒙台梭利在对智力低下的儿童进行研究时发现，智力低下的儿童与较其年龄小但智力正常的儿童之间存在相似之处，因此她相信，为智力低下的儿童所设计的教学方法同样也适用于正常儿童。这一想法使她决心从事正常儿童的教育工作，并将自己的研究对象确定为3～6岁的儿童。为了丰富和提升自身的素养，蒙台梭利于1901年离开特殊儿童学校，再次返回罗马大学，进修了哲学、教育学、实验心理学及人类学等课程。

1907年，蒙台梭利在罗马市圣佐罗区创办“儿童之家”，专门招收3～6岁的贫民儿童，并把教育缺陷儿童的方法加以适当改造，整理出一套完整的教材、教具及相应的教学方法。她在此进行了系统的教育实验，并取得了巨大的成功。

1909年，蒙台梭利出版了《蒙台梭利教学法》，她在书中全面总结了自己在儿童之家的教育实践经验，系统地阐述了自己的教育观点和教学方法。该书出版后受到极大的欢迎，并很快被翻译成二十多种文字。1911年后，为了造福更多的儿童，蒙台梭利

① 参见［意］玛利亚·蒙台梭利著，马荣根译：《童年的秘密》，4页，北京，人民教育出版社，2005。

开始传播自己的教育思想，先后在意大利、美国、英国、法国、荷兰、西班牙等国家开办国际培训班，亲自传授自己的教学理念和教学方法。受训人员回国后大力宣传蒙台梭利的教育思想，由此在世界范围内形成了学习蒙台梭利教育思想的运动。

1913 年至 1915 年，蒙台梭利两度访问美国，美国蒙台梭利教育协会也于 1913 年成立。那个时期，以蒙台梭利命名、采用蒙台梭利教学方法进行教学的学校达两千多所。但是，由于某些原因，蒙台梭利的教学法在美国很快衰落。1929 年，“国际蒙台梭利协会”在丹麦成立，由蒙台梭利任会长，并连任 9 届大会主席。20 世纪 30 年代，墨索里尼领导下的法西斯政权全面统治意大利，宣扬个性自由的蒙台梭利教学法被禁止传播，儿童之家也被迫关闭，蒙台梭利于 1934 年迁往西班牙，1936 年又因西班牙内战而移居荷兰。

晚年的蒙台梭利一直坚持奔波于各国作巡回演讲，指导教育工作，呼吁通过教育改造世界，实现世界和平，她曾连续 3 年获得“诺贝尔和平奖”候选人资格。1952 年，蒙台梭利在荷兰去世。

蒙台梭利的著作除了《蒙台梭利教学法》之外，还有《教育人类学》（1908 年）、《蒙台梭利手册》（1914 年）、《高级蒙台梭利教学法》（1917 年）、《童年的秘密》（1933 年）、《吸收性心智》（1949 年）等。

第二节　蒙台梭利学前教育思想的渊源

处在自然科学比较发达的时代的蒙台梭利曾广泛学习多种自然科学，尤其是生物学。其学前教育思想是在当时心理学、医学、生物学、社会学及其他自然科学理论发展的基础之上，广泛借鉴和吸收他人的研究成果和研究方法而形成的。

一、儿童研究的方法论

在研究方法方面，蒙台梭利受缺陷儿童教育先驱伊塔和塞贡的影响比较深刻。法国医学家伊塔最著名的事迹是在 1800 年收养了一位被人从森林中捕捉到的野男孩。伊塔尝试对其施予教育训练，虽然最后未能成功，但是对日后的特殊教育产生了深远的影响。伊塔堪称启智教育的先驱，他影响了蒙台梭利的教育理念和方法。法国弱智儿童教育家塞贡于 1837 年创办了一所弱智儿童学校，首创一种现代教育方法，着重感觉运动神经的训练。在其影响下，欧洲出现了许多对弱智儿童进行训练的学校，塞贡的教育方法对蒙台梭利也有深刻影响。

蒙台梭利在伊塔和塞贡的基础上首创了弱智儿童的“生理教育法”，主张对弱智儿童进行感官训练，在充分发挥儿童生理功能的基础之上促进其智力的发展。她仔细研究了伊塔的《关于野生儿阿维龙的报告和回忆录》和塞贡的《白痴的精神治疗、卫生保健和教育》，并继承和发扬了他们的思想，注重运动与感觉的训练，将感觉教育作为智力教育的基础。蒙台梭利在总结自己的教育经验时曾说过，她的教育方法是她自己十年的研究成果，也是对伊塔和塞贡四十年工作经验的总结。[①]

二、生物学及其他自然科学

达尔文通过长期观察自己孩子的心理发展得出结论：儿童心理的发展是其天赋能力和自身内在潜能的自然表现；法国昆虫家法布尔主张在自然环境中观察所要研究对象的行为；荷兰生物学家德弗里提出有机进化的“突变理论”及昆虫生长的“敏感期”理论；法国生物学家喀需尔则从生理学的角度呼吁社会重视学前儿童的教育。[②] 蒙台梭利将这些观点作为其教育思想的科学依据，她认为儿童的发展是天赋本能与外界环境相互作用的结果，注重在自然环境下对儿童的行为进行观察研究。

三、近代西方心理学

1879 年，冯特在莱比锡大学建立了世界上第一个心理实验室，用自然科学的方法研究心理现象，科学心理学诞生。此后，心理学家们开始把实验方法广泛运用到教育上，进行教育心理学研究。儿童心理学之父普莱尔的《儿童心理》是心理学上第一部通过系统观察和科学实验的方法来系统研究儿童心理发展的著作。受科学心理学的影响，蒙台梭利的儿童观以心理学特别是儿童心理学为理论依据，运用科学实验的方法，对儿童进行长期、系统的观察和科学的实验研究，并对传统的教育观念和教育方法提出质疑。

四、社会学思想

都灵大学犯罪人类学教授赛塞洛·隆布洛索对蒙台梭利有很大的影响，他认为通过适宜的幼儿教育可以减少社会上的犯罪现象。另外，蒙台梭利的老师、罗马大学人类学教授吉斯佩·塞吉也对她产生了较大的影响，使她注重研究幼儿的习惯。[③]

除此之外，蒙台梭利的教育思想还受到宗教思想的影响。例如：她将儿童发展的“敏感期”称为是“上帝的恩赐”、“自然赋予儿童的灵感”，带有浓重的宗教神秘主义色彩。

---

① 参见［意］玛利亚·蒙台梭利著，任代文译：《蒙台梭利幼儿教育科学方法》，46 页，北京，人民教育出版社，1993。
② 参见杨汉麟、周采著：《外国幼儿教育史》（修订本），280 页，南宁，广西教育出版社，1998。
③ 参见［意］玛利亚·蒙台梭利著，马荣根译：《童年的秘密》，3~4 页，北京，人民教育出版社，2005。

五、教育思潮的影响

蒙台梭利早年正置身于新教育运动风起云涌的时期，她吸收了卢梭遵循自然的原则和儿童中心的思想，也吸收了裴斯泰洛齐的观点，认为适应儿童天性基础上的教育才是完美的。她还借鉴了福禄贝尔自然主义的教育思想，主张教育要顺应儿童的天性，儿童的一切活动都应该由儿童个人的兴趣和愿望所决定，教育应当以儿童的个人力量为基础，重视儿童个性的发展。

第三节　蒙台梭利的儿童观

蒙台梭利的儿童观渗透着她人本主义的思想，这主要是因为她生活的意大利受到墨索里尼的法西斯统治和压迫，她把实现和平、挽救人类的希望寄托在儿童身上。有着厚重的生物进化论基础的蒙台梭利认为，儿童具有一种未知的、积极的生命的动力，这种力量可以引导我们进入美好的未来。如果我们真的想革新这个世界，教育就必须将发展儿童的潜能作为目标。

一、儿童心理发展具有胚胎期

蒙台梭利认为，人具有两重胚胎期，一个在出生之前，是人与动物相同的生理胚胎期；另一个在出生之后，是人类所特有的心理胚胎期。生理胚胎期就是由一个细胞分裂成多个细胞，逐渐发育形成各个器官，最终发育成胎儿的过程。心理胚胎期是人类所特有的，它既区别于生理胚胎期，也不同于成人的心理活动。儿童的心理胚胎期具体表现在出生到 3 岁的婴幼儿时期。新生儿时期是心理胚胎期的开始阶段，从出生时的一无所有开始，儿童慢慢吸收外界的刺激，形成了很多感受点，最终形成各种心理活动。蒙台梭利认为，心理胚胎期是人与动物的一个重要区别。

蒙台梭利与儿童在一起

蒙台梭利指出，儿童在 0~3 岁这一阶段心理发展的速度和质量远远高于人生的其他发展阶段。儿童的“心理胚胎”如同手工制作的物品一样，各不相同。蒙台梭利还指出，如同生理胚胎的发育需要母亲的子宫这一特殊的环境一样，心理胚胎的发展也需要特殊环境的支持，这一特殊环境需要排除各种有害儿童心理发展的因素，为“心理胚胎”提供尽可能细心的保护，还要为儿童的心理发展设置各种必需的环境，提供能够促进儿童“心理胚胎”生长发育的营养和丰富的社会心理刺激。例如：提供能够促进儿童感官和运动协调能力的教具，在游戏中刺激儿童大脑皮层的发育，等等。

二、儿童心理发展具有吸收力

蒙台梭利认为，自然界的各种生物都存在一种无意识的心理，它驱使着生物体主动吸收外界的养料，以满足自身生长的需要，儿童也不例外。儿童心理的吸收力是指儿童在潜在动力的驱动下的一种无意识的感受能力，儿童通过与周围环境的密切接触来获得各种印象，形成自己的个性心理和独特的行为方式。儿童心理的吸收力是成人所没有的，儿童在幼年所吸收到的一切会一直保持下去，甚至会影响其一生。蒙台梭利强调，儿童的心理不同于成人，对儿童的教育过程并非仅是教师教的过程，而应当是儿童的本能自然发展的过程，教师的任务就是为儿童提供一个可以发挥其吸收力的环境。

三、儿童心理发展具有敏感期

敏感期的概念首先是由荷兰生物学家德弗里在研究动物时发现的。受其启发，蒙台梭利认为自然界中的各类生物对于特殊环境的刺激都存在一定的敏感期，这种敏感期与一定的生长阶段相适应，并会通过一定的生长现象表现出来。例如：蝴蝶的幼虫在刚出生的时候对光具有强烈的敏感性，为了得到更多的亮光，它会努力爬到树梢，也就会相应地享用到树梢上最适合幼虫食用的嫩叶子。当幼虫长大之后，可以吃大一些的树叶的时候，它对光的敏感性就会消失。蒙台梭利认为儿童的心理发展也有类似的生物现象，她将敏感期的概念引入其儿童发展观念中，并运用到教育实践。她认为儿童的心理发展过程中存在对特殊刺激的敏感期，“正是这种敏感性，使儿童以一种特有的强烈愿望接触外部世界，在这一时期，他们能轻松地学会每样事情，对一切都充满着活力和激情”①。在适宜的环境下，处于敏感期的儿童会表现出某种心理倾向性，对某一事物或者某一类活动表现出浓厚的兴趣，并能够积极主动且卓有成效地学习和掌握这类活动，进而能够轻松地获得成长过程中所需要的能力。但是敏感期过去之后，上述现象就会消失，并且在此后的一生中都不会再出现。

（一）儿童敏感期的特点

蒙台梭利对儿童敏感期的认识来源于她对儿童的大量观察。

1. 儿童的敏感期是一种潜在的力量

“儿童心理的发展不是偶然发生的，也不是由外部刺激所引起的，而是受短暂的敏感性引导而发展的。也就是说，它受获得与其特性密切相关的暂时性本能的引导。虽

① [意]玛利亚·蒙台梭利著，马荣根译：《童年的秘密》，52页，北京，人民教育出版社，2005。

然儿童的心理发展也是在一定的外界环境中进行的，但环境本身主要是一个场所，而不是一个原因，外界环境仅仅提供了心理发展所必需的手段，就像物质环境为身体的发展提供了食物和空气一样。”① 蒙台梭利相信敏感期的儿童有一种特殊的感受能力，这种感受能力促使儿童对环境中的某些特定事物较为敏感，对这类事物极为关心，同时对其他事物置若罔闻。这种感受能力是儿童无意识地表现出来的一种潜在的力量，是儿童在内在动力的驱动下所表现出来的积极力量。

2. 敏感期具有短暂性

蒙台梭利认为，敏感期是一种与生长密切相关的现象，它与一定的年龄阶段相适应，只会持续一个短暂的过程，消失后就不可能再出现。“一个敏感期跟一种特殊的敏感性有关，这种敏感性是生物在其早期仍处于个体发育的过程中获得的。它是一种暂时的倾向，限于获得一种特殊的品质。一旦这种品质或特性获得之后，这种特殊的敏感性就消失了。”②

3. 敏感期是对儿童进行教育的最佳时机

敏感期是儿童掌握某种知识、技能的最佳时机，这一阶段的儿童能够轻而易举地学会某种知识或技能。但是如若不能够有效地利用儿童的敏感期，儿童就会在某一方面的能力没有得到发展的情况下虚度了那段时光，造成儿童在整个人生中这方面能力发展的障碍。蒙台梭利用织毛线袜的例子来说明敏感期的重要性，“老妈妈正在火炉旁打毛线袜子，由于年事已高，眼神不济，经常脱针而不察。等到织完之后，袜子上有多处脱针，因此袜子就不耐穿。与此同理，儿童在发展过程中错过了敏感期的某一部分，还是可以长大成人的。然而，因未充分发挥本身具备的能力，本来应该获得的强而有力的完整形象将成为遥不可及的幻想”③。蒙台梭利认为，很多成年人的成长过程都存在“漏针”的现象，这也就导致了他们在某一方面或几方面能力的欠缺，无论他们在成年以后如何努力，都不可能获得理想的效果。但是如果这些人当年处在一个有准备的环境中，他们就会获得完美的发展。

议一议

“生长不能归功于一种模糊的遗传的预定倾向，而应归功于周期性的或者短暂的本能精心引导的结果。”蒙台梭利的话在《幼儿园教师专业标准（试行）》中有所体现吗？

---

①［意］玛利亚·蒙台梭利著，马荣根译：《童年的秘密》，54 页，北京，人民教育出版社，2005。

② 同上书，51 页。

③ 转引自陈帼眉等主编：《学前教育新论》，362 页，北京，北京师范大学出版社，1996。

4. 环境影响敏感期儿童的发展

敏感期是在一定的外界环境中出现的，环境提供了儿童心理发展所必需的条件，当环境与儿童心理发展的内在需求一致时，儿童相应的能力就会得到充分的发展，但是如果没有提供适宜的环境或者环境提供的刺激与儿童心理发展的需求不适应，儿童就会永远失去这个难得的发展机会。儿童的敏感期具有短暂性，环境的布置也会影响敏感期儿童的心理发展，广大幼教工作者要学会观察，善于识别儿童的敏感期，并努力提供儿童心理发展所需的适宜的环境支持。

（二）儿童的各种敏感期

蒙台梭利对儿童各种敏感期及其呈现和延续的时间进行了研究。她认为，儿童的各种敏感期之间具有顺序性和延续性，前一个敏感期中发展的能力为后一个敏感期的出现奠定基础，儿童就在经历一个又一个的敏感期中得到不断的发展。

1. 语言敏感期

蒙台梭利认为，儿童的语言敏感期从出生后 2 个月开始直到 8 岁。语言的学习和掌握对于成人来说是一个艰难的过程，但是处于语言敏感期的儿童可以在日常生活中比成年人更加轻松地完成这一任务。儿童语言的学习从注意成人的声音及口型开始，在感觉声音的基础之上，开始对语言及其结构产生兴趣，最后对复杂的语言结构产生兴趣。在语言敏感期的儿童都从牙牙学语开始，然后掌握单个的单词，再学会说由简单的单词组成的句子，最后学习复杂的句子结构。

2. 秩序敏感期

蒙台梭利认为，儿童的秩序敏感期出现在 2 岁左右，3 岁到达高峰期，在 4 岁左右结束。儿童的秩序敏感期主要表现在儿童对顺序性、生活习惯、所熟悉的事物的要求上，生活环境中的物品是否按照平常的秩序摆放，一天中的活动是否按照以前的顺序和习惯进行，这些都是这一阶段儿童关注的焦点。为了适应儿童的秩序敏感期，蒙台梭利要求儿童之家的物品都有固定的摆放位置，所有物品都有它的使用规则和方法，这种有秩序的环境可以让儿童感到稳定和安宁，也非常有利于儿童之家的管理。蒙台梭利还认为，如果没有为儿童提供一个有秩序的环境，儿童就不能够从环境中建立起内在的秩序，儿童的智能就得不到正常的发展。

3. 感觉敏感期

蒙台梭利认为，儿童的感觉敏感期从出生开始直到 5 岁，在 2 岁左右达到高峰期。儿童一出生，就开始凭借触觉、听觉、视觉去认识周围的事物。在 2 岁左右，儿童开始关注细微的事物，对细节的关注使得儿童有选择性地关注周围的环境，并引发儿童一系列的活动，从而促进儿童感觉的发展。蒙台梭利认为，处在感觉敏感期中的儿童能够比较容易地认识各种几何形状及辨别颜色、方向、声音等，这些都为儿童更高层次的智力发展打下了坚实的基础。

4. 运动敏感期

蒙台梭利认为，儿童的运动敏感期存在于出生到4岁这一阶段。这一阶段的儿童喜欢活动，动作也逐渐趋于完美，这对于儿童的身体和精神的正常发展都具有重要的意义。出生7个月的幼儿只会爬行，在1岁多时开始蹒跚学步，2岁左右基本已经学会行走。学会走路的儿童非常活泼，成人应当让儿童有充分的运动，锻炼儿童动作的熟练性和准确度，同时注重手眼协调的细微动作教育，这不仅有利于儿童养成良好的行为习惯，也有利于儿童智力的发展。

四、儿童心理发展具有阶段性

蒙台梭利认为，儿童处在持续不断的发展过程中，并且这种发展具有阶段性。在发展的每一个阶段，儿童所表现出来的生理、心理特征都有明显的差异，每一个阶段的发展都在为下一阶段的发展奠定基础。根据蒙台梭利对儿童的观察和研究，她将儿童的心理发展分为三个阶段，并对每个阶段的特点做了分析。

（一）第一阶段（0~6岁）

0~6岁是儿童的个性及各种心理形成的重要阶段，这一阶段的重要特征就是一个又一个敏感期的出现。这一阶段又可以分为以下两个时期：

第一个时期是从出生到3岁，就是前面所提到的心理胚胎期。儿童在无意识中依靠强大的"吸收力的心理"感受周围的刺激，感受周围环境中各种事物的特征，获得关于周围事物的大量印象，并使身体机能和心理都得到一定的发展。刚出生的婴儿通过眼睛去观察世界，通过耳朵去辨别各种声音，通过手及肢体的触碰来感受周围环境的刺激，他们通过对感觉的使用获得了心理的初步发展。在各种感觉都得到发展的基础之上，儿童在1岁左右开始学会走路和使用语言。走路使得儿童的活动空间得到很大的扩展，通过对物体的接触和探索，儿童的拖、拉等一系列为运用工具做准备的技能也得到相应的发展。语言的使用也使得儿童能够与周围世界互动和交流。语言能力在获得之后就会得到快速发展。3岁左右的儿童基本能够理解周围人经常使用的语言，并能够与周围人进行简单的交流。①

第二个时期（3~6岁）是儿童由无意识向有意识发展，并最终形成自己的个性特征的阶段。3岁以后的儿童不再仅仅依靠感觉从周围环境中获取印象，而是在前一阶段各种感觉发展的基础之上，有意识地运用自己的手不停地接触各种东西，从而获得对周围世界更加具体、细致、深刻的感知，同时有选择性地模仿大人的行为、动作，在此过程中进一步发展自己的心理，直至获得记忆力、理解力和思维能力。理解力和思维能力的获得使得儿童开始对周围世界产生浓厚的兴趣，儿童独特、稳定的性格特征就

① 参见陈帼眉等主编：《学前教育新论》，367页，北京，北京师范大学出版社，1996。

在其内在生命力的推动下，在与周围环境的相互作用中逐步形成。

（二）第二阶段（6~12 岁）

6~12 岁的儿童心理发展相对平稳，这一时期的儿童开始具备抽象思维能力，产生了一定的道德意识和社会责任感，并要求突破过去狭小的生活范围。根据这些特点，蒙台梭利主张对儿童的教育方式由感觉练习转向抽象的智力活动，在学习和生活中注重运用道德标准和社会规范来约束儿童的行为。

（三）第三阶段（12~18 岁）

12~18 岁是儿童身心走向成熟的时期，这一时期的儿童开始意识到自己是社会中的一员，产生了自尊心、自信心和荣誉观。蒙台梭利认为应当重视对这一阶段儿童的社会性训练，帮助儿童适应社会生活，使其成为一名合格的社会公民。

第四节 论教育目的、原则和环境

在哲学观和认识论的基础上，蒙台梭利通过她几十年在“儿童之家”的实验、研究、实践，形成了自己的学前教育思想体系，其中包括对教育目的、教育原则、教育环境的论述。

一、论教育目的

蒙台梭利认为教育目的具有双重性，其一是生物的教育目的，即帮助个人的自然发展、促进儿童的健康成长；其二是社会的教育目的，即通过培养儿童健全的人格来培养新的人类，为环境准备人，使人适应社会。在蒙台梭利看来，这两者是统一的。她作为世界和平的使者，曾三次获得诺贝尔和平奖提名的幼儿教育家，更是把教育目的从教室放眼到整个社会。她要培育的是追求和平的一代新人，进而建设理想的社会，让战争从根本上消失。蒙台梭利在演讲中曾经说过：“我的目的在于所有儿童的发展，我更大的目的在于人类的最终完善。”[①]

二、论教育原则

为了促进儿童生理和心理的发展，蒙台梭利认为对学前儿童的教育应当坚持以下原则。

（一）“重复练习”的原则

又称为“工作原则”。给予处在敏感期的儿童满足其内在发展需要的“工作”，他

① [意]玛利亚·蒙台梭利著，马荣根译：《童年的秘密》，7 页，北京，人民教育出版社，2005。

就会一直专注而又反复地去练习，蒙台梭利认为促进儿童身心和谐发展的活动正是这些“工作”，“工作”的过程就是儿童生理和心理实体化的过程。“工作”的过程不仅使儿童的身体得到发展、心理得到满足，还使儿童获得了独立的能力。蒙台梭利曾经举过这样一个例子：一个3岁左右的小女孩玩圆柱嵌入物游戏，尽管周围有很大的干扰，但她还是专心致志地一遍又一遍重复放进和取出，这个动作使她处于忘我的境界，一直重复了42遍，她才停下来，如梦初醒般地笑了起来。[①] 在儿童所有的活动中，这种重复练习的现象经常出现，并且每一项练习的细节教得越细致，就越容易出现儿童重复练习的现象。蒙台梭利认为，人之所以为人，并不是因为教师的教，而是因为他自己的做。重复的练习使得儿童发现了自己的潜力，不断展现自己的生命力，并在一次次的重复练习中不断完善自己。

（二）“自由选择”的原则

蒙台梭利认为，儿童内在的冲动是通过自由的活动表现出来的，儿童能够根据内在需要选择自己喜欢的玩具或者活动。蒙台梭利曾经举过这样一个例子：有一次，“儿童之家”的老师到校比较晚，而且前一天忘记关玩具橱柜的门，等老师到学校时发现很多儿童站在橱柜边，有些儿童已经取出自己需要的玩具去活动。据此她认为，儿童已经能够识别玩具并作出自己的选择，教师需要做的就是使儿童能够进行自由的选择，允许儿童自由发展及展现个性。[②] 蒙台梭利还强调，为了使儿童能够有秩序地选择自己需要的玩具并专心活动，应当尽量避免出现不必要的玩具。

三、论教育环境

蒙台梭利认为，儿童发展的内在潜能是在环境的刺激下激发出来的，儿童的发展是个体与环境相互作用的结果，对于儿童生理和心理的发展，准备一个适宜的环境是非常有必要的。儿童心理的发展受内在本能的激发，但同时也受外部环境的影响，为儿童准备一个适宜的环境是蒙台梭利整个教育体系的根本与核心，也是蒙台梭利教育方法区别于旧式教育的显著特点。蒙台梭利认为，旧式教育只包括教师和儿童两个因素，对环境没有给予一定的重视，新教育必须包括教师、儿童和环境三个要素。在教育体系中，除了教师和儿童之间的互动以外，两者都与环境产生关系。

议一议

> “教育的基本任务就是为儿童提供独立进行自由活动的环境，使每个儿童的潜能得到自然发展，成为身心健康的儿童。”你怎样理解这句话的含义？

---

①② 参见滕大春主编：《外国教育通史》（第五卷），461页，济南，山东教育出版社，1993。

蒙台梭利认为，对于新生儿来说，最适宜的环境莫过于父母，这一时期的儿童需要的营养都来自于母亲。对于3周岁以上的儿童，蒙台梭利认为应当提供一个能够激发儿童内在潜能的环境，这个环境首先应当是一个允许自由发展的环境。在那里，环境更适应儿童内心发展的需要，儿童在环境中能够找到适合自己发展的工具，有利于儿童创造自我和实现自我。为儿童准备的环境也应当是一个有秩序的环境，儿童能够在那里安静而又有规律地活动，以不断完善和发展自己的心理。为儿童准备的环境还应当是充满生机的、快乐的，环境中所有的东西都是适应儿童身心发展需要的，对儿童具有很大的吸引力，儿童可以在这个环境里乐此不疲地工作，精神饱满地自由活动，不断地获得成长和进步。

总之，为儿童准备的环境应当是符合儿童发展需要的、能够激发儿童内在潜能的环境，是一个充满自由、爱、活力与秩序的环境，这样的环境需要真正理解儿童和懂得儿童内在需要的幼儿教师来营造。

第五节 论教学内容

一、实际生活练习

蒙台梭利注重对儿童实际生活的练习，“儿童之家”也以一系列实际生活的练习作为一天活动的开始。“儿童之家”的实际生活练习主要包括四个方面：清洁、秩序、安静和会话。清洁练习分为儿童个人卫生和周围环境卫生，儿童个人卫生包括穿衣服、洗脸、刷牙、洗手等活动，周围环境卫生包括扫地、拖地、擦拭桌椅、整理房间、收拾餐具等。每天的清洁练习结束后，儿童在自己的座位上坐好，由教师讲解正确的行为举止及如何做到安静、沉着、有秩序，以此为起点开始自由的活动，教师不再对儿童做评价和指导，只是纠正儿童不规矩的举动。会话活动是指教师与儿童谈话，谈话的内容主要是儿童在前一天所做的愉快的事情，这样的谈话能够促进儿童语言能力的发展。

为了方便儿童参加实际生活练习，并调动儿童参加实际生活练习的积极性，“儿童之家”里的摆设都是与儿童的身高相适应的小桌子、小椅子，为儿童准备的抹布、扫把等清洁工具也是五彩缤纷的，并提供能够让儿童自由练习的室内活动场所。蒙台梭利认为，园艺和手工作业能够激发儿童的兴趣，并能促进他们的生理和心理发展，因此她倡导让儿童多参加浇花、种草等户外园艺活动，以及绘画、泥塑等手工活动。通过园艺及手工活动，儿童可以产生对大自然的热爱，获得一定的生活体验，并发展智力。在蒙台梭利看来，实际生活练习不仅可以培养儿童独立生活的能力和适应环境的能力，还可以增进儿童的体能。

二、肌肉练习

蒙台梭利十分注重儿童的肌肉练习，她认为婴幼儿身体的发育特点是躯干比下肢发达，整个骨骼尚未骨化，运用体操可以促进儿童身体的发育。蒙台梭利还突破性地指出，肌肉、大脑与感官共同组成了中枢神经系统，肌肉练习可以促进儿童心理的发展，心理发展必须与运动相结合。[①] 此外，肌肉运动还有助于锻炼儿童的意志和发展儿童之间的合作关系。

蒙台梭利把帮助儿童发展肌肉的训练方法称为"体操"，"儿童之家"的体操主要包括锻炼下肢的各种运动、自由体操、教育体操、呼吸体操。锻炼下肢的运动分为两类，一类是日常生活中的自然运动，如走路、站立、跳跃等；另一类是运用摇椅、球摆、螺旋梯、绳梯等器械的运动，这类运动可以有效地锻炼儿童的身体协调能力，增强其动作的灵活性。自由体操是指在没有辅助器材的情况下所做的锻炼，分为两类，一类是在指导或口令下的运动，如齐步行进操、伴有音乐的走步、跳跃等，这类运动有利于增强儿童的节奏感，锻炼儿童的平衡性；另一类是自由游戏，是指为儿童提供球、沙包、铁环等玩具由儿童自由运动。教育体操同实际生活练习、自然教育相联系，在挖坑种树、饲养动物的过程中，儿童自然而然地做出了各种姿势的体操，在穿脱衣物、系鞋带的活动中锻炼了手指的灵活度。呼吸体操的目的是让儿童掌握呼吸的技巧、学会调节呼吸，这样的练习有助于儿童养成良好的讲话习惯。

三、感官训练

感官训练是蒙台梭利教育思想的重要组成部分，也是"儿童之家"的重要特色。感观训练的主要目的是通过训练儿童的注意力、记忆力、比较和判断能力等，使儿童的感受性更加敏锐、准确和精练。

（一）感官训练的重要意义

首先，感官训练有利于儿童的智力发展。蒙台梭利认为，"能区分"是智力活动的重要特征，"对差异性的感知"是所有智力活动的开端，正确的智力活动是建立在清晰理解概念的基础之上的。通过感观训练，儿童将感觉吸收来的大量杂乱的材料分门别类，使观察能力和辨别能力得到发展，这是智力发展的第一步，也奠定了儿童智力发展的基础。其次，3~6 岁的儿童正处在感官能力发展的敏感期，成年人应当抓住这一时机对儿童进行规范、系统的训练，使儿童的感观能力得到充分的发展，达到事半功倍的效果。再次，对儿童的感官训练能够及早发展并补救儿童存在的感官缺陷。最后，感官训练能够增强儿童的观察能力，以为其适应现代生活做好准备。除此之外，感官

① 参见[意]玛利亚·蒙台梭利著，任代文译：《蒙台梭利幼儿教育科学方法》，452 页，北京，人民教育出版社，1993。

训练与德育、美育也有着密切的关系。①

（二）感官训练的内容

为了使儿童的感观能力得到充分的发展，蒙台梭利要求对儿童的每一个感官都进行单独的训练，主要包括视觉、听觉、嗅觉、味觉和触觉的训练。触觉训练是所有感官训练中最重要的方面，因为儿童经常以触摸的形式感知周围的世界。触觉按其性质可以分为辨别光滑度的滑度触觉训练，辨别冷热的温度触觉训练，辨别轻重的重量觉训练，辨别大小、长短、厚薄的实体觉训练。视觉训练包括辨别事物形状、颜色、大小的训练。听觉、嗅觉和味觉训练主要训练儿童辨别不同的声音、气味和味道。

（三）感官训练的原则

蒙台梭利认为，感官训练应当坚持由易到难、循序渐进的原则，以肌肉练习作为感官训练的基础，将感官的发展作为教育的重点，根据儿童个体的差异性采取与之相适应的、连贯的方法和步骤，同时将感官训练同儿童的读、写、算练习结合起来，实现由简到繁的过渡。蒙台梭利的教具也是按照由易到难的原则编排的，每一种教具训练儿童的一种感官，通过分步骤、有针对性的练习，增强儿童感知能力的敏感性、准确性和敏锐性。此外，蒙台梭利认为感官训练应当遵循自我教育的原则，让儿童根据自己的能力和需要独立自主地选择学习内容、学习工具，并在练习过程中不断地自我矫正，通过自我教育实现自身的发展。

（四）感官训练的教具

结合相关的教学原则，针对各种感官训练，蒙台梭利还专门设置了一套“感官练习材料”，通过操作教具来训练儿童的感官能力。蒙台梭利设计的感官练习材料有以下几个特点：

（1）教具根据不同的用途分为不同的种类，每一类分别训练一种感观。例如训练感知重量的教具，其所有组成部件的形状、材质都是一样的，只有重量不一样，让儿童通过操作这类教具锻炼对重量感知的敏锐性。

（2）每种教具各训练某一种特殊感官，尽量排除其他感官的干扰，以使感官得到的印象清晰、纯正。例如，在训练触觉时，就可以将儿童的眼睛蒙上或者在暗室中操作训练触觉的教具，这样就可以避免视觉的干扰。

（3）教具具有控制、纠正错误的功能。蒙台梭利设计的教具能够使儿童在操作过程中不断地尝试错误，不断地改正，最终达到自我教育的目

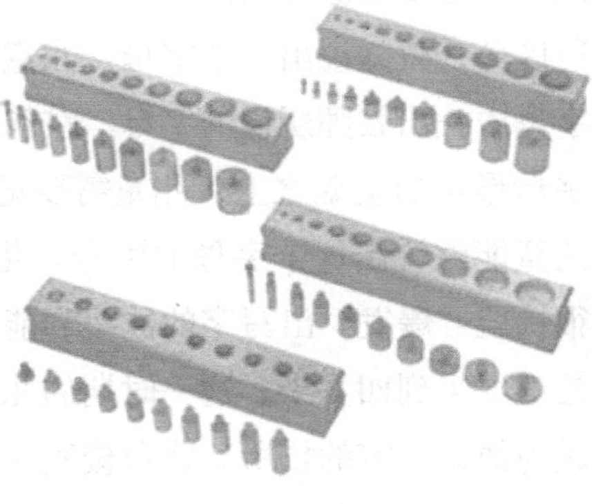

蒙台梭利设计的教具——插座圆柱体

① 参见杨汉麟、周采著：《外国幼儿教育史》（修订本），312页，南宁，广西教育出版社，1998。

的。例如，蒙台梭利设计的一套训练感知的教具，一个木板上有十个大小不等的圆孔，每个圆孔对应一个圆柱体，要求儿童把混放在一起的圆柱体放到相应的圆孔中去。儿童在操作时如果把小的圆柱体放在大的圆孔中，则会剩余至少一个圆柱体不能放到圆孔中，如果儿童把大的圆柱体放到小的圆孔中，则是不可能放进去的。这就要求儿童在操作教具的过程中不断地纠正自己的视觉错误，使自己的感觉敏锐性和准确性得到相应的提高。

四、“读、写、算”练习

在是否让儿童学习文化知识这个问题上，一般心理学家认为儿童主要的任务是通过与周围世界的接触获得生活经验，在游戏中训练自己的感官，不应过早进行读、写、算练习。但是蒙台梭利认为，3~6 岁的儿童已经处于读、写、算的敏感期，他们已经具备了学习文化的能力，完全可以进行阅读、书写和计算练习。因此，教育者应当适时抓住这个敏感期，为儿童发展准备适当的教材、教具，通过正确的途径，帮助儿童初步学习复杂的文化。蒙台梭利主张将感官训练同读、写、算练习结合起来，让儿童调动身体的各个器官，手脑并用，在没有心理压力的状态下，按照自己最适宜的进度自然地掌握阅读、书写、计算的能力。

（一）儿童的书写练习

蒙台梭利认为，儿童的书写练习先于阅读练习。书写的关键在于握笔，也就是肌肉控制的能力。儿童在感官训练中自然而然地就能够学会握笔。在学会握笔之后，就需要引导儿童掌握字母的形状，让儿童通过触觉、视觉等多种途径，了解字母的形状。在了解字母的形状之后，还要训练儿童能够将不同字母的形状进行区分，教师说出一个字母，儿童能够从众多字母中找出教师所说的字母。在能够辨别不同字母形状的基础之上，儿童需要记住字母的形体，教师在众多字母中随机挑选一个，儿童能够说出这个字母的读音。儿童在熟悉了字母并能够自由地用笔临摹字母以后，很快就“爆发”出写字的欲望和能力。蒙台梭利在实验中发现，儿童学习书写的年龄是三岁半到四岁半，这一时期的儿童会持续不断地写，所有能够留下印记的地方都会成为他们写字的场所。蒙台梭利认为，这一阶段儿童写字的动作不是为了完成某种任务，而是服从内在的冲动。在儿童掌握了书写能力之后，就能够转入阅读学习的阶段。

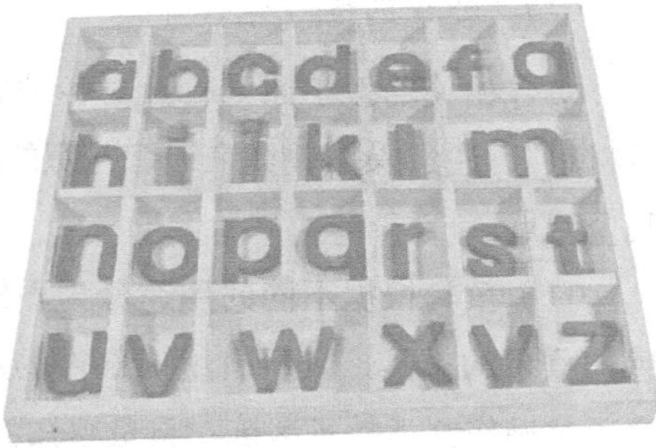

活动字母箱

(二)儿童算数的入门

蒙台梭利认为，儿童在学习运算时，可以先利用日常生活中经常接触到的物体，帮助其练习计数能力，然后运用数字图形来训练儿童认识数字和计数的能力，最后教儿童学会基础的加减乘除运算。蒙台梭利指出，无论是阅读练习还是算数练习，都应当坚持循序渐进的原则，以各种感官教具为主要的练习途径。

第六节　论教育自由与纪律

传统的学校教育强调以纪律的形式维持教学秩序，强迫儿童坐在桌椅旁，不许左顾右盼，禁止自由活动，不许自由地表达自己的观点。蒙台梭利指出，这些以强迫的手段培养的纪律都是短暂的、虚假的，不能够真正地维持教学秩序，并且严重影响教学效果。她认为，儿童发展的潜在的、自发的冲动外在表现为儿童的自由活动，传统教育以强迫的、屈从的、被动的纪律形式，压制了儿童活泼好动的天性，扼杀了儿童的好奇心、求知欲，阻碍了儿童内在冲动的发展。蒙台梭利指出，“我们并不认为当一个人像哑巴一样默不作声，或像瘫痪病人那样不能活动时才是守纪律的。他只不过是一个失去了个性的人，而不是一个守纪律的人。有独立自主的精神的人，无论何时何地，当他意识到需要遵从某些生活准则的时候，他能够节制自己的行为”①。

蒙台梭利认为，真正科学的教育学是给儿童以自由，让儿童根据自己的个性自由发展。为了有利于儿童的自由活动，蒙台梭利在“儿童之家”精心布置了一个儿童可以充分自由活动的场所。在这个场所里，所有教育活动都要遵循儿童生命的潜力和自然发展的规律，让儿童在不断地自由活动中体会到自己的力量，在内在潜力的驱动下得到不断的发展。

值得注意的是，蒙台梭利非常肯定地认为，给儿童以极大的自由，并不意味着儿童可以恣意妄为。在“儿童之家”是需要纪律的，儿童也是遵守纪律的。但“儿童之家”的纪律并非通过说教、命令的方式达到，而是建立在儿童自由活动的基础之上。这里的自由活动并非胡思乱想，而是指一种手脑结合、身心协调的作业，也可以称之为“工作”。

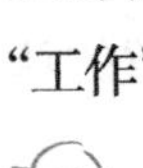

读一读

内心深处的纪律性是后天形成的，而非先天具有的，我们的任务就是为这种纪律的形成指明方向。儿童能够将注意力集中于对他们来说具有吸引力的事情上，就说明他们已经形成了纪律。——蒙台梭利

---

① ［意］玛利亚·蒙台梭利著，江雪译：《蒙台梭利方法》，62页，天津，天津人民出版社，2003。

儿童的工作是遵循自然法则、服从内在引导的自发的活动，是以追求自我实现为目标的创造性、建构性的活动，由儿童自己独立完成，并依靠儿童自己的需要而不断重复。儿童的各种感官练习及日常生活技能的训练都是儿童的工作，在生命本能的驱动下，在适宜的环境中，儿童会自发地不断重复这些工作。工作是连接纪律与自由的纽带，也是“儿童之家”纪律形成的原因。工作欲是儿童内在的冲动，工作是儿童在一定程度上身心结合的自由活动，引导儿童对某一事件产生兴趣。专注于某一项工作，儿童就形成了良好的纪律。

蒙台梭利还进一步阐述了工作是如何促进纪律形成的：

其一，工作有利于增强儿童肌肉的调节、控制能力，进而使儿童能够有效地控制自己的行为。

其二，全神贯注于工作有利于培养儿童的意志力，这是儿童服从纪律的先决条件。

其三，在工作过程中，儿童需要依靠自己的能量满足自身的要求，自身欲望的不断满足及工作乐趣的获得使得儿童完全沉浸在自己的工作中，良好的秩序也就形成了。

“儿童之家”的孩子们在有秩序地工作

蒙台梭利认为，通过工作这样一种自由的活动，就能够使儿童形成良好的纪律。在工作中，即使是放手让儿童完全自由地行动，儿童也不会有任何越轨的行为。作为经验丰富的教育家，蒙台梭利也认为这一方法并非完全奏效，因此她又提出，在“儿童之家”还必须遵守两点要求：其一，不得冒犯和打扰他人；其二，必须正确使用教具。

在自由活动中经工作而建立起有秩序的纪律教育，这是蒙台梭利具有独创性的方法。在 19 世纪，赫尔巴特认为儿童天性顽皮，在儿童群聚时难以通过活动来形成良好的秩序，必须用监督、管教的方式来实现教学活动的正常进行。但蒙台梭利将儿童的内在冲动看做是成长的动力，试图通过引导的方式释放儿童的这种能量。两者之间的差异实际上反映了两种儿童观之间的对立，也显示出学前教育思想、人们对儿童的认识在不断进步和完善。

第七节　论教师

根据蒙台梭利“儿童中心”的教育理念，教师不应当是站在讲台上发号施令的权威角色，不应以“灌输”知识给儿童为任务，而应居于“帮助儿童生命成长”，设计、指导儿童自主学习的客观立场。

一、教师的作用

在传统的教育思想中，教师是教学的中心，儿童只是被动的接受者。蒙台梭利颠覆了这一观点，在她的教育思想中，儿童是主体、是中心；在“儿童之家”，儿童的自由活动是主要的教育原则和教育方式，教育不再是自上而下的传授，而是教师协助儿童在自由活动中得到发展。在蒙台梭利的教育体系中，“教师”被称为“指导者”，教师的主要作用是引导儿童身体和心理的发展。基于这一教育思想，蒙台梭利要求教师扮演好以下几个角色。

（一）观察者

观察是了解儿童的必经之路，教师只有耐心、细致地做好观察者，才能做到不干涉儿童，让儿童自由活动，并能够通过观察儿童的自由活动更好地了解儿童真正的内在需求，在此基础之上给予儿童适当的帮助和引导，促进儿童的发展。

人是社会的产物，教师对儿童进行观察的目的是激发儿童生命的活力，使之成为适应现代社会发展的独立自主的人。因此，要真正了解儿童，必须在自然的环境下对儿童的自由活动进行观察，不仅要观察儿童自身的表现，还要了解儿童的家庭环境及周围环境对他的影响。为了保证观察的可靠性，教师要以朋友的身份与儿童一起生活、工作，保持与儿童的亲密关系，并在活动中注意激发儿童的兴趣，让儿童全身心投入活动中去，这样才能够真正把握儿童的内心世界，了解儿童的需求。

想一想

“对幼儿教育的过程并非仅是教师教的过程，而应当是儿童的本能自然发展的过程，教师的任务就是为儿童提供一个可以发挥其吸收能力的丰富的环境。”你同意蒙台梭利的使命观吗？

（二）指导者

观察和了解儿童并非教育的真正目的，教育工作的首要任务是刺激生命，使儿童自由地发展。[①] 教师除了观察儿童之外，还需要对儿童的自由活动进行指导。教师的指导职责主要包括以下四个方面：首先，为儿童提供自由活动所需的环境，将教室的环境布置得美观、整洁、有秩序，符合儿童心理发展的需要，并提供儿童所需要的教具。其次，儿童在刚开始使用教具时需要教师做一次示范。在儿童不了解教具之间的关系及教具的内在结构时需要教师做出简单、准确的解释。再次，教师需要在了解儿童发展需要的前提下，为儿童选择与其发展阶段相适应的教具，进而使儿童实现更高程度

① 参见杨汉麟、周采著：《外国幼儿教育史》（修订本），306页，南宁，广西教育出版社，1998。

的发展。最后，教师指导作用的发挥还表现在对教学秩序的维持上，教师需要约束儿童，以使其不打扰他人的活动、正确使用教具。蒙台梭利强调，教师在发挥指导作用时要把握好时机，避免直接纠正，以免限制儿童的自由生长。

（三）学校、家庭和社区的联络员

家庭和社区都是儿童成长的重要环境，必须使家庭教育、社区教育及学校教育在目标上保持一致性。这就需要教师经常与儿童的家长、社区保持联系，向家长宣传正确的教育观念，使学校、家庭和社区都成为有利于儿童成长的环境。“儿童之家”的一大特点就是重视家园合作，在家长把儿童送入“儿童之家”时，就需要遵守“儿童之家”的制度。此外，家长还需要就儿童的表现经常与教师进行交流。这些规章制度使得教师成为联络学校、家庭和社区之间的纽带。

二、教师培训

蒙台梭利十分重视教师的培训。她一直坚持，只有参加训练班，接受专门的训练，掌握科学的原则和方法，熟悉教具的功能和使用，学会对儿童进行正确的观察和适时、适度的引导，才能成为蒙台梭利式的教师。因此，蒙台梭利坚持开办国际训练班，学员除了要学习必要的课程之外，还要在蒙台梭利学校进行实地观察，以在实践中运用蒙台梭利教学法。在培训班结束后，学员还要经过书面考试和口试，并写出一份研究报告，在各项考核都通过后才能够获得蒙台梭利亲笔署名的文凭，以示该学员可以开办蒙台梭利学校。

综上所述，蒙台梭利的影响从20世纪30年代一直持续到现在，她在幼儿教育领域作出的贡献是不可低估的。蒙台梭利关于儿童发展的主动性、阶段性、敏感期等的发现具有革新的意义，其不同于传统教育的新方法在世界学前教育界引起了很大的轰动。她重视儿童早期智力的开发，注重儿童独立精神的培养；她实施感官训练，并精心设计制作了各种教具；她的教学方法简单明了、成效显著，对于从事实际教育工作的教师具有很大的吸引力。在蒙台梭利的影响下，教师们将更多的注意力转向对儿童的观察和研究，教学的重心更多地转向儿童。

当然，蒙台梭利的学前教育思想体系也有其不足之处。例如：她的儿童发展观带有一定的生物本能论倾向；相对于她的实践而言，其理论构建也不够丰富等。但是无论怎样，蒙台梭利都是一位伟大的、为学前教育作出卓越贡献的女性，她的形象也激励着千千万万学前教育工作者在前人的辉照下继续前行。

关键概念

感观教育　　儿童心理敏感期　　儿童之家　　工作

思考与练习

1. 论述蒙台梭利“儿童之家”的教学法。
2. 简述教育中自由与纪律的关系。
3. 简述“儿童之家”中教师的作用。
4. 结合蒙台梭利的教育观点，谈谈如何对儿童进行观察和引导。

第十五章　弗洛伊德的学前教育思想

【本章学习目标】

- 了解弗洛伊德的生平及思想基础。
- 掌握弗洛伊德的精神分析学说在学前教育的运用。
- 可以运用弗洛伊德的理论分析现实中的案例。

【教师专业标准】

- 尊重幼儿人格，维护幼儿合法权益，平等对待每一个幼儿。不讽刺、挖苦、歧视幼儿，不体罚或变相体罚幼儿。
- 信任幼儿，尊重个体差异，主动了解和满足有益于幼儿身心发展的不同需求。

【本章内容引言】

儿童的全面发展一定不仅仅是体格的发展、智力的发展，儿童的人格发展和心理发展，对儿童成长具有更重要的意义。著名的心理学家弗洛伊德并非教育家，也未曾有过教育方面的专著，但是他的精神分析学说所涉及的很多理论，如潜意识理论、人格发展理论、泛性论等都和儿童教育问题有着紧密的联系。他的理论对儿童教育产生了巨大的影响和冲击。时至今日，弗洛伊德的精神分析学说已经在儿童教育实践中被广泛运用。

第一节 弗洛伊德的生平和思想渊源

一、弗洛伊德的生平

弗洛伊德

西格蒙德·弗洛伊德（Sigmund Freud，1856年—1939年），奥地利著名的心理学家、精神病医师，精神分析学派创始人。弗洛伊德出生于奥地利摩拉维亚（现属捷克共和国）的一个犹太人家庭，从小就成绩优异。17岁的时候，他以“全优”的成绩毕业于吉姆那森学校。1873年，弗洛伊德大学预科毕业前夕，面临着一生职业的抉择。他曾经向往做一名政治家，但由于从小热爱自然，又受到达尔文物种进化论和歌德自然散文的影响，他决定成为一名医科学生。

1873年，弗洛伊德进入维也纳大学医学院。在大学期间，他曾师从布伦塔诺、布吕克和克劳斯，在生物学、医学、病理学、外科手术等课程上花了大量的时间，直到1881年才毕业。1882年4月，弗洛伊德遇到他的妻子——玛莎·伯莱斯，不过他们直到1886年才完婚。弗洛伊德早在1881年3月获得医学博士学位之后，本打算进大学从事神经医学的深入研究，但因犹太人的背景而未能如愿，便在布吕克教授的生理研究室从事理论研究工作。之后，为了筹措结婚费用，他离开了生理研究室，进入维也纳全科医院担任一名助理医生，很快又转至一所精神病疗养院做脑神经研究，在这里，他正式与神经系统的病患有了初步的接触。

当时，医生对精神错乱的病人仍相当缺乏了解。弗洛伊德通过潜心研究，逐渐发现潜意识对人的思想行为能够产生重要的影响。1895年至1899年，他写成了《梦的解析》一书，借着对梦境意识的探讨，解释人类心理动力的潜在影响。在治疗精神病患者初期，弗洛伊德曾学习催眠治疗，并与其他学者合著了《歇斯底里研究》一书，讨论在催眠的状态下使病人说出其致病的潜在因素。后来因发现催眠法的不足，他又创造出另一种“自由联想”的新途径。弗洛伊德的心理学研究，不但将其行医经验作为丰富的研究资料，而且将他自己的隐私也作为分析、研究的对象。

弗洛伊德并非一开始就成功，《梦的解析》刚出版时，两年只卖了300余本，但他对心理研究的热情依然不减，几乎每年都会出新的论著。1904年，弗洛伊德出版了《日常生活中的心理病理学》，探讨潜意识对发生失言、过错、意外等的作用。1905年，他出版了三本重要的著作：《多拉的分析》、《玩笑及其与无意识的关系》和最有争议的《性学三论》。1913年，弗洛伊德的《图腾与禁忌》出版，这本书的重要性仅次于《梦的解析》。1920年，出版了《超越唯乐的原则》一书，混合生理和心理的观点来探讨本能的倾向。1923年，出版了《自我与本我》，探讨两种人格结构主要部分的关系。1923年春，弗洛伊德被诊断患了口腔癌，但仍然奋力工作。1938年，弗洛伊德因遭纳粹迫害迁居伦敦，直到1939年9月病情加重，在沉睡中与世长辞。

二、弗洛伊德的思想渊源

（一）受压迫和歧视的犹太人血统

犹太人的血统对于弗洛伊德的成长产生了很大的影响，这不仅指犹太人的语言、思维习惯和生活方式，更重要的是定居于欧洲各地的犹太人在漫长的岁月中所遭受的侮辱和歧视，给弗洛伊德提供了无形的精神力量，激励着他奋发图强和专心致志地从事对人类精神活动的科学分析。此外，犹太人也不可避免地受到当时、当地的社会历史环境的影响。弗洛伊德的家族，生活于日耳曼民族所群居的社会中已有三个世纪。因此，弗洛伊德身上不仅有单纯的犹太民族的文化传统的影响，也集中了犹太人和日耳曼人在多年的文化交流中所积累的那些复杂的历史成果。

（二）文化之都维也纳的熏陶

1859年，由于经济和战争的原因，弗洛伊德一家离开弗莱堡来到德国萨克森区的莱比锡。奥意战争结束后，弗洛伊德一家从莱比锡迁往维也纳。维也纳是欧洲最著名的文化中心之一，而从19世纪中叶到第一次世界大战期间，又是维也纳文化发展的全盛期。不论是在音乐、哲学、文学方面，还是在数学、经济学方面，维也纳都取得了闻名世界的成就。维也纳光荣而悠久的文化传统为弗洛伊德的精神分析学说提供了丰富的养料，成为弗洛伊德的科学创见和伟大学说的天然摇篮。

（三）父亲雅可布·弗洛伊德单纯的性格

弗洛伊德的父亲遗传给弗洛伊德的性格，对于弗洛伊德的研究工作和思想方法产生了深远的影响。弗洛伊德的父亲及祖辈都过着半流浪的生活，加上家境贫寒，因此他们的社会关系非常简单，这对弗洛伊德的科学研究工作产生了潜移默化的影响。可以说，弗洛伊德之所以能将复杂的精神现象分析成最单纯的“潜意识”和“性动力”，就是因为他酷爱事物的单纯化结构。他相信，即使是那些表面看起来很复杂的变化，也必然遵循着一条极简单的规律。弗洛伊德单纯的性格，使他养成了简单的生活习惯并慢慢地发展成一种思想方法和世界观。

（四）歌德与达尔文关于大自然的作品

弗洛伊德很喜欢歌德的作品，因为歌德的诗、小说、戏剧都体现着大自然的无穷魅力，而弗洛伊德从小就热爱群山、森林、天空、鸟兽，热爱自然界的一切。受歌德自然散文的引导，弗洛伊德对自然界充满了跃跃欲试的探究精神，而他又认为，人类本身是自然界中最令他好奇的问题，也是最中心的问题。至于达尔文，他1859年出版的《物种起源》，以无可辩驳的逻辑力量战胜了一切关于物种不变的无稽之谈，他的学说也使弗洛伊德牢固地树立了关于有机体有规律发展的观点。正是由此出发，弗洛伊德坚定地认为人的精神活动是有规律可循的，就连"梦"这种表面上极其紊乱或虚幻的精神现象也是有规律可循的。然而，达尔文的学说中也包含着某些局限性，这些局限性同样影响了弗洛伊德。达尔文学说的局限性集中体现在他的一句格言中："自然界没有飞跃。"这句话显然与他的物种通过自然选择而发展的学说相矛盾。在这种片面观点的影响下，弗洛伊德也同样没能正确地说明人的精神活动的本质变化关系。

（五）恩师布吕克和布伦塔诺的教育

弗洛伊德在升入维也纳大学医学院时，曾经做过著名的生理学家艾内斯特·布吕克教授和哲学家弗朗兹·布伦塔诺的学生。布吕克认为一切有机物和有生命的物体的活动都可以归结为"力的吸引和排斥"，这是一种机械唯物主义的观点，但弗洛伊德把这些观点作为其从事生理学研究的指导思想。直到1926年，弗洛伊德在谈到精神分析学说的动力学内容时还说："力相互支持或相互阻止，相互联系或相互协调，等等。"

布伦塔诺是天主教哲学家，他推崇中世纪托马斯·阿奎纳所改造的亚里士多德主义，也是经院哲学的信奉者。布伦塔诺的哲学在当时对西方哲学和心理学产生了很大的影响。弗洛伊德本人的哲学观点和心理学研究方法虽然有其独特的风格，但由于在维也纳大学连续听了三年布伦塔诺的哲学课，在一定程度上会受到其哲学思想的影响。

第二节　弗洛伊德的学前教育思想及其评价

弗洛伊德并没有留下有关学前教育的任何专著，而且他自己也曾谦称：教育是他尚未解决的三个课题之一。但是，弗洛伊德的精神分析学说仍然涉及一些教育方面的问题，并且这些思想也已灵活运用于今天的学前教育。因此有人断言："弗洛伊德对20世纪的教育思想产生的影响是具有决定性意义的"，"也许在历史上再也没有什么能比弗洛伊德心理学对教育的影响更大"[①]。

弗洛伊德的理论体系主要包括人格理论、本能论、焦虑论、性欲论和梦的理论。下面概述其与学前教育相关的具体思想。

一、早期经验对儿童心理和人格发展具有重要意义

弗洛伊德说："由观察的结果，可以深信幼时的经验有其特殊的重要性，这在儿

① [美]布鲁柏克著，吴元训主译：《教育问题史》，163页，合肥，安徽教育出版社，1991。

童期已很明显"，"我们常常忽视儿童的神经病，认为是恶劣行为或顽皮的表示，在幼儿园中常用权威压服。然而回想起来，这种神经病常易识别。它们所表示的方式常为焦虑性癔病，其意义以后当可知晓。当神经病发生于年纪较大时，分析的结果总是表明这种病为幼时神经病的直接继续，只是幼时可能表现为具体而隐蔽的方式。"① 他还在《精神分析引论》中指出："我们往往由于注意祖先的经验和成人生活的经验，却完全忽视了儿童期经验的重要性，其实儿童期经验更有重视的必要，因为它们发生于尚未完全发展的时候，更容易产生重大结果。正因为这个原因，也就更容易致病。一切倒错的倾向都起源于儿童期"。他认为，成人的人格模型从很早就开始形成，并且在5岁左右就完全定型了。因此，儿童的人格发展是否正常，和5岁前的经历有很大关系。可以看出，弗洛伊德特别重视童年期在人生中的重要地位。他坚信成人的一些异常行为、变态心理、精神病等都可以追溯到童年时期。由此可见，早期教育是非常重要的，这对儿童将来的人格发展正常与否具有决定性作用。

二、不同人格发展阶段需要不同的教养方法

弗洛伊德认为人格发展的基本动力是本能，尤其是性本能，性本能是驱使人所有行为的原始动力。但是，弗洛伊德认为的"性"是一种包罗更广泛内容的生理机能，它以获得快感为终极目标，而生殖不过是它的次要目标。弗洛伊德根据里比多兴奋区域的不同，将人格发展划分为五个阶段，即口唇期（Oral Stage）、肛门期（Anal Stage）、生殖器期（Phallia Stage）、潜伏期（Latent Stage）和生殖期（Genital Stage）。

（1）口唇期（0~1岁）。这一时期的婴儿主要通过吮吸、咀嚼等口部刺激来满足对事物与快感的需求，口腔成为其获得快感的中心。在这个阶段，父母要控制满足婴儿的程度，弗洛伊德认为在这个时期，过多或过少的满足都会产生口腔类型的人格。

（2）肛门期（2~3岁）。在这一时期，性欲的满足从口部转移到肛门。断奶后的幼儿开始在父母有意识的训练下进行自我排泄，并从中体验到快乐。弗洛伊德特别强调，在这一时期父母对幼儿大小便的训练不宜过早、过严或放纵。因为父母在训练幼儿排便时，若幼儿反抗，父母与幼儿间的冲突总是很强烈，可能导致所谓的肛门人格。

（3）生殖器期（4~5岁）。这个阶段，儿童喜欢抚摸性器官，产生性幻想，由此获得快感。弗洛伊德认为，在这个时期会出现一种特殊的现象：儿童恋慕父母中异性的一方，并将同性的一方作为"情敌"，即恋父情结和恋母情结。

（4）潜伏期（6~12岁）。在这一时期，儿童把上一时期以异性父母为对象的性冲动转移到外部，通过学习、交友、运动、游戏等开始寻找外部的爱。这一时期正是儿童接受初等教育的时期，所以父母应注重培养儿童各种技能。

（5）生殖期（13岁以后）。这是人格发展的最后阶段，从这个时期起，儿童力图摆

① [奥]弗洛伊德著，高觉敷译：《精神分析引论》，291页，北京，商务印书馆，1984。

工作中的弗洛伊德

脱父母，与父母分开，建立自己的生活，成为社会中一个独立的成员。这一时期的儿童容易产生性冲动和对成人的抵触情绪，因此，父母应以指导为主，不应过多干预。

弗洛伊德认为在上述人格发展阶段，如果采用了不恰当的教养方式，就可能会出现固结和倒退两种危机。如果停留在前面某一阶段，裹足不前，这叫做固结；如果走回头路，返回到较早的发展阶段，这叫做倒退。在儿童心理发展过程中，固结可能出现在任何一个阶段，致使儿童不能正常发展。因此，弗洛伊德强调对儿童进行合理的训练，不要对儿童进行粗暴的训斥和压制，以使儿童形成良好的性格。

三、要正确引导儿童潜意识中的能量

弗洛伊德在其早期著作中提出，人的精神生活由无意识（潜意识）、前意识、意识构成。潜意识是指被压抑的欲望、本能，它是人深层心理的基础和人类活动的内驱力，决定着人有意识的活动。前意识是指无意识中可以回忆起来的部分，它把守心理活动的关口，防止无意识的欲望和本能入侵意识。意识是指人们直接感知到的心理现象。弗洛伊德认为，意识是人的心理活动中比较小的、非主要的部分，发挥更大作用的是潜意识和前意识。后来，弗洛伊德又修订了他的潜意识、前意识和意识理论，将其发展为本我、自我和超我。本我是人格的基本结构，完全处于潜意识之中，是个体所具有的本能的欲望，它遵循“快乐原则”，要求满足基本的生物需求。自我（现实我）是由本我中分化出来的，是被现实了的本我。自我不再遵循“快乐原则”，而是按照逻辑，接受现实，并在“现实原则”的指导下力争既不与现实的要求相冲突，又能使自己获得满足，它是人格结构中的理性部分。弗洛伊德把本我和自我的关系比作马和马车夫，马是动力，马车夫指引马前进的方向。超我（道德我）是从自我中发展起来的部分，是人格中的最高层次和理想部分，是道德化了的自我。从形成的顺序来看，超我是人格结构中最后形成的部分。它遵循“至善原则”，使人按照价值观念和理想行事，永无止境地追求完美，因此也是非现实的。

弗洛伊德认为，现实的自我要同时受到本我、自我和超我三方面的压力，这三者若能保持动态平衡，人就能保持心理健康，否则就可能造成心理冲突，甚至产生异常心理。对于儿童来说，本我占的比重最大。弗洛伊德在其著作中，经常对传统教育压制儿童本我的现象进行谴责。他和卢梭一样，推崇原始社会，声称原始人是最愉快的，因为他们的本能不会受到约束。潜意识这非理性的原始心理能量是儿童心灵的主要成分，它影响着人的能力和判断，甚至可以影响人的命运。如果过分压抑，它将以巨大

的力量奴役人，导致人对生命的厌恶和绝望；如果以积极的态度对待它、引导它，这种潜意识就成为个人所拥有的巨大发展潜能。这种潜能在环境因素的作用下得以升华，就能衍生为人生的创造力、志趣、道德、习惯和态度等。由此可见，教育者的重要职责就是引导儿童非理性的心理能量，使其积极成长，使他们拥有幸福、完整的人生。

四、需要适当压制儿童的本能

弗洛伊德的本能论强调，从本质上看，人是一个本能的人，但他又认为，文明的进步必须以本能的压抑为代价。他指出，儿童在成长过程中，必须在一个较短时期内继承人类几千年来发展而形成的文化，学会控制自己的本能及如何适应社会的习俗和道德。如果在儿童期就完全自由，顺从一切本能冲动而不加限制，那么就会产生严重的后果，成为一个放纵的人，这将危及家长、社会及儿童本人。然而，这种控制本能以适应社会的能力不是自发形成的，必须通过教育。就这一方面来看，禁止、压制乃是教育的机能。教育如果不去压制本能，便失去其存在的意义。

然而，弗洛伊德又认为，精神分析对许多精神病例的研究（包括儿童期内发生的精神病例）表明，对本能的压抑尤其是幼年时期的压抑，有招致精神病的危险。过分的压抑，则可能给人的一生带来严重影响，既可能产生精神变态，也可能走向犯罪。因此，教育不应无限制地讲禁止和压制，而应该研究禁止和压制有哪些限度、应该在什么时候采用、应该如何采用等问题。他强调，要寻找一种完善的方法，既能给儿童以适当的爱，又能保持权威，即在自由和压抑之间选取一条中庸之道。[①]

读一读

> 一个在妈妈怀里受宠的孩子终生都会保持一种征服欲，那种成功的自信往往带来真正的成功。本我是马，自我是马车夫。马是驱动力，马车夫给马指引方向。自我要驾驭本我，但马可能不听话，二者就会僵持不下，直到一方屈服。
>
> ——弗洛伊德

五、弗洛伊德理论的贡献与局限

弗洛伊德对心理学的贡献是公认的，他开辟了无意识研究的新时代，开创了人格心理学、动力心理学、变态心理学的新领域，为现代生物—心理—社会的医学模式奠定了基础。在学前教育上，弗洛伊德虽然没有专门的著作，但他的精神分析学说包含了许多相关的教育思想，再加上一些教育工作者结合教育实际问题，对其理论做了灵

① 参见曹能秀、王凌：《试论弗洛伊德的精神分析理论对学前教育的影响》，载《云南教育学院学报》，1999（3）。

活的诠释和运用，使得他在学前教育中的影响也极为深远。

当然，弗洛伊德的理论也是有缺陷的，比如他将人的一切心理问题都归结为性的问题。而且，弗洛伊德的理论也不可避免地具有时代的局限。不过，无论弗洛伊德的理论在今天看来存在多少缺陷，能在当时的时代条件下提出这一系列的理论已经是很了不起的事情。弗洛伊德理论中的缺陷促使人们去进一步研究、批判和纠正精神分析学说中的错误，从而促进人们认识的发展。

关键概念

人格　　潜意识　　自我　　本我

思考与练习

1. 为什么说早期经验及教育对儿童心理和人格发展具有重要的意义？
2. 试述弗洛伊德人格发展的五个阶段。
3. 根据弗洛伊德的理论，试述自我、本我、超我的含义及三者的关系。

第十六章　格塞尔的学前教育思想

【本章学习目标】

- 了解格塞尔的生平及思想基础。
- 掌握格塞尔的儿童成熟理论及其在学前教育中的运用。

【教师专业标准】

- 信任幼儿，尊重个体差异，主动了解和满足有益于幼儿身心发展的不同需求。

【本章内容引言】

格塞尔是20世纪美国著名的儿童心理学家、儿科医生，他以研究婴幼儿的行为发展而闻名于世。格塞尔最初对智力低下的儿童感兴趣，但是由于智力低下是一个与其他因素有连带关系的问题，他的兴趣便逐渐转移到研究儿童的智力发展上去。格塞尔及其研究小组拍摄了12 000名儿童的表情照片，对智力发展问题进行了大规模的调查研究。他们的研究成果有助于证明儿童的智力正如体力一样，是按照一定的、有规律的方式发展的。智力的发展与神经系统的日臻健全密切相关，智力是人的机体的一个附属物，而不是与人的机体无关的自在物。格塞尔的理论被认为属于遗传决定论，他的研究成果一直深受那些希望判断自己子女是否发育正常的父母们的欢迎。

第一节 格塞尔的生平简介

阿诺德·卢修斯·格塞尔（Arnold Lucius Gesell，1880 年—1961 年），出生于美国威斯康星州的阿尔玛。他的父亲是一名摄影师，母亲是一名中学教师。他的父母都非常重视教育，受此影响，格塞尔从小就对人的成长和教育感兴趣。在童年时，格塞尔就决定将来要做一名教师。

1896 年，格塞尔高中毕业，进入斯蒂文斯波因特师范学校学习，1899 年毕业后就在当地的一所高级中学教书。1903 年，他获得威斯康星大学哲学学士学位后，跟随美国著名的“儿童研究运动”的创始人霍尔学习，开始进入儿童心理学这个新的研究领域，并于 1906 年获得克拉克大学的心理学博士学位。之后，格塞尔来到加利福尼亚州的洛杉矶州立师范学院教书，主要教授心理学和儿童卫生学两门课程。1909 年，格塞尔与其师范学院的同事比阿特利斯·钱德勒结婚。钱德勒是一名毕业于杜威实验学校的研究生，在儿童观和教育观上，她对格塞尔产生了巨大的影响。

格塞尔

1909 年夏天，格塞尔访问了宾夕法尼亚低能儿童训练学校，这次访问标志着格塞尔开始对心理迟钝儿童产生兴趣。1911 年，受刚成立的耶鲁大学教育系主任的邀请，格塞尔担任耶鲁大学教育系的助教，并创办了著名的儿童发展诊所。1915 年，格塞尔获得医学博士学位，并受聘为耶鲁医学院的儿童卫生学教授。格塞尔在耶鲁创立了广为人知的“儿童成熟理论”，提出了世界公认的比较完善的儿童常模，发展了最初的婴儿智力测验，编制了测量学前儿童行为发展的量表——耶鲁量表。格塞尔也是历史上最早使用电影胶片技术对儿童进行行为观察记录的学者之一。他在耶鲁大学执教，直到逝世。

格塞尔一生致力于对儿童发展的诊断和指导，发表的主要作品有：《学前儿童心理发展》（1925 年）、《婴儿期和人的成长》（1928 年）、《同卵双生子的学习与成长》（1929 年）、《儿童生活的最初五年》（1940 年）、《发展诊断学》（1941 年）、《现代文明中的婴儿和儿童》（1943 年）。

第二节 格塞尔的思想来源

虽然格塞尔所处的时代由于心理学研究的日益成熟而给了他探索心灵的素材和机会，但真正影响格塞尔思想的还是那些他所崇拜和学习的名人，其中最主要的有卢梭、达尔文、霍尔和考喜尔。

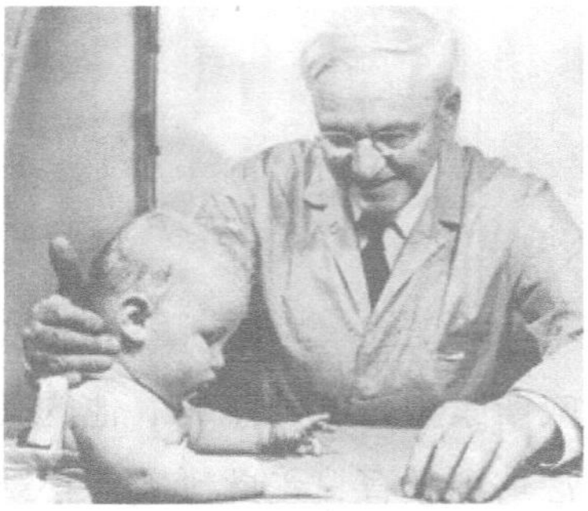
格塞尔与他的研究对象

卢梭是伟大的儿童心理学家，他在儿童心理学中开创了“发展论”研究传统，被称为“发展论”之父，格塞尔继承了发展论的研究传统。卢梭提出“发展阶段”和“成熟”的概念，为格塞尔提供了一种自然主义的发展思路和方向。达尔文是英国的博物学家、生物学家、进化论的创始人，他的进化论形成了生物学的线性发展观，并且开启了观察、描述的研究传统。达尔文对格塞尔的影响很大，最受格塞尔崇敬。格塞尔在其作品中非常频繁地提到达尔文，并表达了对其高度赞美之情。斯坦利·霍尔被誉为“美国儿童心理学之父”，是格塞尔在克拉克大学读博士时的导师。但与达尔文对格塞尔的影响相比，霍尔对格塞尔的影响似乎并没有更新的东西，而仅仅是将达尔文的生物学原则具体化。正如格塞尔所说的那样，霍尔是达尔文在美国的代言人和解释者。所以说，达尔文和霍尔对格塞尔的影响共同属于第二个层次，即生物学的解释原则。相比前三人，考喜尔作为格塞尔同时代的一个神经解剖学家，其对格塞尔的影响更多地体现在解剖生理学的基本原理上。①

第三节　格塞尔的儿童成熟理论

格塞尔指出，支配儿童心理发展的因素有很多，但主要是“成熟”。他认为，成熟是指心理的发展过程，是有规律、有顺序的一种发展模式，这种模式是由物种和生物进化顺序决定的，是由生物体遗传的基本单位——基因决定的。所谓“成熟”，就是“给予通过基因来指导发展过程的机制一个真正的名字”。在格塞尔看来，所有儿童都毫无例外地按照成熟所规定的顺序或模式发展，只是发展速度可在一定程度上由每个儿童自己的遗传类型或其他因素所制约。②

至于成熟和环境的关系，格塞尔认为，成熟是一个由内部因素控制的过程，正是这种内部因素决定机体的发展方向和模式，但格塞尔不排除环境对儿童发展的影响。他认为环境可能暂时影响儿童发展的速度，良好的环境可以提供一定的条件，从而有助于儿童发展其生命中最积极、最宝贵的资源；不良的环境，则可能阻止或压抑儿童自然潜能的顺利发展，但环境的作用仅仅如此而已。在格塞尔看来，发展的速度最终还是由生物因素所控制。他把两者的关系归纳如下：环境因素对儿童的发展起支持、影响及特定化作用，但并不能产生基本的发展形式和个体发展的顺序。只有当结构与行为相适应的时候，学习才可能发生；在结构得以发展之前，特殊的训练及学习收效甚微。格塞尔用同卵双生子爬梯实验来证明他的观点。

① 参见王金奎：《格塞尔的儿童心理学思想研究》，南京师范大学硕士论文，2005。
② 参见周玉衡、范喜庆主编：《学前教育史》，上海，复旦大学出版社，2009。

同卵双生子爬梯实验

一对同卵双生子A和B，A从出生后第48周起接受爬梯及肌肉协调训练，每日练习10分钟，连续6周；B则从出生后第53周起开始训练，仅训练了2周就赶上了A的水平。

由于同卵双生子有相同的基因，格塞尔由此得出结论：在儿童的生理成熟之前的早期训练对于最终的结果没有多大的作用，而一旦在生理上有了完成这种动作的准备，训练就能起到事半功倍的效果。

同时，格塞尔认为在个体的发展过程中存在着一定的敏感期，在敏感期内有针对性地对儿童施教，会收到良好的效果。他还提出，儿童的成熟不完全是一个渐进的过程，而是从发展的一种水平向另一种水平的突然转变。这种变化不是随意性变化，而类似于周期性变化，周期的波峰与波谷受到不同时期不同成熟机制的影响。

第四节　格塞尔的学前教育思想

根据儿童成熟理论，格塞尔认为，成熟是推动心理发展的主要动力。没有足够的成熟，就没有真正的发展和变化；脱离了成熟的条件，学习本身并不能推动发展。婴儿出生后，是成熟指引着他的发展。由此，格塞尔发展出其关于儿童教育的主要观点。

一、教养应以儿童为中心

格塞尔认为，婴儿带着一个天然进度表降临人世。婴儿尽管知识尚未开化，但对于内在需要、对于要做什么或不做什么都非常“聪明”。父母（教养者）应追随儿童，从儿童本身得到启示，而不应强迫儿童接受自己的意愿或规定的模式。教养者要仔细观察，善于追随儿童的信号和暗示，这样才能了解或确信儿童具有先天的诸如吃奶、睡眠、坐、爬、走等自我调节能力。教养者只有在婴儿期机敏地追随，满足儿童的需要，以后才能自然地觉察儿童特有的兴趣与能力，并学会尊重儿童，给儿童以发展个性的机会。

二、教养者应掌握儿童成熟的知识

格塞尔认为，正常儿童行为模式的出现是有一定的程序的。出生后的第4周、第16周、第28周、第40周、第52周、第18个月、第20个月、第36个月是行为发展的关键年龄阶段。这些年龄阶段出现的行为可以作为测查项目和诊断标准。测查包括动作能（分粗细动作）、应物能（对外部刺激加以分析综合，顺应环境的能力）、应人能（人际交往和生活自理能力）、言语能（理解和语言表达的能力），将这四个方面的实测水平与常模相比较，可得出儿童的成熟年龄。

教养者还应掌握一些有关儿童发展倾向和顺序（即成熟）的理论知识，特别需要意识到成长在稳定与不稳定之间的波动性。因为这些知识有助于教养者了解儿童的身心特点，从而在某些特定时期具有耐心。如两岁半左右的儿童往往不听大人的话，比较执拗，假如教养者知道这种固执是成长的一种自然状态的话，他们就不会感到迫切需要去杜绝儿童的这种行为。相反，他们会更灵活地对待儿童，甚至会因为儿童试图建立自己的独立个性而感到欣慰。

三、在成熟的力量与文化适应之间求得合理的平衡

有人认为格塞尔的育儿观对儿童来说太放纵、太自由，会惯坏了儿童，使儿童为所欲为。格塞尔回答说："儿童当然必须学会控制自己的冲动并合乎文化的要求，但对儿童这一要求的提出也必然与儿童的成熟有关。只有当儿童成熟到具有克制能力时，他们才能有效地控制自己。"在这个问题上，他还提出了以下观点：

（1）文化适应是必要的，但这并不意味着要使儿童适应权威，以及以制度的目的为特征的社会模式。

（2）学校教育不应仅仅根据文化目标行事，以致忽视儿童的成长特点。

（3）除了从整体上考虑儿童的年龄特征外，教师还应将自己的工作和每个儿童的准备状态与特殊能力结合起来。

议一议

"不要认为你的孩子成为怎样的人完全是你的责任，你不要抓紧每一分钟去'教育'他。"你如何理解格塞尔的这句话？

格塞尔的学前教育思想主要体现在他的儿童成熟理论（或称成熟势力说）上。儿童成熟理论引起了后继者持续的兴趣和重视，这是因为实验研究本身的深刻性。像格塞尔这样在儿童心理发展的某一方面研究得如此彻底、深刻的，并不多见。他的儿童发展的常模具有极大的应用价值，对那些从事儿童工作的儿科医生、教育家和心理学家非常有用。然而，格塞尔的儿童成熟理论被现代心理学家认为太绝对化了，特别是忽略了环境这个重要的因素。在教育学和心理学蓬勃发展的今天，我们已经知道，成熟只能影响人的发展，但不能决定人的发展。格塞尔所介绍的年龄常模，因为太多的划一性而遭到了批评，但他提供的育儿哲学是有价值的。正如他所说的，我们不应强迫儿童进入我们预先决定的设计，而应该遵循成长所表现的基本生物力量的线索。

在现实生活中，“拔苗助长”的现象不乏其例。对于父母来说，更为困难的可能是在给予孩子一个完成自我发展的机会时，多花点时间去等待、观察、享受和欣赏他们的孩子。

关键概念

成熟　　环境　　耶鲁量表　　同卵双生子爬梯实验

思考与练习

1. 试述格塞尔的儿童成熟理论及其对幼儿教育的现实意义。
2. 怎样运用格塞尔的理论来思考当前的学前教育现象？

第五编

外国当代学前教育思想

第十七章　外国当代儿童心理学发展概述

【本章学习目标】

- 了解当代儿童心理学的研究成果。
- 理解当代学前教育理论的发展和深化。
- 掌握儿童心理学的最新理论观点。

【教师专业标准】

- 认同幼儿园教师的专业性和独特性，注重自身专业发展。
- 注重保护幼儿的好奇心，培养幼儿的想象力，发掘幼儿的兴趣爱好。

【本章内容引言】

蒙台梭利、弗洛伊德、格塞尔等人的学前教育思想都体现出对“儿童发展心理”的日益重视，这些大都有着医学背景的心理学家的研究大大推动了学前教育理论研究的深化，使人们对儿童的认识更加科学，使教师在进行教育工作时不再简单地把儿童当做“缩小版的成人”或者“成人的宠物”，而是作为有个性的、进化的、发展的人来了解和对待。从20世纪上半叶开始，学前教育的理论和实践越来越重视儿童心理学的研究成果，越发强调儿童身心有其“发展性”的自然规律，教师必须认真考虑儿童心理发展的年龄特征。

《儿童心理学手册》

自德国生理学家威廉·普莱尔 1882 年出版《儿童心理》至今，儿童心理学已经有了很大的进展，一些著名的儿童心理学家在完成重大的研究工作过程中，建立起不同的学派，如美国霍尔（G. S. Hall）的复演论、德国施太伦（W. Stern）的人格主义学派、法国比纳（A. Binet）的测验学派、美国华生（J. Watson）的行为主义学派、奥地利弗洛伊德（S. Freud）的精神分析学派、美国格塞尔（A. Gesell）的成熟势力说、瑞士皮亚杰（J. Piaget）的日内瓦学派、俄国维果茨基（Lev Vygotsky）的社会文化说等。20 世纪后半期，伴随着社会需求的变化和科学的发展，有的学派的影响逐渐削弱，如复演论、人格主义学派；有的学派虽然还有影响，但已大不如从前，如测验学派等；有的学派经过继承者的革新，其研究仍然有很大的影响，如新行为主义学派、新弗洛伊德学派；有的学派则大有欣欣向荣的趋势，在国际上占有越来越突出的地位，如以皮亚杰为首的日内瓦学派（又被称为认知学派），因致力于研究儿童的认知发展，在 20 世纪 70 年代之后主导着整个儿童心理学的研究。近年来，认知心理学的研究又有了新的进展，从强调儿童学习的普遍性发展到强调学习的特殊性。

第一节 认知学派的儿童心理学

认知学派的儿童心理学研究工作，早在 20 世纪 20 年代就引起了国际上的重视。但是直到 20 世纪 50 年代左右，由于皮亚杰的工作，这个学派的理论才逐渐成熟，形成了一套完整的发展理论，被称为结构主义的发生认识论（也称发展认识论）。认知学派提出了独特的刻画儿童心理发展的方法，即以数理逻辑的运算理论作为刻画儿童心理结构发展的工具，通过对儿童智力或思维发展的大量实验和检测，找出不同年龄阶段儿童的智力结构或思维结构。认知学派的理论一方面适应了第二次世界大战以后国际上科技竞争的需要，即各个国家都需要储备人才，从教育准备上说，我们应在学前阶段就要为更好更快地培养人才提供智力支持，揭示思维发展的规律；另一方面，认知学派理论的某些内容又与方兴未艾的现代控制论和信息论有息息相通之处，扩大了这个学派的影响。

皮亚杰认为，人类的认识不管多么高深、复杂，都可以追溯到人的童年时期，甚至可以追溯到胚胎时期。他的“发生认识论”，就是探索和研究儿童出生以后，认识是怎么形成的，思维是怎么产生和发展的，智力的发展受哪些因素的影响，等等。关于儿童心理发展的观点，皮亚杰基本上支持“内外因相互作用发展观”。他批评一些心理学派陷入了片面、静止和机械，或者只讲内因，或者只讲外因，或者只讲内外因相互作用而不讲质变和发展。他认为，儿童的心理发展是在内外因的相互作用中不断发生结构上的质变的过程。这个理论具有丰富的辩证法的特点，其中值得注意的是发展、适应这些核心概念。

皮亚杰原来是一个生物学家。按照他的同事和学生英海尔德的说法，“皮亚杰从基本训练来说是个动物学家，从他的职业来说是个哲学家、认识论者，而从方法学来说，他又是一个逻辑—数学家。”皮亚杰对儿童心理发展的具体分析，基本上是从生物学上“适应”这一基本概念引申出来的。他认为，智慧的本质从生物学上说是一种适应，儿童发展的根本原因是儿童自身对环境的适应。儿童的智力或思维就是在适应的过程中逐步结构化或形成的。在皮亚杰看来，适应包括四个方面，即图式、同化、顺应（或异化）、平衡。所谓图式，即行为模式或结构，儿童的第一个行为模式是由先天带来的吮乳动作，皮亚杰把它叫做“遗传的行为图式”，之后是抓握动作等其他心理结构，这些都是内因。在环境等外因的影响下，通过重复或丰富原有的图式（即同化），或者调整或改变原有的图式（即顺应），从而达到发展的暂时平衡。由于儿童的心理结构和客观环境在不断变化，因而平衡不断被打破又不断建立，从而使儿童的心理结构由低级向高级发展。

皮亚杰发生认识论的重要观点，以及他所做的实验的一些情况，我们在后面将有专章介绍。

20世纪60年代，美国最有影响的认知学派代表人物是布鲁纳（J. S. Bruner），他接受并发展了皮亚杰的发生认识论的主要观点，提出了“认知—发现说”。在布鲁纳看来，儿童的心理发展虽然受环境的影响，但主要还是遵循其自身特有的认识程序的。教学要帮助或形成儿童智慧与认知的生长。布鲁纳认为，教育工作者的任务是把知识转换成一种适应正在发展着的儿童的形式，以此作为教学设计的依据。由此，他提倡发现学习。布鲁纳主导了美国20世纪60年代盛极一时的课程改革，把“发生认识论”广泛运用到课程编制和教学方案的改革中，以促进儿童智力和道德能力的发展。他所主张的幼儿教育观点主要有以下几点：

其一，教育必须顺应儿童的年龄阶段特点。依据认知学派的观点，儿童的认识能力具有阶段性的特点。在每一个年龄阶段，其智力的结构与功能限制了儿童能获得什么样的知识和怎样获得知识。“儿童并非缩小了的成人”这句话正是上述思想的具体体现。依据儿童认知发展的这一特点，教育工作应根据儿童的认知特点组织课程，不要使学习材料超越或落后于儿童的认知水平，把课程的结构建立在儿童认知结构的基础上，以儿童心理发展的特点作为组织教育与教学的科学依据。例如，2岁以前的儿童只有感觉运动智力，因而就要为他们提供多样化的玩

布鲁纳

具、实物等，供儿童观察、抚摸、摆弄，实施促进儿童动作发展的训练。学前时期是表象思维阶段，应多通过具体、形象的材料和实际活动，如图片、童话故事、游戏等来教育儿童。到五六岁时，可以采取观察、测量、计算等活动来培养儿童的守恒能力，即培养儿童掌握重量、容量、速度、时间、数量等初步科学概念的能力。教育工作要根据这些特点，使儿童的逻辑思维能力不断得到发展。

其二，不但要使儿童掌握知识，而且要发展儿童的智力。认知学派认为，儿童的智力既不是先天赋予的官能，也不是后天形成的联想或记忆。智力是一种思维结构连续形成和改变的过程，是思维能力、创造能力由低级向高级发展的过程。教育工作者不但要根据儿童智力结构来进行教学，而且要促进儿童智力结构的不断发展，要尽可能地寻求教学活动的材料结构和儿童智力结构的统一性。

其三，要大力培养儿童学习的主动性。儿童的智力是通过其在活动和动作中的相互作用发展起来的，因此，教育工作者应组织各种各样的活动，使儿童在活动中发展智力，成为知识海洋中的主动探索者。

20 世纪 80 年代以后，俄国认知心理学家维果茨基的理论对学前教育的影响呈上升趋势。和皮亚杰强调生物适应性和儿童主体认知的能动性不同，维果茨基所代表的理论流派重视社会文化对儿童发展的作用，这反映了认知心理学从强调个体到强调情景的发展趋向。维果茨基的理论被许多学前教育工作者作为编制幼儿园课程的重要理论依据。

认知心理学的研究在近二十年又有了新的进展，特别是在认知的领域特殊性、发展的认知神经科学和认知行为遗传学方面，都有了许多新的发现，这些理论也呈现出其甚为复杂和抽象的特点。

读一读

> 人满足各种需要的手段是在后天通过不断学习掌握的。——维果茨基

当今的幼儿园课程编制和实施，已经开始强调认知的领域特殊性。加德纳（H. Gardner）的“多元智能理论”，被认为是继皮亚杰之后，认知心理学的新突破。教育实践也证明了特殊领域知识的获得，对于儿童在这一领域内的问题解决和其他信息加工活动具有巨大而普遍的影响。

认知学派在国际心理学界有很高的声誉，这个学派的研究工作为科学家研究人类思维发展提供了一套独特的方法和理论，并继续保持着它强大的生命力。

第二节 新行为主义学派的儿童心理学

行为主义是心理学的重要流派，我们通常认为华生是行为主义的创始人。在 20

世纪 20 年代，华生的行为主义心理学一直在儿童心理学界保持着强大的影响力。行为主义心理学把注意力放在能够观察和精确测量的行为上，它所提出的刺激—反应（Stimulate-Reaction）模式简明而又实用，符合美国人实用主义的口味。但是，刺激—反应模式毕竟太粗糙，不能完整解释人类复杂的行为。人们认为，行为主义学派只能很好地研究一些较低级的心理过程的发展，如感觉、动作、情绪等，而无法研究思维、语言、智力机能、动机等。简单地说，只能研究技能等的学习，却不能研究人类思维。刺激—反应模式虽然简单明了，但它确实不是一种系统的、深刻的理论。

由于这种原因，20 世纪 50 年代之后，各种以“新行为主义”作为旗号的学派先后出现。他们坚持华生行为主义的基本立场，但对华生那种极端简单化的观点和方法存有异议，于是展开了自己的研究，试图加以改进、弥补，或者干脆转向不同的方向。这一学派被称为新行为主义学派，古斯里、托尔曼、赫尔及斯金纳是其主要代表人物。新行为主义的一个重要特点，就是承认刺激—反应之间有一个机体的内部过程作为中介，而不是刺激对于反应的简单、直线的决定作用。

在新行为主义学派中，对儿童心理学研究有较大影响的，是以斯金纳（B. F. Skinner）为首的学派。属于这一派别的比乔（S. W. Bijou）和贝尔（D. M. Bear）在他们关于儿童发展的研究工作中，声称只研究那些可以观察的行为，而不研究他们认为不能观察的东西（如动机、冲动、欲望等）；他们根据 S—O—R 公式，主张研究操作性（Operational）条件行为，也就是 S—R 之间的中介，根据对儿童过去历史和现在情况的了解给予刺激，以引起可以控制的行为。

新行为主义学派的儿童心理学特别强调操作性条件反射和积极的、有步骤的强化。他们还主张，为了控制和形成一种行为，如让儿童学习词汇，还必须有大量的、及时的强化，用奖励作为正强化，用惩罚作为负强化。斯金纳的程序教学就是根据这个观点提出的。新行为主义学派的这些观点和所开发的技术是有积极意义的，但也有人认为，新行为主义把人和动物等同起来，忽视了人的主观能动性，对人的学习过程的理解也不够全面，存在一定的缺陷。

第三节 新弗洛伊德学派的儿童心理学

对现代儿童心理学有着重要影响的是精神分析学派的创始人弗洛伊德。弗洛伊德和华生、比纳、霍尔是同时代的人，实际上，是霍尔把弗洛伊德介绍给美国心理学家的。在 20 世纪的前几十年，弗洛伊德在西方备受推崇，他有说服力地让人们注意到童年这一发展的关键期。他指出，成人人格变态实际上是对童年不适宜的经验的缩写，而这些经验主要来自于性的本能。弗洛伊德的思想所产生的影响，就是间接地、无意识地影响着儿童教养实验，促使当代儿童心理学关注动机斗争、亲子关系、下意识影响等，提升了对问题儿童的理解。

但是弗洛伊德提出的情欲说却受到了各种批评，他的学生阿德勒等人就对此提出过不同的意见。20 世纪 50 年代后，在捍卫弗洛伊德的潮流中，一种新的精神分析社会学派开始出现，代替并系统修正了弗洛伊德的思想，被称为“新弗洛伊德学派”。他们不同意弗洛伊德的本能主义情欲说，认为现代人的一切心理上的变态，如焦虑、不安全感、寂寞感等都是人的本性需要和社会要求不相适应以至失调的结果，只要有了良好的社会环境，有教育措施和预防治疗，这些变态的心理现象就可以防止和消除。这种改良主义的妙计，自然会受到那个社会的赞许和欢迎。在这方面有独特表现的学者有很多，如弗鲁姆、荷尔奈、沙利文等。而这之中在儿童心理学上最杰出的代表人物，是美国的精神分析医生埃里克森（E. H. Erikson）。

埃里克森

埃里克森认为，人的一生可以分为既连续又不同的八个阶段。从出生到成人则经过六个阶段，每一阶段都有其特定的发展任务，这些发展任务的完成情况有时成功有时不成功，这就带来两个极端，靠近成功的一端就形成积极的品质，靠近不成功的一端就形成消极的品质。每一个人的个性品质都处于两极之间的某一个点上，教育的作用就在于发展积极的品质，避免消极的品质。如果不能形成积极的品质，就会产生发展的“危机”。

埃里克森认为，儿童在 17 岁以前经历如下四个阶段：

第一阶段（0 ~ 2 岁）：信任感对怀疑；

第二阶段（2 ~ 4 岁）：自主性对羞怯或疑虑；

第三阶段（4 ~ 7 岁）：主动性对内疚；

第四阶段（7 ~ 16 岁）：勤奋对自卑。

议一议

“早期教育各阶段的发展任务解决与否，影响到儿童未来人格和生活的具体方面。”你能举例证实或者证反这种观点吗？

根据这一划分，对第一阶段（0 ~ 2 岁）的儿童，需要有规律的满足和舒适的照料。能做到这一点，儿童就对周围的世界产生信任感；否则就会对周围的世界产生怀疑，形成消极品质。因此，这个阶段的发展任务是建立信任感 。

第二阶段（2 ~ 4 岁）的儿童，由于会行走和使用语言，开始探索世界，要求自主性，要求“自己来”。如果此时处处束缚他的手脚，横加限制，就会产生羞怯、疑虑，甚至孤独感和反抗。因此，这个阶段的发展任务是成人在确保儿童安全的条件下培养儿童自由活动的自主性 。

第三阶段（4 ~ 7岁）的儿童，他们进入了幼儿园，应当使他们在没有成人控制的情况下，能靠自己的自信心控制自己的行为，形成正确的父母子女关系。因此，这个阶段的发展任务是发展儿童自己的主动性。

第四阶段（7 ~ 16岁）的儿童，他们已经进入学校，要帮助他们养成勤奋学习的习惯，掌握基本的文化知识，正确对待学习竞争。如果发展顺利，就能为他们一生勤奋工作打下基础；否则就会导致自卑感、自暴自弃、无所作为。因此，这个阶段的发展任务是培养儿童的勤奋感。

以上“人格发展渐成”的观点在《儿童期与社会》等著作中可以找到，显示了埃里克森对早期教育的重视。

关键概念

儿童的发展　　认知—发展说　　新行为主义学派　　新弗洛伊德学派

思考与练习

1. 试述当代儿童心理学的研究成果及其对学前教育的意义。
2. 简述埃里克森“人格发展渐成”的观点。

第十八章　皮亚杰的学前教育思想

【本章学习目标】

- 了解皮亚杰发生认识论的基本思想及其在发展心理学中的地位。
- 掌握皮亚杰关于儿童认知发展的阶段划分及各阶段的主要特征。
- 理解皮亚杰关于儿童道德认知发展的四个阶段及各阶段的主要表现。

【教师专业标准】

- 认同幼儿园教师的专业性和独特性，注重自身专业发展。
- 注重保护幼儿的好奇心，培养幼儿的想象力，发掘幼儿的兴趣爱好。
- 在教育活动中观察幼儿，根据幼儿的表现和需要，调整活动，给予适宜的指导。

【本章内容引言】

皮亚杰堪称心理学上有史以来最有影响的人物之一，他在学前儿童心理发展领域的地位更是无人匹敌，其认知发展理论成为儿童发展心理学的典范。皮亚杰的研究不仅引发了发展心理学的一场革命，也为现代教学观的更新奠定了基础。

第一节　皮亚杰的生平和研究历程

皮亚杰

让·皮亚杰（Jean Piaget，1896 年—1980 年），瑞士心理学家，发生认识论创始人。他出生于瑞士的纳沙特尔，是家中的长子。身为大学教授的父亲亚瑟·皮亚杰十分重视培养皮亚杰的科学观念；母亲则是一位虔诚的教徒，为皮亚杰选择了一位对哲学颇有研究的教父。这样的家庭背景，使得皮亚杰有机会去接触与思考有关哲学和科学的问题，重视以科学的系统性来求知，进而发展出一套属于他自己的思想与见解。

皮亚杰从小就对生理学表现出浓厚的兴趣和突出的才能。1907 年，他写了一篇关于白化症麻雀的文章，并在自然科学史杂志上刊登出来，文中细致的观察与详细的分析令人赞叹。随后，皮亚杰又发表了一系列和软体动物有关的论文，在欧洲动物学界引起很大的反响，有“科学神童”之称。

1915 年，皮亚杰获得生物学学士学位。1918 年，又获得自然科学博士学位。1919 年，皮亚杰到巴黎大学研修病理心理学、数理逻辑及科学哲学等学科，并于 1921 年获得法国国家科学博士学位。之后，他来到世界上第一个智力测验的诞生地比奈实验室担任助手。在此工作期间，他常常和儿童们交流。皮亚杰对儿童答案背后的认知（思维）过程十分感兴趣，力图从儿童作答的推理过程中探究：儿童的认识是怎样一步一步地发展起来的？在思考问题的时候，他们的内心究竟发生了哪些变化？他认为，研究儿童的逻辑是了解儿童心智的基础，这段经历使皮亚杰真正进入心理学领域。

之后，年仅 25 岁的皮亚杰受邀回国任日内瓦大学卢梭学院研究部主任。皮亚杰后来在自传中提到，当时他仅打算以 5 年左右的时间来研究儿童的思维，谁知一头扎进去后便持续了约半个世纪之久！其间，他对不同年龄阶段儿童的动作和思维活动的发展进行了规模庞大、系统完整的深入研究，以数理逻辑作为刻画儿童思维发展的工具，开辟了新的研究途径。他的努力使得著名的认知发展理论得以产生，并解释了人类获得复杂思维的过程。

1940 年，皮亚杰当选为瑞士心理学会主席。1954 年，在加拿大举行的第十四届国际心理学会议上当选为国际心理学会主席，并创立“国际科学心理学联合会”。之后，他又在日内瓦创立了“国际发生认识论研究中心”并担任主任。学术界将以皮亚杰为首的理论学派称为“日内瓦学派”，其宗旨在于传播并发展发生认识论。

因学识渊博和贡献卓越，自 1936 年起，皮亚杰获得了全球 30 多所大学颁发的荣誉博士学位，并负责主持多项重要的国际联合会议、组织与团体。他一生中得到的大小奖项不计其数，于 1968 年获得美国心理学会的心理学卓越贡献奖；1977 年获该学会的另一殊荣——桑代克奖，以表彰他对教育心理学的贡献。1972 年，皮亚杰在荷兰获得荣誉地位相当于诺贝尔奖的“伊拉斯姆士”奖。

皮亚杰是一位生物学家，也是一位发生认识论的哲学家，更是一位以儿童心理学的研究而闻名于世的发展心理学家。他一生的贡献并不仅限于心理学，其理论对于现今的哲学、教育学、人工智能的发展都产生了深远的影响。

第二节 皮亚杰的认知发展理论

关于个体心理发展的研究取向主要有两大领域：以弗洛伊德为代表的偏向于人格的领域和以皮亚杰为代表的侧重于认知的领域。皮亚杰的理论体系对智慧、思维、认识、认知等概念的区分不是很严格，都是同义语。

一、发生认识论的基本观点

皮亚杰的工作起点是为了解决哲学问题，他所创立的“发生认识论”是其理论的核心。发生认识论，顾名思义就是探讨认识的起源，即解释人的认识（智慧）到底是从哪儿来的，又是如何形成和发展的。皮亚杰将这个认识论中的传统问题移植到儿童心理学，借助心理实验的手段来追溯儿童认识产生与发展的根源，并在此基础上试图揭示人类认识发生与发展的实质和原因、发展的因素与结构以及发展的阶段。

（一）图式与认知发展

皮亚杰的理论体系中有一个核心概念——图式，指的是动作的结构和组织，即儿童在不同情境中组织行为的方式，从中体现了个体对世界的知觉、理解和思考。皮亚杰认为，认知图式不是一成不变的，它最初来自先天遗传，随着年龄的增长，在适应环境的过程中，图式不断地得到改变，越来越复杂和丰富。例如：婴儿生下来首先是一生物个体，要依靠先天本能的吮吸反射来适应环境。但“吮吸”这一图式远不足以应对复杂的周边世界，因为并非所有的东西都可以吃。所以，婴儿从一开始把所有的东西都放进嘴里，到后来慢慢地能够辨识可以吃的和不可以吃的，并在行为上加以区别对待，这说明其原先所处的混沌的认知在逐步分化和发展。

图式这个译自德语的概念无疑有其晦涩之处。若要找一个与之相匹配的当代术语，恐怕非认知结构莫属。皮亚杰是一个结构主义者，在他看来，智慧本质上就体现为一种思维的结构。图式是认知结构的起点和核心，或者说是人类认识事物的基础。所以说，图式是个体当前认知发展水平的体现，认知发展的实质就是图式的形成和变化。

读一读

> 任何年龄的儿童都需要依赖于他们现有的图式来认识周围的世界。也正因为不同年龄的儿童有着不同的认知图式，所以他们会使用不同的方法来对待同样的事物，得到不同的结果。例如同样面对两块积木，有的婴儿只会盯着看，有的婴儿拿起来就往嘴巴里塞，而大一点的婴儿会抓着它们对敲，还有的婴儿会进行叠高，不同的动作图式体现了不同的智慧水平。——皮亚杰

（二）心理的发展产生于主客体的相互作用

关于心理发展的本质及根本原因，皮亚杰坚持内外因相互作用的发展观。他辩证地认为，儿童的心理既不是单纯来自先天的成熟，也不是单纯来自后天的经验，而是起源于主体对客体的动作。换句话说，儿童不是天生就具有关于世界的认识，而是在与周围环境相互作用的过程中（如观察、触摸、感受等）逐步建构起关于外部世界的知识，从而使自身的认知结构得到发展，并在这个过程中逐渐适应周围环境。这种观点打破了是遗传决定发展还是环境决定发展的简单、机械的争论局面，受到了学术界的普遍认可。

具体而言，儿童与环境的相互作用涉及两个基本形式：同化与顺应。同化是指以儿童已有的认知结构（即“图式”）为基础吸收新经验的过程，即主体将外界刺激所提供的信息有效地整合到自己原有认知结构内的过程。顺应是指当外部环境发生变化，而原有的认知结构却无法同化新环境提供的信息时所引起的儿童认知结构的重组与改造的过程，即个体的认知结构因外部刺激的影响而发生改变的过程。例如：儿童已经对鱼有了一定的了解，若在此基础上认识一种新的鱼（如“小丑鱼”）是比较容易的。因为只需要把它直接纳入，即同化到已有认知结构中有关“鱼”的经验范畴内即可。但是当第一次听到“鲸鱼不是鱼而是哺乳动物”时，相信多数儿童都无法适应，此时就需要借助顺应来修正和完善其原有认知的局限。

可见，同化和顺应是个体认知结构发生变化的两种途径或心理机制。同化是认知结构数量的扩充，而顺应则是认知结构性质的改变。同化和顺应并不只是出现在儿童身上，而是存在于人的一生。

总之，认知的发展实际上就是通过同化和顺应使主体和客体发生相互作用，在相互作用中进行主体和客体的双重建构。

（三）影响心理发展的主要因素

皮亚杰认为，影响和支配儿童认知发展的主要因素包括：成熟、物理环境、社会环境及具有自我调节作用的平衡过程。

1. 成熟

成熟是指生理的发展，特别是神经系统和内分泌系统的成熟。皮亚杰认为，生理成熟是整个心理成长过程的一个必要条件但不是充分条件，它为形成新的行为模式和思维方式提供了一种可能性。要使这种可能性成为现实，还必须通过后天的练习和习得的经验，才能增强成熟的作用。

2. 物理环境

在皮亚杰看来，知识来源于个体对物体的动作，而非来源于物体本身。个体在这种动作练习中得到的经验，不同于在社会环境中得到的社会经验。皮亚杰把这种经验分成两类：一类是物理经验，指物体的物理属性，如大小、轻重、软硬、颜色等。另一类是数理逻辑的经验，指个体理解动作与动作之间相互协调的结果，它是在反复的主客体相互作用的基础上建立起来的。例如，儿童在玩珠子的过程中不仅掌握了珠子本身具有的物理特性，还能发现无论珠子如何排列，其总数保持不变，这一经验是通过儿童自己的计数动作获得的。所以，只为儿童提供一些玩具或学习材料并不能保证促进儿童的认知发展，必须使儿童与这些物体进行相互作用，使它们成为儿童周围环境的一个部分，哪怕是一张纸、一块布，都能成为增加儿童认知的好材料。皮亚杰特别强调数理逻辑经验对儿童认知发展的作用。

议一议

儿童的玩具是否越贵就越好？

3. 社会环境

社会环境包括社会生活、文化教育和语言等诸多方面，即人与人之间的相互作用和社会文化的传递。学习者的社会经验可能会加速或阻碍其认识图式的发展。不过社会环境因素和物理环境因素一样，它们对主体发展所发挥的影响是有条件的，就如同良好的教育能在一定程度上加速儿童的认知发展，但并不能使其逾越某一发展阶段，也不能改变其发展顺序。

4. 具有自我调节作用的平衡过程

几乎所有的学习理论和发展理论都能认识到成熟和经验所起的作用，皮亚杰的独特之处是另外加了第四个因素，也是最重要的因素，即具有自我调节作用的平衡过程。

如前所述，认知个体要通过同化与顺应这两种机能来达到与周围环境的平衡：当个体能用现有的经验去同化新信息时，他处于一种平衡的认知状态；当现有的认知结构不能同化新信息时，平衡即被破坏，而修改或创造新结构（即顺应）的过程就是寻找新的平衡的过程。新的平衡是暂时的，并非绝对静止或终结，而是某一水平的平衡成为另一较高水平的平衡状态的开始。我们的认知结构就是通过同化与顺应的相互交替而逐步建构，并在“平衡—不平衡—新的平衡”的循环往复中使自身的认知水平不断得到丰富、提高和发展的。由此，皮亚杰把平衡作为四个因素中唯一能引起认知结构改变的决定因素。

正是在这一意义上，皮亚杰得出结论：主体与环境相互作用不断取得平衡的过程就是整个心理的发展过程。它既体现了环境的威力，也强调了个体的能动作用，这种对主体能动性的突出是心理发展观的重大改变，从中我们能找到当下最先进的教学理念之一——建构主义教学观的源头。平衡的过程就是建构的过程，学习不是简单的信息输入、存储和提取，而是新旧经验之间双向的相互作用以及由此而引发的认知结构的重组，也就是学习者与学习环境之间互动的过程，其中学习主体的积极作用尤为重要。

二、认知发展的阶段理论

鉴于心理机能的发展取决于认知（或称思维、智慧等），所以认知发展的阶段可以解释为整个心理发展的阶段。皮亚杰是继弗洛伊德之后又一个坚定的阶段论者，他第一次辩证、系统地论述了思维发展的基本阶段和思维机制。他认为，认知发展不是一种数量上简单累积的过程，而是认知图式不断重建的过程。从认知图式的性质出发，皮亚杰把儿童的认知发展分成以下四个阶段。

（一）感知—运动阶段（0 ~ 2 岁）

在这一阶段，儿童的智慧只限于感知运动，即儿童主要是靠感知和动作来适应与认识周围的世界从而获取经验的，构筑的是动作图式。他们不可能在动作之外思考，而是在行动中边做边想。

读一读

> 儿童的思维只能在活动过程中展开，他们不是先想好了再行动，而是边做边想。他们这时还不能对主体与客体作出分化，因而“显示出一种根本的自身中心化”。
>
> ——皮亚杰

皮亚杰认为感知—运动阶段是思维的萌芽期，决定着未来心理演进的整个过程。最初，婴儿以先天的无条件反射来适应外界环境，慢慢地发展为能将注意力集中到对物体的操作上——用手摸和摆弄周围的物体，在视觉与抓握动作之间形成协调（即手眼协调），最后渐渐使动作手段与动作结果（目的）产生分化，出现为达到某一目的而使用的智慧动作。例如：幼儿拉着成人的手移向自己够不着的玩具的方向，或者要成人帮忙揭开盖在物体上的布，这说明他在做出动作之前已经有了取得物体的意向。此时，最初的因果性认识也就产生了，这是智慧动作发展中的一大进步，使得幼儿能运用一系列协调的动作实现一个目的。再如：将玩具放在桌子边缘幼儿够不着的地方，幼儿起初只会用手东抓西抓，偶然间扯动了桌布上的垫子，并且发现了垫子运动和玩具拉绳以及玩具移动的关系，于是就会马上用力拉过垫子而碰到拉绳，再拉动拉绳以拿到玩具。

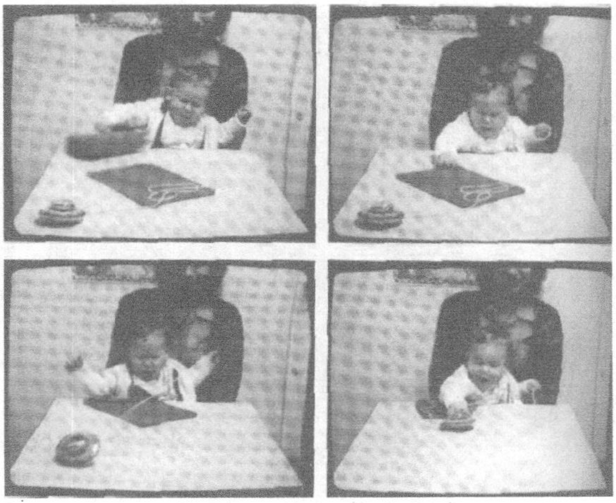
幼儿如何自行取得够不着的玩具

根据皮亚杰的研究，此阶段的幼儿在认知上最突出的成就是客体永久性的出现和发展。客体永久性是指当物体不在面前时，幼儿仍然知道物体是持续存在着的。例如：和幼儿玩“藏猫猫”游戏时，你藏起来不见了，他会用眼睛到处寻找；将玩具用毯子盖着，幼儿会掀开毯子找到它。这些都表明幼儿已经知道：即使看不到物体，它依然是存在着的。

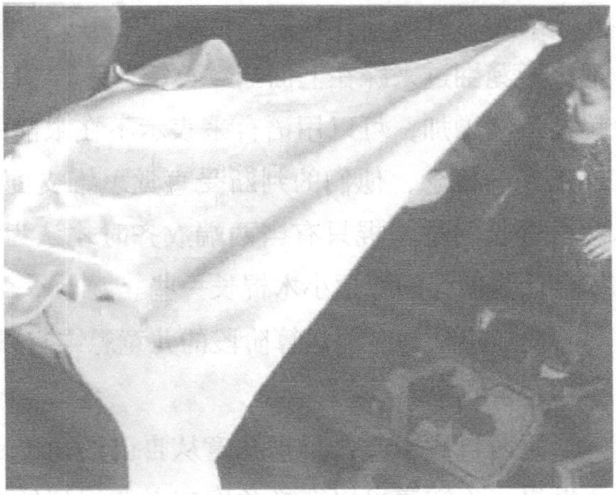
形成客体永久性的幼儿

客体永久性是知觉恒常性的进一步发展，已进入表象的范畴。皮亚杰对这一现象进行了许多富有独创性的观察，认为儿童认识到客体永久性的能力是逐渐、连续的发展过程。婴儿最初并没有存在于他们自身之外的客体的概念，如果一个客体离开他们的视野，大多数情况是婴儿只在他们最后看见这个客体的地方去寻找一会儿。如果这个客体不再出现，他们就接着做别的事，不再去寻找它。对于婴儿来说，眼中看不见，头脑中就认为它不存在了。婴儿一般要到八九个月大的时候才开始有客体永久性的观念，他们能找到完全隐藏的客体，甚至能够找到绕着沙发迂回滚到沙发下面的一只球。之所以能够这样做，是因为儿童虽然看不见球了，但他们能在自己的头脑中想象球滚动的轨道。皮亚杰指出，儿童形成客体永久性的观念是同他对客观世界的整个时间—空间组织和因果性组织的认识密切联系着的，要到两周岁左右才可以最终完成这一“哥白尼式的革命”。客体永久性的建立标志着儿童已经能够区分自己和物体，即从以自我为中心变为把自己看成是无数客体中的一个，这对于其日后的认知发展具有重要的意义。

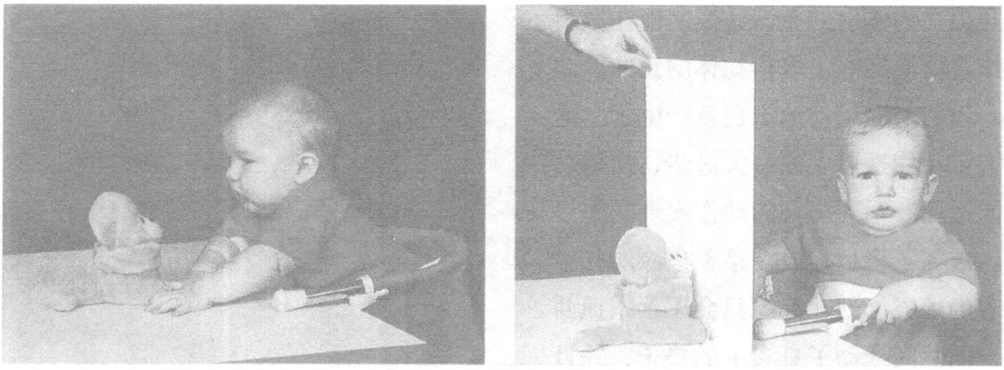

尚未建立客体永久性的婴儿

（二）前运算阶段（2～7岁）

这一阶段与感知—运动阶段相比有一个质的飞跃：前一阶段的儿童只能对当前知觉到的事物施以实际的动作并进行思维；而这一阶段的儿童伴随着语言的产生，心理表征功能大为增强，开始从具体动作中摆脱出来，即儿童的智力由感知运动逐步转化为符号表象思维。他们能够通过表象和语言来表征内心世界和外部世界，具体表现在儿童的延迟模仿和各种象征性游戏之中。如儿童拿着小棒当“枪”，用碎纸片当“菜”，把小板凳翻过来踩在上面当“竹筏”等。儿童对动作的依赖性逐渐减少，对语言的依赖性逐渐增加，可以用语言来表示不在眼前的人或物。但在这个阶段，儿童还不能形成正确的概念，他们的判断受直觉思维支配，而且具有明显的自我中心特征。例如，两根等长的小木棍只有当两端放齐时才认为它们同样长；若把其中一根朝前移一些，就会认为前移的那根小木棍长一些。

皮亚杰认为，前运算阶段的儿童思维有以下几个显著特点：

1. 自我中心

所谓自我中心，是指儿童从自己的角度（自己的身体、动作或观念）出发看待整个世界，不知道可以变换角度或者意识到他人会有不同的观点。这主要是由于儿童区分自己和他人的意识还未分化。皮亚杰设计的“三山实验”是自我中心思维的一个最有说服力的例证。三座山以不同的颜色和峰顶来区别：第一座山上有一间小房子，第二座山的山顶上有一个红色的十字架，第三座山上覆盖着白雪。先请儿童围绕三座山的模型从四个方向仔细观察，实验者则分别从这四个角度拍摄照片。然后请儿童站在上述四个位置之一，给他看拍摄的照片，要求他挑选出此时玩具娃娃所看到的是哪张照片。结果显示，相当一部分儿童挑出的是与自己所处的角度所见完全相同的照片，而非玩具娃娃所处角度能看到的。由此，皮亚杰认为儿童对事物进行判

三山实验

断时是以自我为中心的，不会采纳别人的视角和观点。

自我中心的特点还伴随着其他一些表现：

（1）不可逆性。即单向性，思维只能朝一个方向进行，不能转换思维的角度。例如，问儿童："你有姐姐吗？""有，我姐姐是 ××。"过了一会儿，问她："×× 有妹妹吗？"儿童摇头。她只从自己的角度看 ×× 是姐姐，而不知从姐姐的角度看，自己是妹妹。再如，儿童很早就能认识自己的左右手，却需要很长一段时间才能分清别人的左右手。

（2）拟人性（泛灵论）。自我中心的特点常常使儿童由己推人。自己有意识、有情感、有语言，便以为万事万物也应该和自己一样是具有生命的，是有灵性的。因此，他们常常怀有一种看待事物的独特眼光和一颗敏感、善良、充满幻想的心灵。典型的表现如：把玩具娃娃当成自己的同伴，在画太阳、画小花时给它们画上笑脸等。

2. 守恒概念未建立

守恒是皮亚杰理论中的重要概念，是衡量儿童运算水平的标志之一。由于儿童以直觉思维为主，即以知觉到的形象作为思维的依据，所以往往只注意到事物的某种显著特征，而看不到事物同时变化的若干维度，并且缺乏逆向思维的能力，这使得儿童很难获得物质守恒的概念。在皮亚杰经典的液体守恒实验中，向儿童呈现大小相同的两个玻璃杯，杯中装有等量的液体。等儿童确认两个杯中的液体等量之后，把其中一个杯子的液体倒入一个较高、较细的玻璃杯中，这时液面升高。问儿童：新杯子的液体比原来杯子的液体多一些还是少一些或是一样多？有的儿童说原来杯子里的液体多，有的儿童说那个细长杯子里的液体多。他们都只注意到事物变化的一个维度：杯子的高度或宽度。

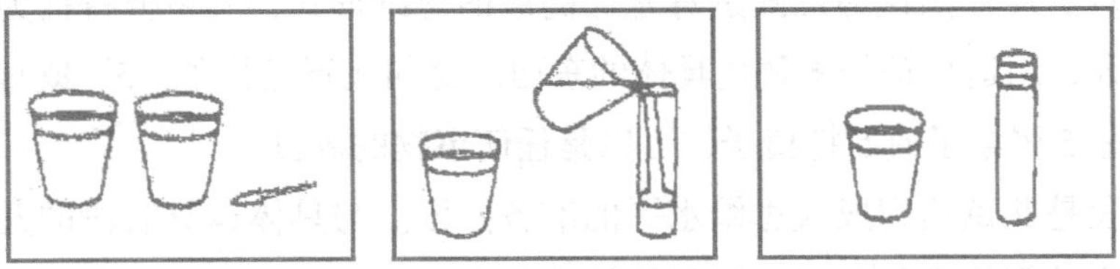

液体守恒实验

（三）具体运算阶段（7 ~ 11 岁）

"运算"一词是皮亚杰理论中的一个特定概念，它指代一种内化了的动作，即能在头脑中进行的思维活动。皮亚杰将其界定为是一种可逆转的操作，既能朝一个方向进行，又能向相反方向运转。可逆性的出现恰为守恒获得的标志，也是儿童进入具体运算阶段的标志。随着抽象逻辑思维的萌芽，在该阶段，儿童自我中心的特点逐渐消除，因而开始获得量和数的守恒观念，并且能够理解事物的相对性。例如上面提到的液体守恒实验对于这一阶段的儿童来说就没有困难，他们能够认识到液体的数量并没有变化，尽管知觉到外表发生了变化。

此时，儿童的思维具有明显的符号性，他们不再依靠动作而是依靠表象来思考。儿童思考和解决问题的动作开始分离，其内部表象已经可以支配外部行动，“手的思维”转为“脑的思维”，思维的过程从外显转变为内隐。但这一阶段儿童的思维活动仍局限于具体的事物及日常经验，能联系具体的事物进行思考，能掌握代表实际东西的概念，但不容易掌握抽象的概念；能进行简单的逻辑推演，但不能就抽象的、假设的命题或虚构的事件进行推理。例如，通过比较，儿童能回答这类问题：小强比小明矮，小强比小刚高，他们三个人谁最高；但是倘若问：A>B，A>C，A、B、C 哪个最大，儿童可能会觉得无从回答。具体形象思维是介于直觉行动思维和抽象逻辑思维之间的一种过渡性的思维方式，是这一年龄段儿童典型的思维方式。

儿童思维的发展还体现为关于类包含的认识。类包含是指物体总类与其子类的关系，涉及对范畴之间存在的层级关系的逻辑原则的认识。在原则上，总类中的物体数量大于任一子类中物体的数量。皮亚杰认为，前运算阶段的儿童缺乏这种推理能力，他们不能同时想到一个总类和一个子类。例如，向 5 岁的儿童呈示 8 颗黄色糖果和 4 颗棕色糖果，并问：是黄色糖果多，还是糖果多？他们很可能会说黄色糖果多，即使他们能够计数糖果的数量，而且知道什么是黄色的糖果和所有的糖果。皮亚杰认为，这反映了 5 岁的儿童缺乏对层级关系的认识，不能同时对部分和整体进行推理。而同样的问题问 8 岁的儿童，则通常能回答糖果多，这说明该阶段的儿童已经认识到一些范畴是可以彼此嵌套的。

（四）形式运算阶段（11 以后）

儿童在 11 岁左右，开始不用依靠具体事物来运算，而是能对抽象的和表征的材料进行逻辑运算。皮亚杰认为形式运算是最高级的思维形式，其主要特征为有能力将形式与内容分开，用运算符号来替代具体的东西。比如儿童懂得了“5”既可以是 5 个苹果，也可以是 5 张桌子或 5 把椅子，可以是任何事物的数目。

这个阶段是儿童达到成人思维水平的准备阶段。与具体运算阶段的儿童不同，他们不是对现实的事物进行思考，而是能够不受真实情境的束缚，在大脑中建立各种可能性从而进行各种思考，即能够提出假设并根据种种假设进行检验和推理。他们可以想象尚未成为现实的可能，通过演绎得出结论，使认识指向未来。总之，此时儿童的智慧发展趋于成熟，思维能力已超出事物的具体内容，具有更大的灵活性和概括性。

总之，感知—运动阶段是智慧的萌芽，前运算阶段出现了表象和直觉思维，具体运算阶段则出现了初步的逻辑思维，至形式运算阶段完成抽象的逻辑思维。皮亚杰认为，经过上述四个阶段，儿童的智力基本达到成熟。

想一想

在儿童思维发展的过程中，思维对动作的依赖性逐渐减少，对语言的依赖性逐渐增加。语言最初只是行动的总结，然后能够伴随行动进行，最后才成为行动的计划。小班幼儿做完说，中班幼儿边说边做，大班幼儿做前说，是这样的吗？

概括而言，皮亚杰的认知发展理论包含以下内容：

（1）心理发展过程的进行是连续的，并且在环境、教育等各种发展因素的相互影响下，心理结构经过不断的同化、顺应和平衡的过程，形成了不同的阶段。

（2）每个阶段都有其独特的心理结构，标志着一定阶段的年龄特征。由于各种因素（如环境、教育、文化以及主体的动机等）的差异，各阶段出现的一般年龄会略有个体差异，可能会提前或推迟，但是由一个阶段向另一个阶段发展的先后顺序是固定不变的，而且是普遍的。任何个体都将按照固定的次序经历相同的发展阶段。

（3）前后两个阶段不是截然分开的，而是有一定程度的交叉重叠。前一阶段是后一阶段的必要条件，前一阶段的结构总是融合到下一阶段成为其基础，但前后两个阶段间具有质的而不仅仅是量的差异。

第三节　儿童道德认知的发展

儿童的道德是如何产生和发展的？在诸多关于儿童道德发展的理论中，皮亚杰是第一个系统地追踪研究儿童道德认知发展的心理学家。他于 1932 年出版的《儿童的道德判断》一书是发展心理学研究儿童道德发展的里程碑，对儿童道德认知领域的研究产生了巨大的影响。

一、儿童道德发展的基本观点

皮亚杰的道德发展理论基于其认知发展理论。他认为，儿童的道德发展与其认知发展是平行的、相对应的，所以儿童的认知发展是道德发展的必要条件，道德心理的发展是整个认知发展的一部分。同时，儿童道德发展的阶段与其认知发展的阶段也是一致的，道德发展的进程可以在认知发展的进程中找到证据。因而，皮亚杰的研究主要集中在儿童的道德认知（道德判断）方面，即儿童对是非、善恶的行为准则及其执行意义的认识，内容包括儿童对规则的理解和使用、对行为责任的认识及对公正和惩罚的理解。皮亚杰认为，道德是由种种规则体系构成的，一个人道德上的成熟主要表现在理解和尊重准则及社会公正感这两个方面。一个有道德的人，能按社会规定的准则公平、公道地对待别人。

在研究方法上，皮亚杰认为采用直接的提问法是不可靠的，把儿童放在实验室里剖析更是不可能。因此他采用了独创的临床研究法（谈话法），设计了许多包含着道德价值内容的对偶故事同儿童交流，然后请他们对故事中主人公的特定行为进行评价，并说出评价的理由，以此投射并推测出儿童现有的道德认知和道德判断水平。

二、儿童道德认知发展的阶段性

通过大量的研究，皮亚杰发现并总结出儿童道德认知发展的规律，即儿童道德的发展经历了一个从他律到自律的认识、转化过程。所谓他律，是指早期儿童的道德判断只注意行为的客观效果，不关心主观动机，是受自身以外的价值标准所支配的道德判断，具有客体性。自律是指儿童的道德判断受自己的主观价值、主观标准所支配，具有主体性。他律水平和自律水平是儿童道德判断的两级水平，在此基础上皮亚杰提出了儿童道德认知发展的阶段论，成为其道德发展理论的核心部分。

（一）前道德阶段（出生～2岁）

这个阶段对应的认知发展水平处于感知—运动期。儿童受年龄及认知水平的局限，他们的行为大多同生理本能的满足有关，没有任何规则意识。他们对问题的考虑还是自我中心的，不理解、不重视周围环境对他们的要求。在游戏时，规则或成人的要求对他们还没有约束力，他们只按照自己的意愿和习惯进行游戏，所以这一阶段又称为单纯的个人规则阶段。他们的行动易冲动，感情泛化，道德认知不守恒。例如，同样的行动规则，若是出自父母就愿意遵守，若是出自同伴就不遵守。他们并不真正理解规则的含义，没有责任、公正和惩罚的意识，因而谈不上任何道德观念的发展。他们的行为既不是道德的，也不是非道德的。

（二）他律道德阶段（3～7岁）

这个阶段仍是比较低级的道德认知阶段，此时的儿童认知处于前运算阶段，他们并不了解为什么要有规则，其道德判断片面地受到自身之外的价值标准和规则的支配与制约，主要表现为以下几个方面：

（1）对外在权威的绝对尊重和服从，有一种遵守成人标准和服从成人规则的义务感。其基本特征为：1）绝对遵从父母、权威者或年龄较大的人。儿童认为服从权威就是“好”，不听话就是“坏”，听大人话的孩子才是好孩子。2）对规则本身的尊重和顺从，而且把规则看做是固定的、不可变更的。皮亚杰指出，成人的约束和滥用权威对儿童的道德发展是极其有害的。

（2）对行为的判断主要依据客观结果，而不是主观动机。他们了解规则对行为的作用，但不了解其意义，常以表面的、实际的结果来判断行为的好坏。例如，问儿童：有一个孩子叫汤姆，他在帮妈妈洗碗的时候不小心打碎了 5 只碗。另一个孩子叫麦克，他在偷拿糖果时不小心打碎了 1 只碗。你认为哪个孩子的行为更坏一些？这个阶段的儿童基本上都会认为打碎碗的数量多的行为比打碎碗的数量少的行为更坏，而不考虑是出自不好的动机还是出自好意。

（3）看待行为有绝对化的倾向。在评定行为是非时，总是抱极端的态度，要么完全正确，要么完全错误，还以为别人也这样看，不能把自己置于他人的位置来看待问题。

（4）赞成严厉的惩罚，认为如果违背规则，不管动机是好是坏，都要受到惩罚，而且惩罚越厉害越公平。在此阶段的儿童看来，惩罚就是一种报应，而不是改变行为的一种手段。

（三）自律道德阶段（7 ～ 12 岁）

儿童不再盲目服从规则，判断好坏的标准不再是权威，而是依据自己认可的内在标准，并能做到言行一致。具体有以下几点表现：

（1）儿童不再把规则看做是神圣不可侵犯的、存在于自身之外的强加的东西，他们已经认识到这只不过是同伴之间共同约定的、用来保障大家共同利益的一种契约性的、自愿接受的产物。因而，规则不是绝对的、固定不变的，是可以依照大家的愿望通过彼此商量而加以改变的，关键是要使它合理。一旦确定了规则，参加游戏的人就有义务遵守它。在皮亚杰看来，义务的意识或义务感是儿童道德发展的一个重要标志。

（2）在判断道德行为时，不但考虑行为的后果，而且能结合行为的动机和主观意图。研究表明，10 岁以上的儿童都认为，那些由积极的动机支配但损失较大的儿童，比起怀有不良动机而只造成小损失的儿童要好一些。由于考虑到行为的动机，因而在惩罚时能注意照顾弱者或年幼者。

（3）与权威和同伴处于相互尊重的关系，并表现出合作互惠的精神。儿童能较高地评价自己的观点和能力，并能把自己置于别人的地位，较现实地判断他人而不再绝对化。思维的可逆性使他们能够理解规则在同伴之间是一种能保证双方对等的可逆关系，即我要你遵守，我也得遵守。

（4）提出的惩罚较温和，更为直接地针对所犯的错误，而且把错误看作是对过失者的一种教训。

达到自律道德阶段的儿童在游戏时不再受年长者的约束，有了自我约束的能力，他们能与同龄儿童平等地进行游戏，彼此明白自己的立场与对方的立场，共同制定规则并遵守规则。

（四）公正道德阶段（12 岁以后）

儿童的思维广度、深度及灵活性都有了质的飞跃，达到形式运算阶段。他们的认知能力得到提高，具有抽象逻辑思维，思维具有可逆性和补偿性，所以儿童的道德观念也开始具有可逆性。当可逆的道德观念从利他主义角度去考虑时，就产生了关于公正的观念。

儿童对公正观念的认识，是皮亚杰儿童道德发展研究中的一项主要课题。在进行了大量的研究后，皮亚杰指出：7 岁、10 岁和 13 岁是公正观念发展的三个主要时期，这三个年龄阶段的儿童的公正判断分别以服从、平等和公道为特征。年幼的儿童对公正的概念尚不理解，他们判断好坏的标准主要是服从还是不服从成人，还不会分辨服从和公正、不服从和不公正的区别。10 岁左右的儿童作出道德判断的基础发生了质的变化，能用公正、不公正或平等、不平等作为是非标准。13 岁左右的儿童已经可以根据自己观念上的价值标准对道德作出判断，能用公道、不公道作为判断是非的标准。也就是说，儿童不再刻板地按单纯是或非的固定规则去判断，在依据规则判断时能考虑到一些具体情况，融入关心和同情。在皮亚杰看来，公道感是一种真正的道德关系，是一种高级的平等关系，这种道德观念已经能够从内部对儿童的道德判断起着决定性的作用。

总之，儿童的道德发展是一个连续的整体过程，并且跟随心理结构的变化而表现出明显的阶段性特征。在认知上处于感知—运动阶段的儿童，在道德上相应地处于前道德阶段；在认知上处于前运算阶段的儿童，在道德上处于他律道德阶段；在认知上处于具体运算阶段的儿童，在道德上多处于自律道德阶段。所以皮亚杰说，道德上的他律与自律间的差别，就相当于前运算阶段与具体运算阶段间的差别。而公正道德的出现自然是与思维进入形式运算阶段相伴随的。

皮亚杰非常重视同伴交往在儿童道德认知发展中的关键作用，因为只有在与同伴的交往中，儿童才会把自己的观点与别人的观点相比较，从而认识到各自的观点有别，对别人的观点可以提出疑问或更改意见。而且，同样的行为也许会被不同的人以不同的方式来理解，导致不同的结果。同时，正是在与同伴的交往中，儿童开始摆脱权威的束缚，互相尊重，共同协作，发展了公正感。

皮亚杰的理论揭示了儿童道德发展的规律，为道德教育的实施提供了理论支持和思路。每个阶段的儿童的道德认知水平是不同的，因而要采用不同的教育方法和内容，防止一刀切而导致的空泛的德育。例如：处于前运算阶段的儿童，他们的思维不具有可逆性，一切以自我为中心。这时的道德教育需要成人的引导，需要规则的约束，可利用榜样强化的方法来促进其道德发展，道德教育的内容应该是一些具体的实例，让儿童可以通过观察、模仿来感受。

三、皮亚杰理论的总结和评价

皮亚杰的理论产生于 20 世纪 20 年代，到 20 世纪 50 年代已经完全成熟，先后出版著作近 50 种。他的理论偏重于儿童认知或思维发展的研究，是认知发展领域最有影响力的一位心理学家。他把生物学、数理逻辑、心理学、哲学、科学史等方面的研究综合起来，并吸收各派心理学的特点，综合成比较完整的体系，建立了自己的结构主义儿童心理学，从而开创了研究儿童认知发展的先河。

综合而言，皮亚杰的理论主要有以下几方面的贡献：

（1）提出了一套完整的、富有辩证思想的关于儿童智力发展的理论。

（2）描述了个体从出生到青年初期智力发展的路线。

（3）首次将数理逻辑作为刻画儿童逻辑思维发展的工具。

（4）构造了发生认识论的理论框架。

（5）创造了一套研究儿童智力发展的独特方法——临床研究法。

很多心理学家对皮亚杰的理论进行了研究，并对他的实验进行了重复性检验。相应地，也有很多心理学家对其中的局限提出了质疑，主要集中在以下几方面：

（1）皮亚杰的发展阶段论的事实根据不够充分。

（2）皮亚杰的实验任务过于复杂、困难，不适合儿童去做，因而不能挖掘出儿童应有的能力，影响了结果的真实性。最近的研究结果已表明，如果研究者能设计出难度适当的课题任务，并且事先引入训练程序，再做皮亚杰的实验时，儿童就能表现出原来被人们认为所缺乏的认知能力。

（3）形式运算阶段并非思维的最高形式，其后仍然存在更高的阶段，如辩证运算阶段。

尽管有争论，但对所有相关领域而言，皮亚杰的理论仍处于基础地位，催生着各种新型的研究。比如“新皮亚杰学派”，其一方面补充和修正皮亚杰的某些观点，在广度和深度上充实并提高皮亚杰的理论；另一方面，为皮亚杰的理论加进某些新的成分，如他们更为强调社会环境（包括教育在促进个体认知和人格发展中的作用）、更为重视应用性和整体性的研究，这些都是对皮亚杰的理论的促进和发展。而眼下备受推崇的建构主义教学思潮所蕴含的知识观、学习观、学生观等，可以说是皮亚杰的理论在当今社会的最好诠释。

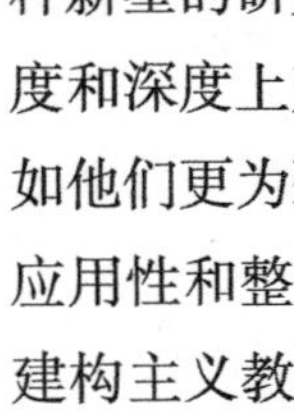

关键概念

发生认识论　　同化　　顺应　　平衡　　守恒　　运算　　道德认知发展阶段

思考与练习

1. 简述皮亚杰的发生认识论的主要观点。
2. 简述前运算阶段儿童的认知特点，并说说其对学前教育的启示。

第十九章 华生和斯金纳的学前教育思想

【本章学习目标】

- 了解华生、斯金纳的心理学思想及历史贡献。
- 掌握强化理论在学前教育的运用。
- 运用行为主义理论分析现实中的案例。

【教师专业标准】

- 尊重幼儿人格，维护幼儿合法权益，平等对待每一个幼儿。不讽刺、挖苦、歧视幼儿，不体罚或变相体罚幼儿。
- 重视环境和游戏对幼儿发展的独特作用，创设富有教育意义的环境氛围，将游戏作为幼儿的主要活动。

【本章内容引言】

行为主义是西方心理学中影响最大的流派之一。按照行为主义的发展顺序，可以将其划分为早期行为主义（即经典行为主义）和新行为主义（即操作行为主义）。早期行为主义的主要代表人物是华生，新行为主义的主要代表人物是斯金纳。行为主义认为心理学不应该研究意识，只应该研究行为。自行为主义心理学问世后，其观点主导美国心理学达30年之久。行为主义的基本观点和方法也渗透到儿童心理学的研究中去，成为当代儿童心理学的一个主要分支，而行为主义者预测和控制行为的观点也曾引发人们的争议。

第一节 华生的学前教育思想

一、生平和实践

华生

约翰·华生（John B. Watson，1878年—1958年），美国心理学家、行为主义心理学的创始人、广告大师，生于美国南卡罗来纳州的格林维尔。父亲是一位性情暴躁的小农场主，母亲是虔诚的浸信会信徒。华生13岁的时候，他的父亲离家，母亲卖掉农场搬到市内居住。家庭的原因导致华生经常受到同学的嘲弄，情绪低落，学习成绩不好。16岁时，华生通过浸信会获得福尔曼大学校长的帮助，得以进入该校学习。华生在大学期间开始认真学习，5年之后获得了福尔曼大学哲学硕士学位。毕业之后，他担任了一年的小学校长。后来，因受他之前的哲学老师戈登·摩尔教授的影响，华生决定去芝加哥大学读博士学位。

福尔曼大学的校长赏识华生的才华，给他写了一封特别的推荐信。芝加哥大学的哈柏校长录取了华生。华生一开始师从芝加哥大学著名的杜威教授学习哲学，但是不久后他发现自己真正感兴趣的是心理学，于是决定转系，他的导师也换成功能主义心理学家詹姆斯·安吉尔和生理学家亨利·唐纳森。华生还师从激进的生物学家雅克·洛布，学习生物学和生理学。华生在芝加哥大学的学习很辛苦，他必须兼职养活自己。1903年，华生获得哲学博士学位，并结了婚。他在芝加哥大学当讲师一直到1908年。在这几年里，他既工作又学习，做了大量的动物行为实验。

人们通常认为华生的行为主义观点受到了英国经验主义者约翰·洛克的影响，但是华生本人并不同意这一观点，他的科学哲学更准确地说可以追溯到实验生理学，而俄国的谢切诺夫、别赫捷列夫对反射的研究以及巴甫洛夫的工作都对他产生了非常大的影响。

华生的博士论文《动物教育：白鼠心理发展与其神经系统发育的实验研究》（以下简称《动物教育》）是第一部关于白鼠行为的现代科学论著，被心理史学家唐纳德称为"发展精神生物学的杰作"。《动物教育》描述了不同年龄白鼠大脑的髓鞘化与学习能力之间的关系。华生指出，大脑髓鞘化的程度与学习能力基本无关。

1908年，尽管华生对芝加哥大学十分留恋，但还是为了事业前景来到了霍普金斯大学任正式教授。在这里，他度过了其学术生涯最辉煌的时期。华生长期以来不断思考的问题是如何使心理学研究更加客观化，他在1908年的一份讲义中公开表达了这个思考。1913年，他在《心理学评论》杂志上发表了《行为主义者心目中的心理学》一文，正式宣告行为主义心理学的诞生。1914年，他出版了第一本系统阐述行为主义的专著《行为：比较心理学导言》。华生所发表的文章和出版的著作在美国心理学界产生了重大影响，引来了一大批青年心理学家的追随。华生在 38 岁时被选为美国心理学会主席。

1920 年，华生由于与年轻美丽的助手罗莎莉·雷纳（Rosalie Rayner）的婚外情，被迫辞去了霍普金斯大学的职务。华生的桃色事件成为当时轰动性的新闻，这也迫使他中断了盛极一时的学术生涯。1921 年，华生进入商界，用行为主义的方法进行广告宣传。他用大量时间普及行为主义，为许多杂志撰稿介绍行为主义，甚至亲自讲课，传授行为主义心理学。1947 年华生退休，在康涅狄格州的一个农庄中度过他生命的最后几年。

二、行为主义的基本观点

华生对整个心理学领域的贡献是，他特别注意到了能够观察和精确测量的行为，宣称行为主义的理论目标就是“对行为的预测和控制”。根据他的观点，心理学是一门完全客观的、实验性的自然科学，因此早期流行的心理学的主要研究方法——反省法是行不通的。行为主义者通过研究动物的反应，认识到人与动物之间并没有界限，行为的法则既可应用于人类，也可应用于动物。华生强调人在规定情境下的外部行为及反应，他不关注内部精神状态。根据他的主张，只有行为和反应的分析才是洞悉人类行为的方法。

华生所讲的行为首先是一种可以观察到的机体反应，这种机体反应的本质是人和动物对于外界环境的适应。华生把反应分为四类：

（1）外显的习惯反应，包括开门锁、打网球、拉提琴、盖房子、与人说话、与人交往等；

（2）内隐的习惯反应，包括条件反射所引起的腺体分泌、无声言语（即思维）、身体的定向、态度等；

（3）外显的遗传反应，包括人的各种可以观察到的本能和情绪反应，如抓握、打喷嚏、眨眼等；

（4）内隐的遗传反应，包括生理觉察所研究的内分泌系统和循环系统的各种变化。

华生在这里概括了有机体的全部行为，并且把这些行为区分为先天的遗传反应和后天习得的习惯反应。华生认为行为主义就是要发现后者，找到学习过程和规律，实现预测行为、控制行为的目的。华生的行为主义理论体系十分庞大，与教育相关的有以下内容：

（一）否定遗传决定论

华生虽然承认机体在构造上有遗传的差异，但他认为机体上的遗传并不能导致机能上的遗传。个体遗传的构造，其未来的形式如何，取决于其所处的环境。华生曾举例对此进行说明。一位身为钢琴家的父亲有两个儿子，大儿子手指长而灵活，小儿子的手指不长也不灵活。而钢琴这种乐器需要手指长、有腕力。假定父亲喜欢小儿子，对他说“我要你成为钢琴家，我想做一个尝试。你的手指不长，也不灵活，但我会为你造一架钢琴。我把琴键变窄，以适合你的手指，再改变琴键的形状，使你按键时不需要特别用力。”① 华生认为，小儿子在这样的条件下，也会成为全世界最伟大的钢琴家。

（二）夸大环境和教育的作用

华生是一个喜欢夸张的人，他的一句名言一直被后世引说：“请给我一打健康而没有缺陷的婴儿，让我在我的特殊世界中教养，那么我可以担保，在这十几个婴儿之中，我随便拿出一个来，都可以训练他成为任何一种专家——无论他的能力、嗜好、趋向、才能、职业及种族是怎样的，我都能够训练他成为一个医生，或一个律师，或一个艺术家，或一个商界首领，甚至也可以把他训练成为一个乞丐或窃贼。”虽然华生在提出这种观点时也注意到了个体的遗传基础“健康的婴儿”，但可以看出，在先天和后天的辩论中，华生坚定地站在后天一边。

读一读

环境改变的程度越高，则人格改变的程度也越高。——华生

三、行为主义的研究方法

在华生之前的心理学研究都拒绝以儿童作为被试，因为他们不信任儿童会准确报告他们的自觉经验。华生摒弃了内省法，将儿童作为心理学实验的被试，提倡应用客观手段。华生所应用的手段叫“条件反射”，他用这个手段进行了著名的小阿尔伯特实验。

小阿尔伯特（Little Albert）实验

小阿尔伯特是日托中心的一个健康、正常的幼儿，当时他只有11个月又5天。条件刺激是一只白鼠。小阿尔伯特最初的反应是好奇。他看着白鼠，似乎想用手去触摸它。后来，当小阿尔伯特伸手去触摸白鼠时，身后突然响起了钢条尖锐的敲击声。小阿尔伯特被吓了一跳，把脸藏在被褥里，但没有哭。第二次，当他的手刚触摸到白鼠时，钢条又被敲响，这次小阿尔伯特又被吓了一跳，他开始哭泣。一周后，白鼠在没有钢条敲击的情况下出现，小阿尔伯特虽然盯着白鼠，但没有去碰它的倾向。当白鼠被放在他旁边时，他却缩回了自己的手。

由此可以看出，白鼠和钢条响两个联合刺激起了作用。6 次条件作用后，小阿

① 参见 http://wiki.mbalib.com/wiki/%E7%BA%A6%E7%BF%B0%C2%B7%E5%8D%8E%E7%94%9F。

尔伯特见到白鼠就啼哭起来，并急忙爬开。在小阿尔伯特 1 岁 21 天时，华生又进行了一系列测验，即使在小阿尔伯特面前呈现小白兔等，他都会产生恐惧，这种恐惧泛化到多种毛皮动物，甚至圣诞老人的胡子。

华生提示，许多成年人的厌恶情绪、恐惧症、畏惧和焦虑，虽然本人给不出什么合理的解释，但可能是由于多年以前某种条件的作用而形成的。

四、儿童养育观

华生的环境决定论对教育有很大的启示作用，他使人们开始关注个体心理发展的社会因素，家庭环境、教育环境都对个体发展有巨大的影响。其儿童教养观如下：

（1）通过早期教育养成习惯。华生主张教育要尽早开始，儿童经过教育可以具有 3 种习惯系统：内脏或情绪的习惯，喉头或语言的习惯，身体技能习惯 。

（2）通过护理，让儿童养成良好的行为习惯。华生认为，家长要采取一系列科学的护理措施，从小培养儿童懂礼貌、讲卫生、合群、勇敢进取等良好的行为习惯，并对儿童沐浴、睡觉、卫生、社交及不良行为纠正和玩具等方面提出了建议。

（3）主张消除体罚。华生认为 ，如果想使儿童避免不良行为，唯一的办法是破除旧习惯 ，教之新习惯，但要通过加强训练而不是体罚这种粗暴的手段。华生认为体罚不能及时达到教育目的，体罚仅仅是教育者发泄怒气的办法。

（4）教育儿童应因地制宜，应时改进。教育及训练的标准要随着社会文化的进步不断改进，华生主张对儿童要依据不同的文化背景采取多种多样的教育方法。

总的来说，华生所代表的早期行为主义者使人们对心理学的看法发生了根本性的转变。但华生把行为说成是完全被动的，这不符合人的行为所表现出来的主动性和适应性的实际情况。20 世纪 30 年代以后，华生的一些继承者在操作主义的指引下试图克服这一致命缺点，从而形成了多种形式的新行为主义，这就是以斯金纳为首的新行为主义理论，它们再一次在美国社会引起巨大的反响，并在教育上有了更多的作为。

第二节 斯金纳的学前教育思想

早期行为主义忽视有机体内部心理的研究，妨碍了心理研究的进步，其理论体系中存在的问题不但受到行为主义以外其他派别的批评，在行为主义者内部也引起了不满。20 世纪 30 年代出现的以斯金纳为代表的新行为主义就是为摆脱这种困境而发展起来的。

一、生平和实践

伯尔赫斯 · 弗雷德里克 · 斯金纳（B. F. Skinner，1904 年—1990 年），新行为主义的代表人物，教育思想家，操作性条件反射理论的奠基者。他创制了研究动物学习活动的仪器——斯金纳箱。斯金纳1950年当选为国家科学院院士，1958年获美国心理学会颁发的杰出科学贡献奖，1968年获美国总统颁发的最高科学荣誉——国家科学奖。

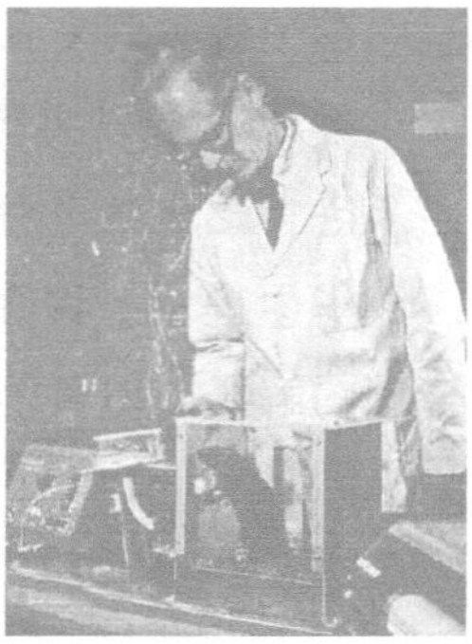
斯金纳

斯金纳生于美国宾夕法尼亚州的一个小镇，父亲是当地的律师。斯金纳从小就喜爱发明创造，他试制过简易滑翔机；曾把一台废锅炉改造成一门蒸汽炮，把土豆和萝卜当炮弹射到邻居的屋顶上。这些都为他成为行为主义心理学家后又发明并改造了很多动物实验装置打下了基础。斯金纳1922年进入汉密尔顿学院主修艺术和语言学，他曾立志当一名作家，也曾试图进行文学创作，发表过十几篇文章。根据他女儿写的传记，他正是在这个时候读了巴甫洛夫和华生的著作的。由此他发现，无论是自己还是其他作家，对人的行为的理解都少得可怜。为了更深入地理解人的行为，他对心理学产生了兴趣，于是在1928年赴哈佛大学学习心理学。当时哈佛大学刚刚建立了一个行为心理学专业，斯金纳被鼓励进行他自己的实验研究，他后来也确实在这方面做出了卓越的成就。

在哈佛大学期间，斯金纳成为一名彻底的行为主义者。他为自己制定了一张极其严格的日程表，从早晨6点至晚上9点的分分秒秒几乎都用来钻研心理学和生理学。他在华生等人的基础上向前迈进了一大步，提出了自己的行为主义理论——操作性条件反射理论。他长期致力于研究鸽子和老鼠的操作性条件反射行为，提出了“及时强化”以及强化的时间规律。

斯金纳于1930年获哈佛大学心理学硕士学位，1931年又获心理学博士学位。此后，他在该校研究院任研究员。1937年至1945年，他在明尼苏达州立大学教心理学。1945年至1947年，他担任印第安纳大学心理系主任。1947年，他重返哈佛大学，担任心理学系的终身教授，从事行为及其控制的实验研究。

斯金纳对美国教育产生过深远影响，被誉为“教学机器之父”。他设计用来研究操作性条件反射的实验装置“斯金纳箱”，被世界各国的心理学家和生物学家广泛采用。美国心理学会在1990年授予斯金纳“心理学毕生贡献奖”。

二、关于学习的研究

斯金纳指出，心理学所关心的是可以观察到的外表的行为，而不是行为的内部机制。他认为心理科学必须在自然科学的范围内进行研究。

在巴甫洛夫“经典条件反射”和桑代克“刺激—反应”学说的基础上，斯金纳提出了“操作性条件反射”。他自制了一个“斯金纳箱”，箱内装一特殊装置，压一次杠杆就会出现食物。他将一只饥饿的白鼠放入箱内，它会在里面乱跑乱碰，自由探索，偶然一次压杠杆就得到食物，此后白鼠压杠杆的次数越来越多，即学会了通过压杠杆得到食物。在斯金纳那里，“压杠杆”的行为就是操作性条件反射，食物就是强化物，运用食物（强化物）来增加压杠杆（某种行为）的频率的过程叫做强化。斯金纳认为，“强化”是解释人类学习过程的主要机制。

“操作性条件反射”原理是斯金纳行为分析的核心观点。在巴甫洛夫的“经典条件反射”实验中，狗被进行刺激实验，在提供食物的同时响起铃声，连续很多次以后，只要有铃声，即使没有提供食物，狗也能分泌唾液。这种反射在斯金纳那里被称为“应答性条件反射”。但他认为，人类的行为尤其是学习不是被动的，因此不同于狗刺激实验中发现的“应答性反射”，而大都应该是白鼠实验中发现的“操作性条件反射”，可以在没有任何能观察到的外来刺激的情境中发生。

想一想

“惩罚仅是一种治标的方法，它对被惩罚者和惩罚者都是不利的。”你有过这样的体验吗？

通过对动物学习的一系列实验，斯金纳认为人类有如下学习规律：

（一）习得律

斯金纳认为，学习的公式可以概括为：一个操作发生后，接着给予一个强化刺激，那么其强度就会增加。这里所说的强度增加，就是指使这些反应发生的概率增加。

通过对学习问题的大量研究，斯金纳提出了强化理论，强调强化在学习中的重要性。斯金纳把强化分成积极强化和消极强化两种。积极强化是获得强化物以加强某个反应，如鸽子啄键可得到食物。消极强化是去掉可厌的刺激物，是因为刺激的退出而加强了某个行为，如鸽子用啄键来去除电击伤害。斯金纳认为，不能把消极强化与惩罚混为一谈。惩罚就是企图呈现消极强化物或排除积极强化物去刺激某个反应，仅是一种治标的方法，它对被惩罚者和惩罚者都是不利的。实验证明，惩罚只能暂时降低反应率，而不能减少消退过程中反应的总次数。在斯金纳的实验中，当白鼠已牢固建立按杠杆得到食物的条件反射后，在它再按杠杆时给予电刺激，按压率会迅速下降。但如果以后杠杆不带电了，按压率又会直线上升。斯金纳对惩罚的科学研究，对改变当时美国和欧洲盛行的体罚教育起了一定的作用。

（二）泛化现象

斯金纳针对条件反射后的行为提出了泛化的概念。泛化（类化、概括化）就是一种条件反射建立后，个体可能不仅对条件刺激做出行为反应，而且可能对与条件刺激相似的其他刺激做出行为反应。一般来说，新刺激和原有刺激的相似度越大，发生泛化的可能性就越大。例如，一名学生如果上午的语文考试没有考好，很可能就会影响下午的英文考试。

（三）消退现象

如果操作条件作用被一种随后出现的强化物所强化，而当该强化物不再出现时，此操作性反应就会随之消失，直至恢复到最初没有被强化时的水平。行为消退实际上就是不再给予强化。斯金纳主张，处理不期望行为的合适方式是消退，而不是惩罚。例如教师对于课堂上纪律不好的学生，有时候需要采用“系统脱敏”的方法，即不给予注意。

斯金纳认为，人的一切行为几乎都是操作性强化的结果。在教育方面，教师要当学生行为的设计师和建筑师，把学习目标分解成很多小任务并且一个一个地予以强化，学生通过操作性条件反射逐步完成学习任务。斯金纳设计和制造了为学生安排学习程序的教学机器，在他的倡导下，不到一年，机器教学便在美国风行并波及全世界。

议一议

如何理解斯金纳所说的“教育就是塑造行为，它对我们生活的各方面都有影响”？

三、新行为主义的学前教育观

斯金纳认为控制行为的最好方法就是精心安排强化，因此，在对学龄前儿童的教育中，提倡对儿童的每个正确反应立刻予以反馈。其主要做法有以下几点：

（一）通过“积极强化”塑造儿童的行为

强化是塑造儿童行为的基础，只要正确使用强化手段就能控制行为的反应，就能塑造出教育者所希望的儿童行为。斯金纳提倡多运用积极强化，对儿童多使用微笑、赞扬和关注等积极强化，以促进儿童良好行为的发展。教师要针对不同的儿童，提供不同的强化物，要注意观察和了解儿童对什么强化物感兴趣。

（二）做到“及时强化”

斯金纳认为强化有时间规律，强化如果不及时，不利于儿童发展，教育者要及时强化希望在儿童身上看到的行为。如果想让儿童习得某种优良习惯，一开始就采用强化是最有效的方法。如果想要使儿童的行为持久，经过一段时间的持续性强化后，可以酌情采取各类间歇强化。

（三）惩罚不应作为矫正儿童行为的手段

斯金纳反对把惩罚作为矫正儿童不良行为的手段，因为惩罚是消极的负面强化，更不利于儿童不良行为的改变，他主张用“消退”即“系统脱敏”来矫正儿童不良行为。

（四）用育婴箱设置儿童发展环境

斯金纳研制了用来教育儿童的“育婴箱”。这种育婴箱内干燥、无菌、隔音，而且可以自动调温，活动范围宽敞，箱壁安全，还挂有各种玩具等刺激物 。儿童可以在箱内睡觉、游戏，不用担心着凉和安全问题。斯金纳设立育婴箱的目的是尽可能避免外界一切不良刺激，创造适宜儿童发展的行为环境。

总之，华生和斯金纳作为行为主义的主要代表人物，都重视环境和教育的作用，企图通过行为研究预测和控制儿童的社会行为。斯金纳的研究比华生的更为细致深刻，他注意到了人本身的主体性，不像早期行为主义者那样忽视对儿童内部生理和心理状态的研究。很明显，行为主义者反对对学习过程和行为塑造过程的认知解释，这是其局限性。但是，华生和斯金纳的理论仍然具有进步意义，对美国幼儿园的课程、教育模式等产生的影响是十分深远的。

关键概念

小阿尔伯特实验　　操作性条件反射　　习得律　　强化

思考与练习

1. 简述华生行为主义的主要教育观点。
2. 怎样把强化理论应用于学前教育？
3. 怎样理解新行为主义对古典主义的继承和发展？

第二十章　加德纳的学前教育思想和瑞吉欧的学前教育实践

【本章学习目标】

- 了解加德纳的学前教育思想和瑞吉欧的学前教育实践。
- 掌握多元智能理论在学前教育中的运用。
- 用瑞吉欧的学前教育理念分析现实中的案例。

【教师专业标准】

- 了解幼儿在发展水平、速度与优势领域等方面的个体差异，掌握对应的策略与方法。
- 重视生活对幼儿健康成长的重要价值，积极创造条件，让幼儿拥有快乐的幼儿园生活。
- 重视幼儿园、家庭和社区的合作，综合利用各种资源。
- 掌握不同年龄幼儿身心发展特点、规律和促进幼儿全面发展的策略与方法。

【本章内容引言】

20世纪60年代以来，随着儿童心理学研究的进一步深化，学前教育的理念进一步更新。认知心理学家霍华德·加德纳关于人的“多元智能”的研究，向以往的智力理论提出挑战，曾在世界范围内引起关注。

瑞吉欧的教育模式，由于其极为感性的特色，正在被越来越多的国家借鉴和使用，对我国的幼教实践也产生了广泛的影响，我们能在当前国家发布的课程文件中看到它的身影。

第一节　加德纳的学前教育思想

加德纳《智能的结构》

霍华德·加德纳（Howard Gardner，1943 年—　），美国当代认知心理学家，现任哈佛大学教育研究生院心理学、教育学教授，波士顿大学医学院精神病学教授。加德纳广为人知的是他的“多元智能理论”，他被誉为“多元智能理论”之父。加德纳自 1983 年起和费尔德曼教授合作主持长达十多年的、针对儿童智能的“光谱方案”研究在美国深有影响。[①] 他曾获多项国内和国际大奖，出版专著超过 20 本，发表论文数百篇。《纽约时报》称加德纳为美国当今最有影响力的发展心理学家和教育学家。

一、生平和事迹

加德纳生于美国宾夕法尼亚州的一个小镇上，父母都是德国犹太移民。他从小酷爱音乐，是镇上小有名气的少年钢琴家。18 岁进入哈佛大学读本科，在大学期间他兴趣广泛，如饥似渴地汲取知识，选修了从文科到理科的上百门课程，并且每门课程都成绩优秀。他对情绪、性格和病态心理学有极大的兴趣，特别崇拜精神分析学的始祖弗洛伊德和分析心理学家埃里克森。后来，他又为认知心理学家布鲁纳及布鲁纳的老师皮亚杰的著作所吸引，于是将兴趣转移到认知发展心理学。1965 年，他在哈佛大学获得社会关系学学士学位，并获得到伦敦经济学院留学一年的奖学金。加德纳来到英国，在伦敦研习哲学和社会学。1966 年从英国游学归来后，他重返哈佛大学，直接攻读发展心理学博士学位。

1967 年，加德纳听说另一所大学的哲学教授纳尔逊·古德曼正在寻找一名认知心理学家当助手，研究名为“与艺术有关”的项目。他立刻找到古德曼教授，要求参加该课题研究。古德曼教授后来调到哈佛大学，成立“零点项目”（Project Zero）研究小组，加德纳继续跟着他做研究。古德曼教授对于艺术思维和科学思维的认识深深地影响着加德纳。古德曼教授认为，艺术作品不仅仅是灵感的产物，艺术也不仅仅是情感和直觉的领域，它与认知有关。艺术思维与科学思维是同等重要的一种认知方式。他还指出，人们过去花费大量的精力和金钱以改进逻辑思维和科学教育，对形象思维和

① 参见周玉衡、范喜庆主编：《学前教育史》，223 页，上海，复旦大学出版社，2009。

艺术教育的认识却微乎其微。古德曼教授决定从零开始，弥补科学教育研究和艺术教育研究之间的不平衡，故将项目命名为“零点项目”。

加德纳对心理学领域忽视艺术思维的现象感到很疑惑。在心理学领域，人们往往认为艺术同科学一样，具有同样的心理过程和心理实质。但在加德纳看来，却不是这么回事。他的个人体验是，艺术（尤其是音乐）在认知过程和感情生活中始终发挥着最重要的作用，艺术经验在培养创造性的过程中有不可或缺的作用。这种疑惑便成为他的早期学术目标，即“在心理学的研究领域中为艺术寻找一席之地”。加德纳参加“零点项目”后如鱼得水，开辟了艺术研究与心理学研究相结合的一片广阔天地。

1971年，加德纳作为哈佛医学院和波士顿大学失语症研究中心的博士后，开始了对大脑受损病人的认知问题的长期研究。两年后，他完成了处女作《艺术与人的发展》。该书论证了艺术活动也是一种认知活动，从而将心理学的认知活动和艺术过程中的情感活动结合起来。该书的出版是“零点项目”的一大成就，同时也奠定了加德纳在古德曼教授心目中和项目组中的地位。加德纳的研究成果也随着研究的深入而不断增加，几部有关艺术教育和心理学关系的专著相继出版，如《受损的智能》（1975年）、《艺术涂抹》（1980年）、《艺术、智能和大脑：通往创造性的认知方法》（1982年）等。

1979年，一个致力于帮助低能青少年的国际性非营利组织——荷兰海牙的伯纳德·冯·李尔基金会提供了150万美元的资助，要求美国哈佛大学教育研究院评估一下关于人类潜能及发掘方面在科学认识上的现状，并提出可行的办法。有了这笔资金，加德纳的研究有了充分的物质保障。他从生物学、社会科学、文化科学等学科角度综合地提出对“人类潜能的特性和实践”的新见解，最终于1983年出版了对教育有重要影响的巨著《智力的结构：多元智能理论》。

《智力的结构：多元智能理论》出版以后，加德纳被对多元智能理论感兴趣的教育界人士、教师、学校董事、记者所包围，从此在教育界奠定了受人瞩目的地位，他的研究方向也彻底改变。之后，他集中主要精力和“零点项目”的其他研究人员一起开发研究多元智能理论在教育学上的应用。[①] 他与达维特·费尔德曼、杰奈特·斯托克等人合作，展开“光谱方案”项目研究，创建了一套用以确定学龄前儿童或者小学低年级学生智能层面的测量方法。1985年，在洛克菲勒基金会的支持下，加德纳领导的“零点项目”组继续和一些学校一起进行为期数年的“艺术推进”项目。20世纪90年代后，加德纳一直在阐发关于多元智能的见解，还出版了对学校教育影响重大的《未受教育的智能》等著作。

二、多元智能理论结构

在1983年出版的《智力的结构：多元智能理论》一书中，加德纳对多元智能作了

① 参见［美］加德纳著，沈致隆译：《多元智能》（修订版），前言、12页，北京，新华出版社，2004。

多元智能

详细阐述。他指出，人类有着完整的智能“光谱”。这一论断突破了传统智力理论的假设：人类的认知是一元的，可采用单一的、量化的智力检测手段来测量人的智能。加德纳明确提出，人类存在多种不同的思维方式，并且人的智力错综复杂地以不同方式、不同程度组合，每个个体都有自己的优势智能领域和弱势智能领域。他将人类的智能类型分成以下 8 种：

（1）言语—语言智能（Verbal-linguistic Intelligence）：指听、说、读和写的能力，表现为个人能够顺利而高效地利用语言描述事件、表达思想并与人交流的能力。

（2）音乐—节奏智能（Musical-rhythmic Intelligence）：指感受、辨别、记忆、改变和表达音乐的能力，表现为个人对音乐（包括节奏、音调、音色和旋律）的敏感以及通过作曲、演奏和歌唱等表达音乐的能力。

（3）逻辑—数理智能（Logical-mathematical Intelligence）：指运算和推理的能力，表现为对事物间各种关系（如类比、对比、因果和逻辑等关系）的敏感以及通过数理运算和逻辑推理等进行思维的能力。

（4）视觉—空间智能（Visual-spatial Intelligence）：指感受、辨别、记忆和改变物体的空间关系并借此表达思想与感情的能力，表现为对线条、形状、结构、色彩和空间关系的敏感以及通过平面图形和立体造型将它们表现出来的能力。

（5）身体—动觉智能（Bodily-kinesthetic Intelligence）：指运用四肢和躯干的能力，表现为能够较好地控制自己的身体、对事件能够做出恰当的身体反应以及善于利用身体语言来表达自己的思想和情感的能力。

（6）自知—自省智能（Intrapersonal Intelligence）：指认识、洞察和反省自身的能力，表现为能够正确地意识和评价自身的情绪、动机、欲望、个性、意志，并在正确的自我意识和自我评价的基础上形成自尊、自律和自制的能力。

（7）交往—交流智能（Interpersonal Intelligence）：指与人相处和交往的能力，表现为觉察、体验他人的情绪、情感和意图并据此做出适宜反应的能力。

（8）自然观察智能（Naturalist Intelligence）：指个体辨别环境（不仅指自然环境，还包括人造环境）的特征并加以分类和利用的能力。

三、多元智能理论对学前教育的意义

加德纳有一句名言：“每个孩子都是一个潜在的天才儿童，只是经常表现为不同的形

式。”多元智能理论成为学前教育改革的一种指导思想，它对学前教育的启示有以下几点：[①]

（一）树立积极、乐观的儿童观

多元智能理论告诉我们，每个幼儿都有自己的智能特点，有优势智能和弱势智能。因此，幼儿园里再也不应该有“笨孩子”存在。教师看待幼儿时应该时刻清醒地认识到，幼儿教育中再也不存在一个幼儿有多聪明的问题，而只存在一个幼儿在哪些方面聪明和怎样聪明的问题。

在传统的幼儿教育中，智力测验是常用的评价手段。根据加德纳的理论，智力测验题目过分强调幼儿的语言表达能力和逻辑推理能力，难以反映幼儿的多方面智能，难以真实、准确地反映幼儿解决问题的初步能力。因此，幼儿发展评价应该多渠道，采取多种形式，在多种不同的实际生活和游戏活动情景下进行，以此为依据选择和设计适宜的教育内容与教育方法，使评价切实成为促进幼儿发展的有效手段。

（二）幼儿教师要善于发现幼儿智能的优势领域

在多元智能理论看来，每一位幼儿都有相对而言的优势智能领域，如有的幼儿更容易通过音乐来理解问题，有的幼儿更容易通过数学来理解问题。多元智能理论主张注意发现幼儿的优势智能领域并加以挖掘和发展。

教师有意识地培养和发展幼儿的优势智能领域，不但能使幼儿的智力潜能得到最大化、最优化的发展，而且能提高幼儿的自尊心、自信心，并帮助他们形成热爱教师、热爱小朋友和热爱幼儿园的情感。

读一读

> 幼儿各种智力的发展包括优势智能领域的充分发展有赖于环境和教育的影响，幼儿只有在成人有目的、有计划、有组织地进行的教育活动中，在对丰富的教育材料的接触和运用中，其智力潜能特别是优势智力潜能才能得到最大化、最优化的发展。
>
> ——加德纳

（三）帮助幼儿将优势智能领域的特点迁移到其他智能领域

多元智能理论的积极意义还在于它能帮助幼儿有效地发展弱势智能领域。教师在充分认识、肯定和欣赏幼儿优势智能领域的基础上，鼓励和帮助幼儿将自己优势智能领域的特点迁移到弱势智能领域中去，从而使自己的弱势智能领域也得到最大化的发展。

我们以一个弱势智能领域是言语—语言智能、优势智能领域是视觉—空间智能的幼儿为例，来做一个简要说明。首先，教师应该通过肯定该幼儿在学习绘画中取得的

① 参见霍力岩：《加德纳多元智能理论及其对我国幼儿教育改革的积极意义》，载《学前教育研究》，2000（2）。

成绩，帮助幼儿认识到自己是有能力的、是成功者，帮助他树立自尊心和自信心。然后，教师可以帮助幼儿将其从事绘画活动时所表现出来的智力特点和意志品质迁移到语言活动中去。

（四）设计并组织按照不同智能领域划分的教育活动

人的智能领域是多方面的，人们在解决实际问题时所需要的智能也是多方面的，所以，我们向幼儿展示的智能领域也应该是多方面的。现实生活中同时需要多种智能共同解决实际问题的工作及职业不胜枚举。例如，舞蹈演员不但需要音乐—节奏智能，而且需要身体—动觉智能，同时还需要视觉—空间智能和交往—交流智能；律师不但需要言语—语言智能，而且需要逻辑—数理智能，同时还需要交往—交流智能和自知—自省智能。同样，多种智能中的某一种智能也往往为众多的成功人士所需要。例如，那种能够较为准确地理解他人的情绪、情感和意愿，并巧妙地将这种理解运用于与他人的交往、合作之中的交往—交流智能，不仅是外交人士、公关人士必须具备的智能，而且是成功的管理人员、销售人员、服务人员需要具备的智能，同时还是作为社会成员的每一个人形成健康人格的重要方面。

在幼儿教育活动中，我们可以在多元智能理论的指导下重新思考和设计教育活动。例如，可以设计并组织按照不同智能领域划分的活动区教育活动，每一活动区又根据幼儿的发展水平分为几个层次，从而使教师可以在幼儿园教育中向幼儿展示多方面的智能领域，并帮助幼儿选择自己感兴趣的活动区，以适应他们具体的发展水平。

总之，幼儿教育改革的关键是幼儿教育观念的改变。加德纳的多元智能理论对于我们改变幼儿教育观念，平等地尊重和对待每一个幼儿，促进每个幼儿的能力全面发展、个性充分展示和实践能力初步发展有着多方面的借鉴意义。

第二节 瑞吉欧的学前教育实践

近些年来，瑞吉欧的学前教育是世界学前教育界的一个优秀典范。瑞吉欧不是人名，是意大利北部的一个小城名。自 20 世纪 60 年代起，通过教师、家长和市民的共同努力，瑞吉欧为幼儿创建了一个与众不同的教育构架。加德纳曾肯定它的成功，美国《新闻周刊》把它称为“全世界最好的学前班”。它的教育理念和实际做法，符合高科技时代人们对高质量的学前教育的期盼。

一、瑞吉欧教育的历史发展过程

坐落在亚平宁半岛的小城瑞吉欧·艾密莉亚（Reggio Emilia）具有良好的人文传统，它拥有众多的艺术和建筑珍品，市民们尊重历史和他们自己的大众组织，不同社会阶层经常通过政治活动或经济合作解决问题，居民有强烈的民主参与意识和公共社区观念。①

瑞吉欧城市风光

第二次世界大战之后，意大利的老百姓时兴由家长团体自行兴建和运作学校，小城瑞吉欧也是这样。在马拉古兹（Loris Malaguzzi）的带领下，瑞吉欧的民众在卖掉二战时德军丢弃的破坦克、卡车等军用设备之后，依靠自己的双手一砖一瓦建起一所新的民间学校。当时这所学校叫“鲁宾逊”，只有 2 位教师，最多只能容纳 60 名幼儿。

马拉古兹

创办这所民间学校的灵魂人物并没有教育学或心理学的学历，但他凭着对文化脉动极度的敏感，反思意大利教育史上出现的问题后，开始了他的教育探险之旅。30 年历经艰辛，1981 年他率团在瑞典举办“如果眼睛能越过围墙”教育展览，轰动整个欧洲。

“鲁宾逊”的创办者进行了长时间的探索，尝试运用多种理论，如杜威的进步主义教育理论、皮亚杰的建构主义心理学等。他们结合自己的城市特点，形成了自己的教育特色。幼儿园每周一次把学校搬到镇上，用卡车拉着教师、幼儿和教具到户外、广场、公园或在市立剧院的廊柱下举办教学与展览，幼儿们很开心，看到这一番情景的市民们也都很惊讶，因为“鲁宾逊”的教育打破了许多传统做法。

从 20 世纪 60 年代起，经过多年的努力，瑞吉欧的学前教育进一步系统成型，原来由社会力量经营的民间学校全部由瑞吉欧市政府收回管理。1971 年，已为瑞吉欧学校的教师们策划了一个全国性的非宗教性会议——新儿童学校之经验，出版了第一本以幼教为主题的书籍《一个新幼儿学校的经验》。几个月后，又出版了《社区式经营的学前学校》。这两本书详细介绍了瑞吉欧学校教师的想法与经验，大胆提出与运用了一些创新的做法，而这些做法在实践中已经取得了令人瞩目的成绩。瑞吉欧学校很快为

① 参见 http://www.jy135.com/html/tesekecheng/ruijiou/2007/0709/6547.html。

民众所熟知。

自20世纪80年代初期以来，马拉古兹率部在欧美各国举办巡回展览，获得巨大成功。他那首写给孩子们的诗歌《其实有一百》被争相传诵，使瑞吉欧的精神理念与教育经验得到各国“教育界、学界和政治界人士的赞赏”，并刮起了一场席卷西方世界的瑞吉欧教育“旋风”。慕名前往的参观学习者络绎不绝，瑞吉欧学前教育所提倡的哲学观也“成为美国、日本、澳洲和欧洲学前教育界人士的主要参照对象”。

马拉古兹和瑞吉欧学校的教师都竭力反对将他们的教学实践文本化，成为一些预设的法则、目标或方法。也就是说，他们根本就没有去发展所谓的普遍理论——那些可以被移植到另一文化背景中的教学方案或课程。瑞吉欧教育是独特的，它更多的是一种特定的文化，一种独特的价值观念。

二、瑞吉欧学前教育的主要特色

瑞吉欧学前教育的儿童观主要来自于皮亚杰的理论，同时也吸收和借鉴了维果茨基、加德纳等人的研究成果。它认为在学前教育中应为幼儿创设丰富的环境，让幼儿通过自身的活动与环境进行充分的交互作用；它强调教师在设计活动的过程中充分顾及幼儿已有经验的重要性。同时，它摒弃了皮亚杰的理论的某些不足，如消极地看待教师在幼儿发展中的作用，将语言学习与思维训练人为地割裂开来等。它的教育特色几乎体现在所有方面：机构的组织与管理，资源的配置和利用，校内校外的人际、群际互动与合作，课程与教学，教师的成长等。而其中最直接、最感性的特色，就是幼儿在教育过程中的生动而丰富的表现。①

瑞吉欧市政婴幼中心

（一）全社会的学前教育：社会支持和家长参与

瑞吉欧的学前教育是全社会的事。在瑞吉欧市，0～6岁的幼儿保育和教育是一项十

① 参见 http://www.qinghuaonline.com/news/53504.html。

分重要的市政工程，享有12%的政府财政拨款。许多由社区居民自发组织起来的民间组织对地方政府施加实质性影响，以保障和改善该地区学龄前幼儿的家庭教育和正规教育。

家长在学校中所起的种种实质性作用，本身也是社会支持的一种表现。在全市所有的幼儿学校中，家长都有权利参与学校所有环节的一切事务，并自觉承担起这一责任。如家长要讨论学校的各项政策，研究有关幼儿身心发展的状况，参与课程的计划与实施并给予一定的评价。

（二）民主与合作：学校管理风格

瑞吉欧学前教育系统是一个以幼儿为中心的联盟，是一个教师与幼儿同样能获得"家一样的感觉"的地方。这些学校并没有我们在一般机构中所见的那些行政事务，教师之间也没有任何的层次等级，他们只是平等的共事者与合作者。所有学校由一位主管直接向市政府汇报工作，他还要组织、协调一群教研员进行宏观的决策、计划和研究，并对各所学校进行具体的指导。这些教研员是该市学前教育的课程决策者，每个人都要协调和指导五六所学校的全部教师的业务工作。

学校每个班配备两名教师（幼儿的数量：婴儿班12人，托儿班18人，幼儿班24人），实行三年一贯制随班教学，以使教师和幼儿保持长期稳定的联系。每所学校都有一名在艺术方面受过专业培训的艺术教员。他除了自身要在艺术教育方面为瑞吉欧学前教育作出特殊的贡献外，还要协助教师发展课程并做好课程、教学与幼儿活动的记录。

（三）项目活动：弹性课程与研究式教学

项目活动是对瑞吉欧学校的课程与教学最全面、准确的概括。这种活动的基本要素包括：解决真实生活中的问题，小群体共同进行长期、深入的专题研究等。

项目活动一般始于教师对幼儿的观察或者教师就某一主题对幼儿的询问，其起点是幼儿的自发性、兴趣和教师敏锐的判断，其过程充满了大量不期而至的偶然性，其结果是导致幼儿的发现学习、自由表达和创造性的问题解决。教师们常常同某一个小组的幼儿一起开展一个项目，此时其他幼儿可以从事一些常见的自选活动。

励志学具

瑞吉欧学校没有固定的课程计划，项目活动强调深入而富有实效的学习，绝不匆匆忙忙"走过场"，整个教育过程显得自然、流畅。

（四）百种语言：幼儿学习与表达的手段

在幼儿小组围绕一个共同的项目活动开展研究、探索解决问题的办法并不断有所发现的过程中，自我表达和相互交流是两种基本的活动。幼儿表达自我和彼此沟通的手段，以及教师判断幼儿对于相关的内容是否理解的标志，不应只是人类特有的语言符号，还应包括动作、手势、姿态、表情、绘画、雕塑等一切表达方式。在绝大多数情况下，幼儿的学习、探索和表达是许多种"语言"的综合，这也是为什么称为"百种语言"的原因。

（五）合作学习和反思实践：教师的成长

瑞吉欧学校全部教育过程得以有效进行与效果得以保证的关键要素，乃是教师们一直孜孜不倦地努力提升自己对于幼儿的认识和对幼儿教育的理解。

瑞吉欧学校的教师和幼儿一样，都不是"训练"出来的。教师通过进入一个充满各种关系（与幼儿、与家长、与其他教师、与教研员等的关系）的环境，环境中的这些关系支持教师们合作，建构了关于幼儿、关于学习过程以及关于教师角色的知识。

教师的成长与幼儿的发展被视为一个"连续体"。在与幼儿合作开展的项目活动中，教师不断地观察幼儿，并采用多种方式记录、保存学习过程和"产品"，为幼儿建立"档案"。记录、整理、分析、解释档案的过程，不但为教师本人计划和实施课程提供了充分的信息基础，而且成为教师自我反思和同其他教师、教研员、家长共享的宝贵资源。

（六）开放的环境：学校的第三位教师

物质环境的设计、布置同样是瑞吉欧学校教育的中心环节，而该环节的一个核心问题是如何增进环境的开放性和资源的综合利用。学校在设计新的空间和改造旧的场所时，一个通常的考虑就是如何使各部分的教室能够便利、有效地衔接起来，并且使学校与周围的社区密切互动。学校所有的教室都向一个中心区域敞开大门，厨房可以随时提供参观的便利，大大的玻璃窗、教室后面的院落、开向外面的大门，也使学校同社区保持随时的沟通。

教师们将这样一个开放的环境称作"学校的第三位教师"。他们竭力创造条件，在学校的每一个角落都为幼儿提供充分的交往机会。为此，教师们在学校的大厅里设置一个活动中心，教师之间可以通过电话、过道或玻璃窗进行联系，餐厅和浴室的设计也以促进幼儿之间游戏性的交流为宗旨。

综上所述，瑞吉欧学前教育在理论上遵循了许多大师的教导，包括杜威、皮亚杰、维果茨基、布鲁纳等；在实践上，它则继承了 20 世纪以来的进步主义的传统，接受了

20 世纪 60 年代以来开放教育运动的熏陶并与其有许多类似之处。但是，瑞吉欧学前教育不是一种理论派别，它是特定时代下的生动的实践，而且是极为成功的实践。

许多著名的学者在评论瑞吉欧的学前教育时都认为，这样一种理想的学前教育系统出自意大利的瑞吉欧并不是偶然的，瑞吉欧是属于意大利的。一种特定的文化，一种独特的价值观念，孕育了瑞吉欧学前教育系统。最后，和大家分享马拉古兹的一首小诗《其实有一百》，从中我们可以感受到瑞吉欧学前教育系统的教育理念。

其实有一百

（意大利）马拉古兹

孩子是由一百组成的。
孩子有一百种语言，
一百只手，
一百个念头，
一百种思考问题的方式，
还有一百种聆听的方式，
惊讶和爱慕的方式。
一百种欢乐，
去歌唱，去理解，
一百个世界，
去探索，去发现，
一百个世界，去发明，
一百个世界，去梦想。
孩子有一百种语言，
一百、一百、再一百，
但被偷走了九十九。
学校和文明，
将孩子和身心分离。
他们告诉孩子，
不需用手操作，不需用脑行事，
只要听，不必说，
理解世界不必伴随快乐。
爱和惊喜，只是复活节和圣诞节才有。
他们要求孩子，
去发现已经存在的世界。

在孩子一百个世界中，
他们偷走了九十九。

关键概念

多元智能　　优势智能领域　　马拉古兹　　瑞吉欧学前教育　　百种语言

思考与练习

1. 试评述多元智能理论及其在学前教育领域的应用价值。
2. 瑞吉欧学前教育的主要特色是什么？其项目活动的内涵有哪些？
3. 瑞吉欧学前教育的环境布置有哪些特点？这对当前的幼儿园工作有何启示？
4. 评析瑞吉欧教学和蒙台梭利教学的异同点。

参考文献

1. [古希腊] 柏拉图 . 理想国 [M]. 郭斌和，张竹明，译 . 北京：商务印书馆，1986.
2. [古希腊] 亚里士多德 . 政治学 [M]. 吴寿彭，译 . 北京：商务印书馆，1965.
3. [捷克] 夸美纽斯 . 大教学论 [M]. 傅任敢，译 . 北京：人民教育出版社，1984.
4. [英] 洛克 . 教育漫话 [M]. 傅任敢，译 . 北京：人民教育出版社，1985.
5. [法] 卢梭 . 爱弥儿（上卷）[M]. 李平沤，译 . 北京：商务印书馆，1983.
6. [德] 福禄贝尔 . 人的教育 [M]. 孙祖复，译 . 北京：人民教育出版社，1991.
7. [古罗马] 昆体良 . 昆体良教育论著选 [M]. 任钟印，译 . 北京：人民教育出版社，1989.
8. [美] 杜威 . 杜威教育论著选 [M]. 赵祥麟，王承绪，译 . 上海：华东师范大学出版社，1981.
9. 曹孚 . 外国教育史 [M]. 北京：人民教育出版社，1979.
10. 唐淑 . 学前教育思想史 [M]. 北京：人民教育出版社，2009.
11. 单中惠 . 西方教育思想史 [M]. 太原：山西人民出版社，1996.
12. 任钟印 . 世界教育名著通览 [M]. 武汉：湖北教育出版社，1994.
13. 杜成宪，王伦信 . 中国幼儿教育史 [M]. 上海：上海教育出版社，1998.
14. 赵祥麟 . 外国教育家评传（第一卷）[M]. 上海：上海教育出版社，1992.
15. 滕大春 . 外国教育通史（第一卷）[M]. 济南：山东教育出版社，1989.
16. 滕大春 . 外国教育通史（第二卷）[M]. 济南：山东教育出版社，1989.
17. 滕大春 . 外国教育通史（第三卷）[M]. 济南：山东教育出版社，1990.
18. 滕大春 . 外国教育通史（第四卷）[M]. 济南：山东教育出版社，1992.
19. 滕大春 . 外国教育通史（第五卷）[M]. 济南：山东教育出版社，1993.
20. 滕大春 . 外国教育通史（第六卷）[M]. 济南：山东教育出版社，1994.
21. [美] 加德纳 . 多元智能 (修订版)[M]. 沈致隆，译 . 北京：新华出版社，2004.
22. 朱智贤 . 儿童心理学史论丛 [M]. 北京：北京师范大学出版社，1982.
23. 朱智贤，林崇德 . 儿童心理学史 [M]. 北京：北京师范大学出版社，1988.
24. 朱智贤 . 儿童发展心理学问题 [M]. 北京：北京师范大学出版社，1982.

25. 卢清 . 中外学前教育史研究 [M]. 贵阳：贵州人民出版社，2008.

26. 李日章 . 科学与人文的护法——杜威 [M]. 台北：允晨文化实业股份有限公司，1982.

27. 袁锐锷 . 新编外国教育史纲 [M]. 广州：广东高等教育出版社，2005.

28. 李海燕 . 外国教育发展概论 [M]. 广州：广东人民出版社，2007.

29. 唐淑，王雯 . 学前教育思想史 [M]. 苏州：苏州大学出版社，2004.

30. 朱宗顺 . 现代学校教育导论 [M]. 武汉：华中理工大学出版社，2000.

31. 李园会 . 杜威的教育思想研究 [M]. 台北：文史哲出版社，1977.

32. 胡金平，周采 . 中外学前教育史 [M]. 北京：高等教育出版社，2011.

33. 刘世民 . 西方的教育：历史•现状•理论•技巧 [M]. 兰州：甘肃文化出版社，1999.

34. 褚洪启 . 杜威教育思想引论 [M]. 长沙：湖南教育出版社，1998.

35. 杨捷 . 外国教育史 [M]. 开封：河南大学出版社，2010.

36. 中国教育史研究会 . 杜威、赫尔巴特教育思想研究 [M]. 济南：山东教育出版社，1985.

37. 王定华，田玉敏 . 中外教育史 [M]. 天津：天津社会科学院出版社，1991.

38. [美] 杜威 . 民主主义与教育 [M]. 王承绪，译 . 北京：人民教育出版社，1990.

39. 马骥雄 . 外国教育史略 [M]. 北京：人民教育出版社，1991.

40. 王学，刘春梅 . 外国教育思想发展史 [M]. 北京：中国物价出版社，2003.

41. 孙士杰，冯喜英，仝瑞 . 外国教育思想精粹 [M]. 北京：中国档案出版社，2000.

42. 刘德华 . 中外教育简史 [M]. 沈阳：辽宁大学出版社，2007.

43. [意] 玛利亚•蒙台梭利 . 童年的秘密 [M]. 马荣根，译 . 北京：人民教育出版社，2005.

44. [意] 玛利亚•蒙台梭利 . 蒙台梭利幼儿教育科学方法 [M]. 任代文，译 . 北京：人民教育出版社，1993.

45. [意] 玛利亚•蒙台梭利 . 蒙台梭利方法 [M]. 江雪，译 . 天津：天津人民出版社，2003.

46. 杨汉麟，周采 . 外国幼儿教育史（修订本）[M]. 南宁：广西教育出版社，1998.

47. 陈帼眉 . 学前教育新论 [M]. 北京：北京师范大学出版社，1996.

48. 周玉衡，范喜庆 . 学前教育史 [M]. 上海：复旦大学出版社，2009.

49. 许卓娅 . 学前教育与历史生态观 [M]. 南京：江苏教育出版社，2006.

50. 李利 . 蒙台梭利的教育精华解读 [M]. 北京：华夏出版社，2011.

51. [英] 傅伊德等 . 西方教育史 [M]. 任室祥，吴元训，译 . 北京：人民教育出版社，1985.

52. 孙培青 . 中国教育史 [M] . 上海：华东师范大学出版社，2004.

53. 张瑞璠，王承绪 . 中外教育比较史纲 (古代卷) [M]. 济南：山东教育出版社，1997.

54. 刘彦华 . 中国学前教育史 [M]. 北京：光明日报出版社，2010.

55. 陈文华 . 中外学前教育史 [M]. 北京：科学出版社，2007.

56. 朱有瓛 . 中国近代学制史料（第二辑下册）[M]. 上海：华东师范大学出版社，1989.

57. 费正清 . 剑桥中国晚清史 (下卷)[M]. 北京：中国社会科学出版社，1985.

58. 张之洞 . 劝学篇 [M]. 郑州：中州古籍出版社，1998.

59. 董保良等 . 中国近现代教育思潮与流派 [M]. 北京：人民教育出版社，1997.

60. 高平叔 . 蔡元培教育文选 [M]. 北京：人民教育出版社，1980.

61. 钱钟书 . 万国公报文选 [M]. 北京：三联书店，1998.

62. 赵忠心 . 古今家教文萃 [M]. 武汉：湖北教育出版社，1997.

63. 王利器 . 颜氏家训集解 [M] . 上海：上海古籍出版社，1980.

64. 中国学前教育史编写组 . 中国学前教育史资料选 [M]. 北京：人民教育出版社，1989.

65. [法] 安德列 • 比尔基埃等 . 家庭史 (第 1 卷)[M]. 袁树仁等，译 . 北京：三联书店，1998.

66. 司徒卢威 . 古代的东方 [M] . 陈文林等，译 . 北京：人民教育出版社，1995.

67. 中国基督教协会 . 新旧约全书 [M]. 北京：中国基督教三自爱国运动委员会，1989.

68. 林玉体 . 西方教育思想史 [M]. 北京：九州出版社，2006.

69. 华东师范大学教育学系，浙江大学教育系 . 西方古代教育论著选 [M]. 北京：人民教育出版社，2001.

70. 任钟印 . 夸美纽斯教育论著选 [M]. 北京：人民教育出版社，1990.

71. 单中惠，杨汉麟 . 西方教育学名著提要 [M]. 南昌：江西人民出版社，2000.

72. 单中惠 . 外国教育思想史 [M]. 北京：高等教育出版社，2000.

73. 周采 . 外国教育史 [M]. 上海：华东师范大学出版社，2008.

74. 张焕庭 . 西方资产阶级教育论著选 [M]. 北京：人民教育出版社，1964.

75. 张传燧 . 中国教育史 [M]. 北京：高等教育出版社，2010.

76. 陶行知 . 陶行知教育文选 [M]. 北京：教育科学出版社，1981.

77. 陶行知 . 陶行知全集（第三卷）[M]. 四川：四川教育出版社，2005.

78. 虞伟庚 . 陶行知教育思想概论 [M]. 武汉：武汉大学出版社，2012.

79. 董宝良 . 陶行知教育论著选 [M]. 北京：人民教育出版社，1991.

80. 华中师范学院教育科学研究所 . 陶行知全集（第一卷）[M]. 长沙：湖南教育出

版社，1983.

81. 华中师范学院教育科学研究所 . 陶行知全集（第二卷）[M]. 长沙：湖南教育出版社，1984.

82. 华中师范学院教育科学研究所 . 陶行知全集（第三卷）[M]. 长沙：湖南教育出版社，1985.

83. 北京市教育科学研究所 . 陈鹤琴全集（第一卷）[M]. 南京：江苏教育出版社，1987.

84. 北京市教育科学研究所 . 陈鹤琴全集（第二卷）[M]. 南京：江苏教育出版社，1989.

85. 北京市教育科学研究所 . 陈鹤琴全集（第四卷）[M]. 南京：江苏教育出版社，1991.

86. 北京市教育科学研究所 . 陈鹤琴全集（第五卷）[M]. 南京：江苏教育出版社，1991.

87. [奥] 弗洛伊德. 精神分析引论 [M]. 北京：商务印书馆，1984.

88. [法] 卡特林•梅耶尔 . 弗洛伊德批判——精神分析黑皮书 [M]. 郭庆岚，唐志安，译 . 济南：山东人民出版社，2008.

89. 张沪. 张宗麟幼儿教育论集 [M]. 长沙：湖南教育出版社，1985.

90. 唐淑，钟昭华 . 中国学前教育史 [M]. 北京：人民教育出版社，1993.

91. 何晓夏 . 简明中国学前教育史 [M]. 北京：北京师范大学出版社，1990.

92. [英] 欧文 . 欧文选集 (第一卷)[M]. 柯象峰等，译 . 北京：商务印书馆，1979.

93. 梅根悟 . 世界幼儿教育史 [M]. 长春：吉林人民出版社，1986.

94. 单中惠，刘传德. 外国幼儿教育史 [M]. 上海：上海教育出版社，1997.

95. 日本世界教育史研究会. 世界幼儿教育史 [M]. 长春：吉林人民出版社，1986.

96. 于珺 . 皮亚杰 [M]. 长春：长春出版社，2013.

97. [美] 罗杰•霍克 . 改变心理学的 40 项研究（第 5 版）[M]. 白学军，译 . 北京：人民邮电出版社，2013.

98. 周采，杨汉麟 . 外国学前教育史 [M]. 北京：北京师范大学出版社，2006.

99. 刘金花 . 儿童发展心理学 [M]. 上海：华东师范大学出版社，2010.

100. 桑标 . 当代儿童发展心理学 [M]. 上海：上海教育出版社，2009.

101. 桑标 . 儿童发展心理学 [M]. 北京：高等教育出版社，2009.

102. 李燕 . 学前儿童发展心理学 [M]. 上海：华东师范大学出版社，2008.

103. 张明 . 跟踪成熟的轨迹——发展心理学 [M]. 北京：科学出版社，2009 .

104. 吴式颖 . 外国教育史教程 [M]. 北京：人民教育出版社，1999.

105. [瑞士] 裴斯泰洛齐 . 裴斯泰洛齐教育论著选 [M]. 夏之莲等，译 . 北京：人民教育出版社，1992.

106. 虞永平 . 当代世界学前教育 [M]. 苏州：苏州大学出版社，2004.

107. 李季湄 . 从日本幼儿园教育大纲的修订看日本幼教的发展趋势 [J]. 学前教育研究，2000(5).

108. 闫玉英 . 欧文学前教育思想初探 [J] . 西北师范大学学报（社会科学版），1985(6).

109. 邓赐平等 . 儿童认知发展研究的前沿与动向 [J]. 人大复印报刊资料 • 心理学，2002(2).

110. 霍力岩. 蒙台梭利教育法与幼儿教育改革——借鉴蒙氏教育法的两个基本策略 [J]. 比较教育研究，1999(5).

111. 霍力岩 . 加德纳的多元智能理论及其主要依据探析 [J]. 比较教育研究，2000(3).

112. 王春华 . 瑞吉欧幼教模式述评 [J]. 比较教育研究，2001(10).

113. 冯晓霞，朱细文. 瑞吉欧教育理念中的儿童与教师 [J]. 学前教育，2001(1).

114. 杨汉麟 . 弗洛伊德的精神分析学说对现代教育的影响 [J]. 教育研究，1998 (4).

115. 曹能秀，王凌 . 试论弗洛伊德的精神分析理论对学前教育的影响 [J]. 云南教育学院学报，1999(3).

116. 叶丽 . 张宗麟的幼稚园社会课程编制思想及其启示 [J]. 学前课程研究，2008(1).

117. Gardner H. Frames of mind：The theory of multiple intelligences[M].NewYork：Basic Books，1983.

118. http：//baike.baidu.com/link?url=laO49AWo5vqmfbDcpEgBK-KlDNbhH8L3x_nNAQ9Q1LK-o8Qn0lMK-vM2-kQmEQ_z.

119. http：//www.zhujx.com.

120. http：/www. 0-3-6. com.

图书在版编目(CIP)数据

学前教育思想史 / 蔡怡，李士江编著. —北京：中国人民大学出版社，2014.4
“十二五”职业教育国家规划立项教材
实践应用型学前教育专业规划教材
ISBN 978-7-300-19043-3

Ⅰ.①学… Ⅱ.①蔡… ②李… Ⅲ.①学前教育－教育思想－思想史－世界－高等职业教育－教材 Ⅳ.①G619.1

中国版本图书馆CIP数据核字（2014）第065476号

“十二五”职业教育国家规划立项教材
实践应用型学前教育专业规划教材
学前教育思想史
蔡 怡 李士江 编著

出版发行	中国人民大学出版社		
社　　址	北京中关村大街31号	**邮政编码**	100080
电　　话	010-62511242（总编室）		010-62511770（质管部）
	010-82501766（邮购部）		010-62514148（门市部）
	010-62515195（发行公司）		010-62515275（盗版举报）
网　　址	http://www.crup.com.cn		
经　　销	新华书店		
印　　刷	固安县铭成印刷有限公司		
规　　格	185mm×260mm　16开本	**版　　次**	2014年5月第1版
印　　张	17.25	**印　　次**	2024年8月第3次印刷
字　　数	342 000	**定　　价**	35.00元

教师信息反馈表

为了更好地为您服务，提高教学质量，中国人民大学出版社愿意为您提供全面的教学支持，期望与您建立更广泛的合作关系。请您填好下表后以电子邮件或信件的形式反馈给我们。

您使用过或正在使用的我社教材名称		版次	
您希望获得哪些相关教学资料			
您对本书的建议（可附页）			
您的姓名			
您所在的学校、院系			
您所讲授课程的名称			
学生人数			
您的联系地址			
邮政编码		联系电话	
电子邮件（必填）			
您是否为人大社教研网会员	□ 是　会员卡号：________ □ 不是，现在申请		
您在相关专业是否有主编或参编教材意向	□ 是　□ 否 □ 不一定		
您所希望参编或主编的教材的基本情况（包括内容、框架结构、特色等，可附页）			

我们的联系方式：北京市海淀区中关村大街 59 号文化大厦 1508 室
中国人民大学出版社教育分社
邮政编码：100872
电话：010-62515905
网址：http://www.crup.com.cn/jiaoyu/
E-mail：llhong2605@vip.sina.com